Rechtsbegriffe der Kriegswirtschaft

Ein Versuch der Grundlegung des Kriegswirtschaftsrechts

Von

Dr. jur. Dr. phil. **Richard Kahn**,
Ludwigshafen a. Rh.

1918
München, Berlin und Leipzig
J. Schweitzer Verlag (Arthur Sellier).

Druck von Dr. F. P. Datterer & Cie. (Arthur Sellier) München-Freising.

Herrn K. Geheimen Hofrat

Friedrich Krafft,

Oberbürgermeister in Ludwigshafen a. Rh.

ergebenst zugeeignet.

Inhaltsverzeichnis.

Besonderer Teil.

I. Abschnitt: Die Erzeugung.

II. Abschnitt: Der Verbrauch.

III. Abschnitt: Der Verkehr.

IV. Abschnitt: Die Preisgestaltung.

Einleitung.

Rechtsbegriffe sind die abstrahierten Bestandteile der Gesamterscheinung: Objektives Recht. Die Rechtsbegriffe gewinnen wir aus den Rechts s ä t z e n, indem wir in ihnen das Allgemeine, Bindende und Bedingende suchen. Wir beobachten die Rechtssätze, vergleichen sie miteinander, schließen sie zusammen und fügen sie, indem wir so das Begriffliche herausheben, in das allgemeine Rechtsgebäude ein.[1])

Dieser Arbeit liegen die Rechtssätze der Kriegswirtschaft zugrunde.

Kriegswirtschaft ist die Volkswirtschaft während des Krieges. Volkswirtschaft wiederum ist der Inbegriff der in einem Staate bestehenden Einzel- und Korporationswirtschaften. Diese Einzel- und Korporationswirtschaften wurden in ihrer Entwicklung durch zwei Kriegsumstände wesentlich beeinflußt: durch die Inanspruchnahme für Heereszwecke und durch den Ausschluß vom Welthandel. Beide Umstände hatten die gewaltigen Umwälzungen des Wirtschaftslebens zur Folge, die wir im allgemeinen prägnant als Kriegswirtschaft bezeichnen.

Die Umwälzungen vollzogen sich in den Bahnen des Rechts. Von den Rechtssätzen der Friedenswirtschaft nahm das Kriegswirtschaftsrecht seinen Ausgang. Je mehr aber die besonderen Verhältnisse der Kriegswirtschaft sich herausentwickelten, desto mehr bedurfte er seiner eigenen Wege. Es ist schwer zu sagen, ob die Kriegswirtschaft sich ihr Recht oder das Recht die Kriegswirtschaft gebildet hat. Jedenfalls stehen wir heute vor einer Fülle von neuen und neuartigen Rechtsätzen, die allseits anerkannt sind.

Bei der ungeheuren Anzahl dieser Rechtsätze erscheint es als außerhalb des Rahmens dieser Arbeit liegend, sie alle oder auch nur einzelne von ihnen in vollem Umfange heranzuziehen. Einige Willkür in der Auswahl des Stoffes möge mir der Leser im Interesse des Ganzen gestatten. Nicht ein System des Kriegswirtschaftsrechtes zu geben, sondern eine Grundlegung des Kriegswirtschaftsrechts durch Herausarbeiten der hauptsächlichsten Rechtsbegriffe zu versuchen, ist Zweck der Arbeit; sie will zugleich den aus dem Felde Zurückkehrenden einen Einblick in die Rechtsentwicklung während des Krieges ermöglichen.

Diese Schrift wurde in einer Zeit höchster Kräfteanspannung im Dienst der Allgemeinheit vollendet. Dies wäre mir nicht möglich gewesen, wenn mich nicht das aufrichtige und deshalb als überaus anregend empfundene Wohlwollen des Mannes begleitet hätte, dem die erste Seite dieser Arbeit gewidmet ist.

Den 1. September 1917.

---

[1]) Vgl. B i n d e r, Rechtsbegriff und Rechtsidee, Leipzig 1915, S. 110. S t a m m l e r, Theorie der Rechtswissenschaft, S. 268.

Allgemeiner Teil.

§ 1. Der Rechtsbegriff der Kriegswirtschaft.

a) Der Wortbegriff.

Wenn wir oben die Kriegswirtschaft als Volkswirtschaft im Kriege und letztere als Inbegriff der in einem Staate bestehenden Einzel- und Korporationswirtschaften definiert haben, so haben wir damit mehr den Träger als den Gegenstand der Volkswirtschaft bezeichnet. Gegenstand der Volkswirtschaft ist die dauernde Versorgung eines Volkes mit Sachgütern.[1]) In Anlehnung an diesen Satz erscheint als Gegenstand der Kriegswirtschaft die Versorgung der Bevölkerung mit Sachgütern während des Krieges. Der Wortbegriff der Kriegswirtschaft umfaßt sonach alle Vorgänge und Einrichtungen, welche sich dieser Versorgung widmen.

b) Das Wort Kriegswirtschaft in den Rechtssätzen.

In den Rechtssätzen hat das Wort Kriegswirtschaft selten eine derartig umfassende Bedeutung, wie es eigentlich dem volkswirtschaftlichen Begriffe entsprechen würde. So ist beispielsweise die Kriegswirtschafts-Aktien-Gesellschaft kein Unternehmen, das allgemein die Versorgung der Bevölkerung mit Sachgütern zum Gegenstand hat, vielmehr hatte die Kriegswirtschafts-Aktien-Gesellschaft nur einzelne Teile des Wirtschaftslebens zu übernehmen; ihr ist der Handel mit einzelnen, ganz bestimmten Gegenständen übertragen.

Die im letzten Jahre von den Zentralbehörden der deutschen Bundesstaaten errichteten Kriegswirtschaftsämter und Kriegswirtschaftsstellen haben nicht die Aufgabe, die gesamte Versorgung der Bevölkerung zu überwachen, sondern sie haben lediglich die Aufgabe, innerhalb ihrer örtlichen Zuständigkeit die landwirtschaftliche Produktion zu fördern.[2])

Auch das Reichsschiedsgericht für Kriegswirtschaft ist bei weitem nicht ein Schiedsgericht, das alle Streitigkeiten zu entscheiden hätte, die sich bei der Versorgung der Bevölkerung mit Sachgütern während

---

[1]) Vgl. Philippovich, Grundriß der politischen Ökonomie, 1. Bd. 8. Aufl. S. 1.

[2]) Vgl. preuß. Verfügung, betr. Ausgestaltung und Zuständigkeit der Kriegswirtschaftsämter und -Stellen vom 8. Jan. 1917. Hiernach haben die genannten Ämter und Stellen die Landwirtschaft zu unterstützen durch

1. Beschaffung und nötigenfalls militärische Zurückstellung von Betriebsleitern und Arbeitern,
2. Beschaffung von Arbeitspferden,
3. Beschaffung von Maschinen und Betriebsmitteln (Kohlen, Benzol usw.),
4. Fürsorge für die restlose Bestellung der Felder,
5. Fürsorge für die Einbringung der Ernte.

des Krieges ergeben. Vielmehr hat das Reichsschiedsgericht für Kriegswirtschaft im wesentlichen die Aufgaben des früheren Reichsschiedsgericht für Kriegsbedarf, dessen Namen es wohl als treffendere Bezeichnung weitergeführt hätte: es hat nämlich in erster Linie Streitigkeiten wegen Festsetzung des Übernahmepreises zu entscheiden, die zwischen dem Warenbesitzer und der enteignenden Militärbehörde entstanden sind.[3])

Aus dem Angeführten mag ersehen werden, daß der Rechtsbegriff Kriegswirtschaft fast in jeder Bestimmung verschieden ist, daß er meist enger ist wie der volkswirtschaftliche Begriff, indem er nur einzelne Seiten der Volkswirtschaft während des Krieges bezeichnet.[4])

In adjektivischer Form kommt der Begriff Kriegswirtschaft im Gesetz über den vaterländischen Hilfsdienst vom 5. Dezember 1916[5]) und in der Bekanntmachung über die bei Behörden oder in kriegswirtschaftlichen Organisationen beschäftigten Personen vom 3. Mai 1917[6]) vor. Beide Male ist von „kriegswirtschaftlichen Organisationen" die Rede, aber auch nicht in dem Sinn, daß alle Einrichtungen darunter zu verstehen seien, die die Bevölkerung mit Gütern versorgen, sondern nur solche, die für die Versorgung des Heeres und der Bevölkerung notwendig sind. Damit kommen wir zu einem Begriff der Kriegswirtschaft, der weder volkswirtschaftlich noch rechtlich Geltung hat, der aber volkstümlich ist. Unter Kriegswirtschaft versteht der Volksmund im allgemeinen die Bewirtschaftung der für Kriegsführung und Lebensbedarf notwendigen Güter. Nachdem die Bewirtschaftung dieser notwendigen Güter der Staat übernommen hat, ist dem Bürger der Begriff Kriegswirtschaft häufig gleichbedeutend mit öffentlicher Bewirtschaftung.

In diesem Sinne mag auch das Wort Kriegswirtschaft in der Bekanntmachung über die Bestellung eines Reichskommissars für die Übergangswirtschaft vom 3. August 1916 gebraucht sein.[7]) Dort heißt es: „Zur Erleichterung des Übergangs von der Kriegswirtschaft in die Friedenswirtschaft wird ein Reichskommissar bestellt." Kriegswirtschaft ist hier auch nicht gleichbedeutend mit Volkswirtschaft während des Krieges, denn es gibt immerhin noch einige Seiten der Volkswirtschaft, die durch den Krieg wenig oder gar nicht berührt wurden. Es handelt sich vielmehr hier um den Abbau der öffentlichen Wirtschaftsorganisation und deren Überführung in die Privatwirtschaft.

Wenn wir überhaupt einen Rechtsbegriff der Kriegswirtschaft anerkennen wollen, so nur in Anlehnung an die letztgenannte Bestimmung als Inbegriff der Einrichtungen, die die Versorgung des Heeres und der Bevölkerung mit den notwendigen Gütern bezwecken.

---

[3]) Verordnung über die Sicherstellung von Kriegsbedarf in der Fassung vom 26. April 1917, RGBl. S. 375 § 2.

[4]) Vgl. auch die Bezeichnung Kriegswirtschaftsstelle für das deutsche Zeitungsgewerbe. Bek. über Druckpapier vom 19. April 1916; Güthe-Schlegelberger, Kriegsbuch Bd. 4 S. 622.

[5]) Vgl. RGBl. S. 1333.

[6]) Vgl. RGBl. S. 393.

[7]) Vgl. RGBl. S. 885.

c) Der Begriff „wirtschaftlich" im Ermächtigungsgesetz vom 4. August 1914.[8])

Die bedeutsamste Stelle, an der der Begriff Wirtschaft in der Kriegsgesetzgebung vorkommt, ist ohne Zweifel der § 3 des Gesetzes über die Ermächtigung des Bundesrats zu wirtschaftlichen Maßnahmen und über die Verlängerung der Fristen des Wechsel- und Scheckrechts im Falle kriegerischer Ereignisse. Er lautet: „Der Bundesrat wird ermächtigt, während der Zeit des Krieges diejenigen gesetzlichen Maßnahmen anzuordnen, welche sich zur Abhilfe wirtschaftlicher Schädigungen als notwendig erweisen." Es soll hier nicht die volle Bedeutung dieser Bestimmung erörtert werden, sondern nur die Tragweite des Wörtchens „wirtschaftlich".

Oberverwaltungsgerichtsrat Schiffer hat mit Recht die Ausdrucksweise „zur Abhilfe wirtschaftlicher Schädigungen" als nicht glücklich gewählt bezeichnet.[9]) Bei der Auslegung haben sich vier verschiedene Ansichten gebildet.

Nach der einen Meinung ist der Begriff wirtschaftliche Schädigungen eng auszulegen und auf die Vorkehrungen zu beschränken, die unmittelbar und hauptsächlich ein wirtschaftliches Ziel verfolgen, wirtschaftliche Folgen auslösen, oder wirtschaftliche Mittel anwenden.[10]) Demgegenüber sagt Schiffer, daß schließlich jedes Ding auf Erden seine wirtschaftliche Seite habe oder einer wirtschaftlichen Ausstrahlung oder Rückwirkung fähig sei.[11]) Diese Ansicht wird von Lehmann unterstützt[12]) und sie ist maßgebend, nachdem das Reichsgericht sich ihr angeschlossen[13]) hat.

Was die Nachprüfung einer zur Abhilfe wirtschaftlicher Schädigungen erlassenen Verordnung angeht, so gesteht Beling dem Richter zu, die Verordnung nicht anzuwenden, wenn sie in die reine Sphäre des nichtwirtschaftlichen übergreift.[14]) Demgegenüber versagen v. Miltner und Laband dem Richter dieses Recht. Ersterer schreibt: „Zur Anordnung einer gesetzlichen Maßnahme nach § 3 ist nicht mehr nötig, als daß der Bundesrat die Überzeugung gewinnt, daß infolge des Krieges, sei es auch nur mittelbar, eine wirtschaftliche Schädigung eingetreten ist, und daß er es für notwendig findet, ihr abzuhelfen."[15]) Ob der Bundesrat diese Überzeugung gewonnen hat oder nicht, ist ein Internum, das sich der Feststellung Außenstehender entzieht.

---

[8]) Vgl. RGBl. S. 327; Guttentagsche Sammlung deutscher Reichsgesetze Nr. 116 S. 74 ff.

[9]) Vgl. DJZ. 1915 S. 1159.

[10]) Vgl. Schmidt, Zur Theorie der Kriegsnotgesetze, ZStW. Bd. 37 S. 69.

[11]) Schiffer, DJZ. 1915 a. a. O. S. 1160.

[12]) Vgl. Lehmann, Die Kriegsbeschlagnahme als Mittel der Organisation der Rohstoff- und Lebensmittelversorgung, 1916 S. 23.

[13]) Vgl. RG. in DJZ. 1915 S. 1032; RG. in LZ. 1915 S. 890; a. A. Hachenburg in DJZ. 1915 S. 392.

[14]) Vgl. Behling in ZStW. Bd. 37 S. 269.

[15]) LZ. 1915 S. 1414.

Aus dem Gesagten dürfte hervorgehen, daß der Nebensatz, „welche sich zur Abhilfe wirtschaftlicher Schädigungen als notwendig erweisen", fast bedeutungslos ist. Er ist rechtlich überflüssig.

d) Zusammenfassung.

Der erste Paragraph unserer Untersuchung gewährt kein befriedigendes Ergebnis. Er war aber deshalb doch nicht zu streichen. Denn von jedem, der über Rechtsbegriffe der Kriegswirtschaft schreibt, wird verlangt werden, daß er zum mindesten sich über den Rechtsbegriff der Kriegswirtschaft klar wird. Wir haben pflichtgemäß die einschlägigen Rechtssätze gesucht, sie verglichen und gefunden, daß es einen einheitlichen Rechtsbegriff der Kriegswirtschaft nicht gibt. Diese Feststellung soll aber nicht uns abhalten, auf dem beschrittenen Wege weiterzugehen.

§ 2. Die Rechtsgrundlagen der Kriegswirtschaft.

a) Allgemeines.

Die Grundlage des Kriegswirtschaftsrechts ist das Gesetz, aber weniger das Gesetz im formellen Sinn, das heißt ein auf Grund der verfassungsmäßigen Vorschriften zustande gekommener Willensakt des Staates, sondern mehr Gesetz im materiellen Sinn, d. h. die rechtsverbindliche Anordnung von Rechtssätzen durch zuständige Organe.[1]) Die kriegswirtschaftliche Entwicklung umging den Weg des ordentlichen Gesetzgebungsverfahrens. Soviel bekannt, sind seit Kriegsausbruch, abgesehen von den Kriegsgesetzen vom 4. August 1914,[2]) nur folgende formelle Gesetze kriegswirtschaftlichen Inhalts ergangen: Gesetz zur Einschränkung der Verfügung über Miet- und Pachtzinsforderungen vom 8. Mai 1915,[3]) Gesetz betr. Änderung des Gesetzes über den Absatz von Kalisalz vom 7. September 1915,[4]) Gesetz über die Festsetzung von Kursen der zum Börsenhandel zugelassenen Wertpapiere,[5]) Gesetz über den vaterländischen Hilfsdienst.[6]) Der Ausschaltung der Reichsgesetzgebung entspricht die geringe Inanspruchnahme der Landesgesetzgebung für kriegswirtschaftliche Zwecke. Von politischer Seite wird die Umgehung des ordentlichen Gesetzgebungswegs deshalb bemängelt, weil dadurch der Volksvertretung eine Mitwirkung beim Zustandekommen der kriegswirtschaftlichen Rechtssätze versagt ist; dagegen wurde bisher von keiner Seite hervorgehoben, daß durch dieses Verfahren auch die Rechte der Krone erheblich geschmälert sind.

Die Bundesratsverordnungen nennen sich wechselweise Bekanntmachung und Verordnung. Beide Bezeichnungen stehen sich rechtlich völlig gleich, obwohl sie dem Wortbegriffe nach grundverschieden sind.

---

[1]) Vgl. Laband, Das Staatsrecht des Deutschen Reiches, 5. Aufl. 2. Bd. 1911 S. 2 u. 64.
[2]) Vgl. RGBl. 1914 S. 325 ff.
[3]) Vgl. RGBl. 1915 S. 327.
[4]) Vgl. RGBl. 1915 S. 559.
[5]) Vgl. RGBl. 1916 S. 1269.
[6]) Vgl. RGBl. 1916 S. 1333 ff.

b) Die Bundesratsverordnung.

In der gegenwärtigen Zeit der Ersatzmittel haben wir auch für das Gesetz einen Ersatz: die Bundesratsverordnung. Sie teilt mit den anderen Ersatzmitteln nicht selten das schleierhafte Zustandekommen, die geringe Güte des Materials und das Ausbleiben des angekündigten Erfolgs.

aa) Die gesetzliche Delegation.

„Jede Verordnung, welche Rechtsvorschriften enthält, kann nur gültig erlassen werden auf Grund einer speziellen reichsgesetzlichen Delegation."[7]) Die hier in Betracht kommende Delegation ist in dem schon genannten Ermächtigungsgesetz vom 4. August 1914 enthalten. Es wurde bereits dargelegt, wie weit die Ansichten über die Tragweite dieses Gesetzes auseinandergehen.[8]) Wir kamen zu dem Schluß, daß die Beschränkung des Bundesrats auf Anordnungen, die zur Abhilfe wirtschaftlicher Schädigungen sich als notwendig erweisen, rechtlich ohne große Bedeutung ist. Dem Bundesrat ist durch das Ermächtigungsgesetz die alleinige gesetzgebende Gewalt auf kriegswirtschaftlichem Gebiete gleich einem Diktator übertragen.[9]) Wenn das Ermächtigungsgesetz sagt, daß der Bundesrat gesetzliche Maßnahmen anordnen könne, so heißt das, daß er alle Willenserklärungen als Verordnung beschließen kann, die überhaupt zum Gegenstand eines Gesetzes gemacht werden können, so strafrechtliche oder auch steuerrechtliche Vorschriften.[10])

bb) Das Zustandekommen der Bundesratsverordnung.

Im Rahmen dieser Arbeit ist eine eingehende Erörterung des Zustandekommens der Bundesratsverordnung nicht möglich. Es soll hier nur soviel gesagt werden als notwendig ist, um die eingangs erwähnten Mängel zu verstehen und sie aus den einmal gegebenen Rechtsverhältnissen zu entschuldigen.

Der Bundesrat ist eine Gesandtenkonferenz, die ständig als versammelt gilt.[11]) Jedes Mitglied des Bundesrats kann Anträge einbringen; über die Art der Erledigung beschließt der Bundesrat selbst. Im allgemeinen werden die kriegswirtschaftlichen Verordnungen im Reichsamt des Innern oder in den diesem Amt untergeordneten Dienststellen, vor allem im Kriegsernährungsamt vorbereitet. Die Geschäftsordnung schreibt nicht vor, daß die Gegenstände der Beratung auf der Einladung, die den Mitgliedern des Bundesrats zugeht,

[7]) Vgl. **Laband**, Das Staatsrecht des Deutschen Reiches, 5. Aufl. 2. Bd. S. 97.

[8]) Vgl. oben § 1 c.

[9]) Vgl. RG. in DJZ. 1915 S. 1032; vgl. auch **Laband** in DJZ. 1915 S. 838 ff., „Die Zwangsgenossenschaften für den Steinkohlen- und Braunkohlenbergbau".

[10]) Vgl. RG. in DJZ., LZ. 1915 S. 800.

[11]) Vgl. **Laband**, Das Staatsrecht des Deutschen Reiches, 5. Aufl. 1. Bd. S. 279.

angegeben sein müssen. Es ist daher nicht ausgeschlossen, daß Gegenstände zur Beratung kommen, welche in der in der Einladung enthaltenen Tagesordnung nicht aufgeführt sind und so der Bundesrat selbst überrumpelt wird.[12]) Der Bundesrat tagt geheim. Er selbst beschließt, was er aus seinen Beratungen veröffentlichen will. Meist veröffentlicht er nichts. So kommt es, daß eine öffentliche Besprechung kriegswirtschaftlicher Maßnahmen vor Bekanntgabe der Verordnungen nicht möglich ist. Die Masse der Kriegsgeschäfte hat mit sich gebracht, daß eine regelrechte Durcharbeitung des Verordnungsmaterials in besonderen Ausschüssen nicht vorgenommen wird. Wo es gilt Interessentenvertreter zu hören, geschieht dies schon bei Fertigung des ersten Entwurfs durch Beratung in mehr oder minder engen vertraulichen Zirkeln.[13]) Die Auswahl der Interessentenvertreter ist lediglich der verhandelnden Behörde überlassen. Hat diese nun in der Auswahl keine glückliche Hand, so wird sie falsch unterrichtet, sie zieht falsche Folgerungen und die Verordnung geht neben das Ziel. Am meisten zu verurteilen ist, wenn die Großen einer Branche und eines Berufs zugleich als Vertreter der Kleinen angesehen und gehört werden. Die wirtschaftlich Starken haben gegenüber den wirtschaftlich Schwachen derartige verschiedene Lebensbedingungen, daß das, was sie für sich als gute Regelung empfehlen, selten auch für letztere gut ist.

Der Bundesrat beschließt seine Verordnungen mit einfacher Mehrheit. Der Reichskanzler oder sein Stellvertreter bestätigt durch Unterschrift, daß der Beschluß ordnungsgemäß zustande gekommen ist. Dem Richter ist eine Nachprüfung über das ordnungsgemäße Zustandekommen des Beschlusses nicht gestattet.

cc) Bundesratsverordnung und Reichstag.

Die kriegswirtschaftlichen Bundesratsverordnungen sind gemäß § 2 des Ermächtigungsgesetzes dem Reichstag bei seinem nächsten Zusammentritt zur Kenntnis zu bringen und auf sein Verlangen aufzuheben. Es bedürfte einer eigenen, eingehenden Untersuchung, wenn man feststellen wollte, inwieweit der Reichstag von diesem Rechte Gebrauch gemacht hat. Selbst die Bundesratsverordnung aufzuheben, vermag der Reichstag nicht. Er kann nur einen Beschluß fassen dahingehend, daß er die Aufhebung verlangt. Diese Kontrollbestimmung ist eine lex imperfecta; denn es besteht keine rechtliche Handhabe, den Bundesrat zu zwingen, dem Verlangen des Reichstages Folge zu leisten. Da die Aufhebung einer bestehenden Bundesratsverordnung oder eine Abänderung wiederum durch Bundesratsverordnung geschieht, so ist es für den Außenstehenden unmöglich, festzustellen, inwieweit der Reichstag hier seinen Einfluß geltend gemacht und Erfolg gehabt hat.[14])

---

[12]) Vgl. Geschäftsordnung des Bundesrats § 13; Laband, Das Staatsrecht des Deutschen Reiches, Bd. 1 S. 280.

[13]) Vgl. Frankf. Zeitung 1917 Nr. 185 S. 3.

[14]) Hier mag nicht unerwähnt bleiben die eigentümliche Bindung der Gültigkeit einer Bundesratsverordnung an die Zustimmung eines vom Reichs-

c) Die Verordnungen der Reichsbehörden.

Der Bundesrat hat in zahllosen Fällen Reichsbehörden, insbesondere den Reichskanzler ermächtigt, zu den kriegswirtschaftlichen Bundesratsverordnungen Ergänzungsbestimmungen zu erlassen. Die Ermächtigung ist nicht selten eine Verpflichtung, besonders wo die in Friedenszeiten üblichen Worte „Der Reichskanzler wird ermächtigt zu bestimmen ..." oder „Der Reichskanzler kann bestimmen ..." durch die strengere Fassung ersetzt sind „Der Reichskanzler bestimmt ...".[15]) Wo die verordnungsmäßige Ermächtigung speziell dem Reichskanzler erteilt ist, kann die Ergänzungsbekanntmachung auch von einem Stellvertreter nach Maßgabe des Reichsgesetzes vom 17. März 1878 erlassen werden. Dagegen erscheint die Weiterübertragung an einen anderen Reichsbeamten als unzulässig. Als allgemeiner Vertreter figuriert in der kriegswirtschaftlichen Gesetzgebung der Staatssekretär des Innern. Man findet auch häufig Namen der Unterstaatssekretäre des Reichsamts des Innern unter allgemeinen Verordnungen des Reichskanzlers. Die Gewohnheit dürfte hier das Gesetzesrecht etwas erweitert haben; denn daß diese von den Unterstaatssekretären gezeichneten Verordnungen gültig sind, hat noch nie jemand bezweifelt.[16])

Unter den Reichsbehörden nimmt mit Beziehung auf die Kriegswirtschaft das Kriegsernährungsamt wohl die bedeutsamste Stelle ein. Das Kriegsernährungsamt nimmt die Befugnisse wahr, die dem Reichskanzler hinsichtlich der Sicherung der Volksernährung zustehen, insbesondere diejenigen Befugnisse des Reichskanzlers, die ihm in der Verordnung über Kriegsmaßnahmen zur Sicherung der Volksernährung vom 22. Mai 1916 übertragen sind.[17]) Das Kriegsernährungsamt hat die von ihm erlassenen Rechtsverordnungen im Reichsgesetzblatt zu veröffentlichen.[18]) Wie die Verordnungen im Kriegsernährungsamt zustande kommen, ist ein Internum dieser Behörde. Der Reichskanzler hat nur dienstaufsichtlich Anweisung gegeben, daß in grundsätzlichen Fragen der Beirat zu hören ist und in wichtigen Fragen der Vorsitzende nach Beratung mit dem Vorstand entscheidet.[19])

Außer dem Kriegsernährungsamt wurde durch Bundesratsverordnung noch zahlreichen anderen Reichsbehörden Verordnungsgewalt in mehr oder weniger großem Umfang übertragen, insbesondere den verschiedenen Wirtschaftsstellen für einzelne Bundesstaaten.

---

tag aus seiner Mitte gewählten Ausschusses von 15 Mitgliedern nach § 19 des Gesetzes über den vaterländischen Hilfsdienst vom 5. Dez. 1916.

[15]) Vgl. z. B. VO. über den Verkehr mit Zucker im Betriebsjahr 1916/17 vom 14. Sept. 1916 (RGBl. S. 1032 §§ 17, 21).

[16]) Vgl. hierzu Laband, Das Staatsrecht des Deutschen Reiches, 5. Aufl. 2. Bd. S. 100. Als Beispiel vgl. RGBl. 1916 S. 64.

[17]) Vgl. Bek. über die Errichtung eines Kriegsernährungsamtes vom 22. Mai 1916, RGBl. S. 402.

[18]) Vgl. Bek. über die Errichtung eines Kriegsernährungsamtes vom 22. Mai 1916 § 2.

[19]) Vgl. Bek. usw. §§ 2, 3.

d) Die Verordnungen der Einzelstaaten.

Die Verordnungsgewalt der Einzelstaaten in der kriegswirtschaftlichen Gesetzgebung basiert immer auf der Bundesratsverordnung, also auf Reichsrecht. Es besteht keine Praesumtio iuris für die Verordnungsgewalt der Einzelstaaten auf kriegswirtschaftlichem Gebiete, nachdem das Ermächtigungsgesetz vom 4. August 1914 diese Materie in die Reichsgesetzgebung einbezogen hat. Die Kraft der einzelstaatlichen Verordnung wurzelt in der Bundesratsverordnung. Sie ist materiell Reichsrecht. An sich könnten die einzelstaatlichen Ausführungsbestimmungen im Wege der Landesgesetzgebung oder durch landesherrliche Verordnung oder durch Verordnung der Obersten Regierungsbehörde ergehen. Die kriegswirtschaftliche Gesetzgebung hat sich mit Vorliebe an die „Landeszentralbehörden" gewendet. Wer diese Landeszentralbehörden sind, bestimmt das Einzelstaatsrecht. Die Landeszentralbehörden besitzen entweder allgemeine Vollmacht[20]) zum Erlaß von Ausführungsbestimmungen oder besondere Vollmacht.[21]) Das Schulbeispiel der letzteren ist die Delegation des „Rechts" an die Landeszentralbehörde zu bestimmen, wer als zuständige oder höhere Verwaltungsbehörde im Sinne der betreffenden Verordnung anzusehen ist. Wenn nun die Landeszentralbehörden wiederum ihr Verordnungsrecht an untergeordnete Stellen weiterdelegieren, so ergibt sich eine ineinander geschachtelte Menge von Gesetzen und Verordnungen, die dem nachprüfenden Richter oft erhebliche Schwierigkeiten bereitet.

e) Die Verfügungen der Militärbefehlshaber.

Die Bedeutung der Verfügungen der Militärbefehlshaber für die Kriegswirtschaft braucht nicht besprochen zu werden. Hier gilt es lediglich, die Rechtsgrundlagen dieser Verfügungen zu erörtern. Die Rechtsquellen sind leicht zu finden. Es kommen lediglich in Betracht das Gesetz über die Kriegsleistungen vom 13. Juni 1873, das preuß. Gesetz über den Belagerungszustand vom 4. Juni 1851, das bayer. Gesetz über den Kriegszustand vom 5. November 1912 und die Verordnung über die Sicherstellung von Kriegsbedarf vom 24. Juni 1915.[22])

Die auf Grund des Kriegsleistungsgesetzes ergehenden Verfügungen der Militärbefehlshaber heißen Requisitionen. Sie haben bestimmten Inhalt, bestimmte Form, bestimmte Adresse und bestimmte Rechtsfolgen.

Ihr Inhalt betrifft immer die Anforderungen von Gegenständen oder Diensten, wie sie in § 1 des Gesetzes näher umschrieben sind.

---

[20]) Vgl. z. B. Bek. vom 10. April 1916 über den Verkehr mit Verbrauchszucker § 18, RGBl. S. 364.

[21]) Vgl. z. B. Bek. über die Einfuhr von Kaffee aus dem Ausland vom 6. April 1916 § 10, RGBl. S. 246.

[22]) Vgl. neue Verfassung nach der Bek. vom 26. April 1917, RGBl. S. 375.

Die Anordnungen sind in der Regel schriftlich zu erlassen und müssen die genaue Bezeichnung der geforderten Leistungen enthalten.[23])

Die Adresse der Verfügung lautet immer auf die zuständige Zivilbehörde, meist auf den Gemeinde- oder Stadtvorstand.

Die Rechtsfolge der Verfügung ist, daß die Gemeinden verpflichtet sind, die geforderten Leistungen vollständig und rechtzeitig zu erfüllen. Bei Weigerung oder Versäumung haben sie zwangsweise Herbeiführung der Leistung zu gewärtigen.[24])

Die Verfügungen, die auf Grund des Kriegsleistungsgesetzes ergangen sind, waren mehr für die betroffene Einzelwirtschaft als für die gesamte Kriegswirtschaft bedeutsam. Sie spielten vor allem eine Rolle beim Aufmarsch des Heeres. Für die Gegenwart kann ihnen keine Bedeutung mehr zugeschrieben werden.[25])

Das Gegenteil wäre zu behaupten von den Verfügungen der Militärbefehlshaber, die sich auf das preußische Belagerungszustandsgesetz bzw. auf das bayerische Kriegszustandsgesetz stützen.

aa) Die Grundlage der militärischen Gebotsgewalt.

Um den Leser in medias res zu führen, seien hier die maßgebenden Bestimmungen angeführt.

§ 9 des preuß. Belagerungszustandsgesetzes: „Wer in einem Belagerungszustand erklärten Orte oder Distrikte . . . . . ein bei Erklärung des Belagerungszustandes oder während desselben vom Militärbefehlshaber im Interesse der öffentlichen Sicherheit erlassenes Verbot übertritt, soll, wenn die Gesetze keine höhere Freiheitsstrafe bestimmen mit . . . . bestraft werden."

§ 4 des bayer. Gesetzes über den Kriegszustand lautet: „Wer in einem in Kriegszustand erklärten Orte oder Bezirk . . . . . . eine bei der Verhängung des Kriegszustandes oder während desselben von dem zuständigen Obersten Militärbefehlshaber zur Erhaltung der öffentlichen Sicherheit erlassenen Vorschrift übertritt oder zur Übertretung auffordert oder anreizt, wird, wenn nicht die Gesetze eine schwerere Strafe androhen, mit . . . . . . bestraft."

Beide Gesetzbestimmungen übertragen dem Militärbefehlshaber im wesentlichen das Recht, Gebote mit Strafandrohung im Interesse der öffentlichen Sicherheit bzw. zur Erhaltung der öffentlichen Sicherheit zu erlassen. Sie geben damit dem Militärbefehlshaber volle diktatorische Gewalt, zumal dem Richter ein Nachprüfungsrecht darüber, ob das Gebot wirklich zur Erhaltung der öffentlichen Sicherheit geeignet ist oder im Interesse der öffentlichen Sicherheit liegt, nicht zusteht.[26])

Im Einzelnen ist für das Gebiet des preußischen Rechts folgendes

---

[23]) Vgl. KriegsleistungsG. § 4.

[24]) Vgl. KriegsleistungsG. § 5.

[25]) Vgl. die treffenden Ausführungen von Lehmann, Die Kriegsbeschlagnahme, S. 26.

[26]) Vgl. BayObLG., Urt. vom 5. Okt. 1915, Beibl. zum JMBl. S. 371; ferner Strupp, Deutsches Kriegszustandsrecht, S. 100.

zu sagen. Führende Juristen sind der Ansicht, daß § 9 b des Kriegszustandsgesetzes in Verbindung mit § 4 des gleichen Gesetzes dem Militärbefehlshaber als Inhaber der vollziehenden Gewalt nur einem erweiterten Strafrahmen zur Verfügung stellte, daß der Militärbefehlshaber sich im übrigen aber mit seinen Anordnungen innerhalb der bestehenden Gesetze zu halten habe.[27]) Das Reichsgericht kommt zu anderem Ergebnis. Nach ihm überträgt § 9 b des Kriegszustandsgesetzes dem Militärbefehlshaber ein völlig selbständiges Gesetzgebungsrecht, das nur vor der Verfassung des Reichs und der Bundesstaaten Halt zu machen habe.[28])

Für das bayerische Rechtsgebiet war die unbeschränkte Gesetzgebungsgewalt des Militärbefehlshabers nie bezweifelt.[29])

Die angeführten Gesetzesbestimmungen ermächtigen nur den Militärbefehlshaber in Person, genauer den Militärbefehlshaber und seinen zuständigen Stellvertreter. Er kann sein Gesetzgebungsrecht nicht auf andere Behörden zu deren Ermessen übertragen.[30]) Dagegen steht es dem Militärbefehlshaber frei, eine von ihm selbst erlassene Verordnung durch andere Behörden veröffentlichen und ausführen zu lassen.[31])

Über die Tragweite des Irrtums über die mit Beziehung auf § 9 b des preußischen Belagerungszustandsgesetzes und §§ 4, 2 des bayerischen Kriegszustandsgesetzes erlassenen Anordnungen sprechen das bayerische Oberste Landesgericht und das Reichsgericht sich verschieden aus. Ersterem ist die militärische Anordnung die Ausfüllung eines Blankettgesetzes, das erst durch die Ausfüllung wirksamen Inhalt erhält; es beurteilt den Irrtum über diesen Inhalt als Irrtum über die Strafrechtsnorm selbst und erachtet ihn daher als nicht die Strafbarkeit ausschließend.[32]) Das Reichsgericht hingegen betrachtet die Anordnung als einen an sich außerhalb des Strafgesetzes liegenden Teil des öffentlichen Rechts, mithin als einen Tatumstand im Sinne von § 59 Abs. 1 StGB.[33])

Die Militärbefehlshaber haben auf Grund ihrer außerordentlichen Vollmacht vielfach für die Kriegswirtschaft bedeutsame Rechtssätze aufgestellt. Sie regelten auf Grund des Kriegszustands- bzw. Belagerungszustandsgesetzes u. a. das Dienstbotenwesen,[34]) die Feldbestel-

---

[27]) Vgl. Galli, DStRZ. 1915 S. 106; Lehmann, Die Kriegsbeschlagnahme, 1916 S. 25.

[28]) Vgl. RGSt. Bd. 49 S. 169; ferner die bei Strupp, Deutsches Kriegszustandsrecht, angegebenen Entscheidungen.

[29]) U. a. BayObLG., Urt. vom 28. Okt. 1915, Beibl. zum JMBl. 1915 S. 407.

[30]) Vgl. Urteile des RG. vom 4. Okt. 1915 und 8. Okt. 1915 in Conrad, Das Gesetz über den Belagerungszustand, S. 47.

[31]) Vgl. RGE. in Conrad, Das Gesetz über den Belagerungszustand, S. 50.

[32]) Vgl. sämtliche Urteile des BayObLG. in Beibl. zum JMBl. 1915 S. 140, 148, 154, 177, 218, 221, 224, 285, 364.

[33]) Vgl. Urteile des RG. vom 10. Mai 1915, 31. Mai 1915, 17. Jan. 1916 usw. in Conrad, Das Gesetz über den Belagerungszustand, S. 88 ff.

[34]) Vgl. GKB. I. bayer. A.-K. vom 18. März 1915 Nr. 23914.

lung,[35]) den Arbeitsnachweis,[36]) die Milchwirtschaft,[37]) die Bierversorgung,[38]) den Pferdehandel,[39]) den Eierhandel,[40]) den Verkehr mit Waffen und Uniformen,[41]) mit Fahrrädern,[42]) mit alkoholischen Getränken.[43])

bb) Die Grundlage der militärischen Vollziehungsgewalt.

Gemäß § 4 des preußischen Belagerungszustandsgesetzes geht mit der Bekanntmachung der Erklärung des Belagerungszustandes die vollziehende Gewalt auf die Militärbefehlshaber über. Das gleiche gilt für Bayern gemäß der Landesherrlichen Verordnung vom 31. Juli 1914.[44]) Unter vollziehender Gewalt versteht man alles, was nicht dem Gebiete der gesetzgebenden oder richterlichen Gewalt zufällt, also die reine Verwaltung.[45]) Dem Militärbefehlshaber sind sonach die Funktionen der Verwaltungsbehörden übertragen. Aber während in Preußen die Befugnisse aller Verwaltungsbehörden ausgeübt werden können, einschließlich derjenigen der höchsten Instanzen, der Ministerien und Reichsämter, haben die bayerischen kommandierenden Generale nur das Recht, die Befugnisse der den Zivilstaatsministerien untergeordneten Staatsbehörden (mit Ausnahme der richterlichen und verwaltungsrichterlichen Tätigkeit) auszuüben.

Wenn die Militärbehörden auf Grund des § 4 des Belagerungszustandsgesetzes tätig werden, so haben sie sich streng innerhalb der bestehenden Gesetze zu halten. Sie können auf Grund des § 4 nicht mehr Rechte ausüben, als die Behörde ausgeübt hat, deren Gewalt sie an sich gezogen haben.[46])

Die vollziehende Gewalt der Militärbehörde ist für die Kriegswirtschaft auch nicht annähernd von der gleichen Bedeutung wie die im vorigen Abschnitt besprochene Gebotsgewalt. Im wesentlichen waren es zwei kriegswirtschaftliche Maßnahmen, die mit Beziehung auf § 4 des Belagerungszustandsgesetzes bzw. die kgl. bayer. Verordnung vom 31. Juli 1914 getroffen wurden: die eine war die Festsetzung von Höchstpreisen auf Grund des Gesetzes betr. Höchstpreise vom 4. August 1914[47]); die andere ist die Anordnung von Bestandserhebungen auf Grund der Bundesratsverordnung über Vorratserhebungen vom 24. August 1914.

---

[35]) GKV. I. bayer. A.-K. vom 18. März 1915 Nr. 23915.
[36]) GKV. I. bayer. A.-K. vom 20. Juni 1916 Nr. 98720.
[37]) GKV. I. bayer. A.-K. vom 31. Juli 1915 Nr. 87111.
[38]) GKV. I. bayer. A.-K. vom 29. März 1916 Nr. 48317.
[39]) GKV. I. bayer. A.-K. vom 16. Jan. 1915 Nr. 3279.
[40]) GKV. I. bayer. A.-K. vom 29. März 1915 Nr. 28381.
[41]) GKV. I. bayer. A.-K. vom 13. August 1916 Nr. 134039.
[42]) GKV. I. bayer. A.-K. vom 8. Juni 1916 Nr. 94382.
[43]) GKV. I. bayer. A.-K. vom 15. Dez. 1915 Nr. 147683.
[44]) Vgl. GVBl. S. 329.
[45]) Vgl. Fleiner, Institutionen des deutschen Verwaltungsrechts, 3. Aufl. S. 92.
[46]) Vgl. Strupp, Deutsches Kriegszustandsrecht, S. 50.
[47]) Vgl. Kriegsanordnungen des stellv. G.-K. I. bayr. A.-K. München 1917.

cc) Das militärische Übereignungsrecht.

Das Recht, einzelne Sachgüter sich selbst oder Dritten zu übereignen, besteht für den Militärbefehlshaber schon auf Grund des § 9 b des Belagerungszustandsgesetzes bzw. §§ 4, 2 des bayer. Kriegszustandsgesetzes. Wir haben aber schon oben festgestellt, daß dieses Recht nicht übertragbar ist, insbesondere nicht an Stelle des Militärbefehlshabers von der zentralen Militärverwaltungsbehörde, dem Kgl. Kriegsministerium, ausgeübt werden kann. Dies war ein Mangel in solchen Fällen, in denen es galt, nicht nur einzelne Güter in einzelnen Bezirken zu übereignen, sondern die gesamten Vorräte an bestimmten Erzeugnissen innerhalb ganz Deutschlands. Die Bundesratsverordnung vom 4. April 1917 in Verbindung mit der Verordnung vom 24. Juni 1915 über die Sicherstellung von Kriegsbedarf hat diesem Mangel abgeholfen.[48]) Darnach kann während der Dauer des gegenwärtigen Krieges das Eigentum von Gegenständen des Kriegsbedarfs und an Gegenständen, die bei der Herstellung oder dem Betriebe von Kriegsbedarfsartikeln zur Verwendung gelangen, unbeschadet der Zuständigkeit der Militärbefehlshaber, auch durch Anordnung der Kriegsministerien oder des Reichsmarineamts oder der von ihnen bezeichneten Behörden auf eine in der Anordnung zu bezeichnende Person übertragen werden.[49]) Diese Bestimmung wurde für die Kriegswirtschaft von außerordentlicher Bedeutung. Zahlreiche Eingriffe in das Wirtschaftsleben, insbesondere die Beschlagnahme der wichtigsten Rohstoffe, beruhen auf der Verordnung über die Sicherstellung von Kriegsbedarf.

§ 3. Die Rechtsgestalter.

a) Allgemeines.

Während in § 2 die Rechtsgrundlagen erörtert wurden, das heißt, die wenigen Rechtssätze, die die Grundlagen des gewaltigen Systems von Rechtsregeln bilden, das wir Kriegswirtschaftsrecht nennen, sollen im folgenden diejenigen staatlichen Organe besprochen werden, die auf den geschilderten Grundlagen das Gebäude der Kriegswirtschaft aufgeführt haben, es ständig ausbauen und über die Instandhaltung wachen.

Es ist natürlich, daß bei der Besprechung des Wesens der grundlegenden Rechtssätze auch deren Urheber erwähnt wurden, so bei der Bundesratsverordnung der Bundesrat, bei der militärischen Verfügung der Militärbefehlshaber. Die der Kriegswirtschaft eigentümlichen Rechtsgestaltungsorgane wurden damit aber noch nicht berührt. Denn die Rechtssätze, die diese Organe geschaffen haben, gehören unseres Erachtens nicht mehr zu den grundlegenden, sondern zu den aufbauenden.

---

[48]) Vgl. RGBl. 1917 S. 376 ff.
[49]) Vgl. VO. über die Sicherstellung von Kriegsbedarf § 1.

b) Die Wirtschaftsstellen.

aa) Die Rechtsnatur.

Die der Kriegswirtschaft eigentümlichen Rechtsgestalter sind die Wirtschaftsstellen. Wirtschaftsstellen sind Behörden, die für ein bestimmtes Gebiet entweder nach Anweisung anderer Behörden oder nach eigenen Grundsätzen die öffentliche Bewirtschaftung bestimmter Erzeugnisse durchführen.

Die Wirtschaftsstellen sind Behörden.[1]) Die Reichswirtschaftsstellen entstehen durch Beschluß des Bundesrats. Der Bundesrat braucht hierbei nicht auf das Ermächtigungsgesetz vom 4. August 1914 zurückzugreifen, sondern kann sich auf Art. 7 Nr. 2 der Reichsverfassung stützen, wo gesagt ist: „Der Bundesrat beschließt über die zur Ausführung der Reichsgesetze erforderlichen allgemeinen Verwaltungsvorschriften und Einrichtungen." Der Charakter als Behörde bringt mit sich, daß die Wirtschaftsstellen nicht selbst Rechtsträger sind, nicht als selbständig berechtigte Subjekte auftreten können, sondern lediglich eine Seite der an sich unteilbaren Staatsgewalt vertreten.[2]) Die Wirtschaftsstellen sind entweder Reichs- oder Staatsbehörden.[3]) Das unterscheidende Merkmal ist, daß die ersteren ihre Autorität unmittelbar von der Reichsgewalt ableiten, letztere dagegen von der Landesstaatsgewalt. Daneben gibt es Wirtschaftsstellen, die ihre Befugnisse vom Militärbefehlshaber ableiten, der aber wiederum als Vertreter der Staatsgewalt seines Kontingents zu gelten hat. Die Verteilungsstelle für die Erzeugnisse der Milchwirtschaft des bayer. 1. A.-K.[4]) ist eine bayerische Landesbehörde. Von besonderer Bedeutung wurden für die Kriegswirtschaft auch die Wirtschaftsstellen der Gemeinden, sie leiten ihre Autorität von der Gemeindeverwaltung ab und sind Zweige des gemeindlichen Verwaltungsorganismus.

Die Behörden sind dienstaufsichtlich der Stelle, von der sie ihre Befugnisse ableiten, untergeordnet. Auch wo nicht ausdrücklich ein Beschwerderecht verordnungsmäßig gegeben ist, ist immer möglich dienstaufsichtlich Beschwerde bei der vorgesetzten Stelle zu führen.

Die Wirtschaftsstellen sind, weil sie Behörden sind, zugleich Ämter; damit ist aber nicht gesagt, daß die Organe der Wirtschaftsstellen zugleich Beamten sind. Nicht einmal die die Behörden nach außen vertretenden Personen, die meist als Vorsitzende bezeichnet sind,[5])

---

[1]) Vgl. als die bedeutendsten die Reichsgetreidestelle (Bek. über den Verkehr mit Brotgetreide und Mehl aus dem Erntejahr 1915 vom 28. Juni 1915), Reichsbekleidungsstelle (Bek. über den Verkehr mit Web-, Wirk- u. Strickwaren für die bürgerl. Bevölkerung vom 10. Juni 1916, RGBl. S. 463 § 1), Reichsfleischstelle (Bek. über Fleischversorgung vom 27. März 1916, RGBl. S. 199 § 2).

[2]) Vgl. Laband, Das Staatsrecht des Deutschen Reiches, 5. Aufl. Bd. 3 S. 366.

[3]) Als Beispiel die bayer. Landesfuttermittelstelle, Kriegsbl. z. MAdJ. 1915 S. 1216.

[4]) GKB. vom 30. Okt. 1915 Nr. 135187.

[5]) Vgl. z. B. Bek. über die Gründung einer Reichsstelle für Gemüse und Obst vom 18. Mai 1916 § 2, RGBl. S. 391.

müssen Beamte sein. Wenn sie es sind, so stehen sie in einem besonderen öffentlich-rechtlichen Abhängigkeitsverhältnis zu Reich oder Staat oder Gemeinde. Dieses Dienstverhältnis ist meist eingehend durch Gesetz und Verordnung geregelt.[6]) Dem Beamten obliegt vor allem die Verpflichtung, sein Amt gewissenhaft wahrzunehmen und über die Vorgänge, die er kraft Amts erfährt, Stillschweigen zu bewahren.[7])

Die Kriegswirtschaft machte erforderlich, daß bei den bestehenden Behörden und bei den neu errichteten Wirtschaftsstellen eine Menge von nichtbeamteten Personen beschäftigt werden. Diesen Personen sind beamtenähnliche Verpflichtungen auferlegt. Auch sie haben ihre Obliegenheiten gewissenhaft zu erfüllen. Wenn sie hierzu noch ausdrücklich durch Handschlag verpflichtet worden sind, so ist ihre Verpflichtung durch strafrechtliche Androhung verstärkt. Mit Strafe ist nämlich bedroht jede der genannten Personen, die für eine zu ihren Obliegenheiten gehörende Handlung oder für eine Handlung, die eine Verletzung der ihr übertragenen Obliegenheit enthält, Geschenke oder andere Vorteile annimmt, fordert oder sich versprechen läßt.

Auch die nichtbeamteten Personen sind zur Verschwiegenheit verpflichtet. Sie sind mit Strafe bedroht, wenn sie die infolge ihrer Tätigkeit erlangten Kenntnisse über Einrichtungen oder Maßnahmen der Behörde dazu mißbrauchen, sich oder einem andern einen Vermögensvorteil zu verschaffen oder einem andern Schaden zuzufügen;[8]) sie sind ferner bei Strafe gehalten, über Geschäfts- oder Betriebsgeheimnisse eines Dritten, die infolge ihrer Tätigkeit zu ihrer Kenntnis gelangten, Stillschweigen zu bewahren.[9])

bb) Die Organisation.

Die Organisation der Wirtschaftsstellen ist im einzelnen sehr verschieden. Sie sind entweder Einzelbehörden oder Kollegialbehörden. Einzelbehörden sind vor allem die von den Kriegsministerien oder den Generalkommandos ins Leben gerufenen Wirtschaftsstellen.[10]) Die Reichswirtschaftsstellen haben nur zum geringsten Teil eine monokratische Spitze. Als Beispiele für monokratisch verwaltete Reichsstellen seien die Reichssackstelle,[11]) Reichsstelle für Gemüse und Obst[12])

---

[6]) Vgl. für die Reichsbeamten das RG. vom 31. März 1873 in der Fassung vom 18. Mai 1907.

[7]) Vgl. Laband, Das Staatsrecht des Deutschen Reiches, 5. Aufl. 1. Bd. S. 456.

[8]) Vgl. Bek. über die bei Behörden oder in kriegswirtschaftlichen Organisationen beschäftigten Personen vom 3. Mai 1917, RGBl. S. 399.

[9]) Vgl. Bek. über die bei Behörden oder in kriegswirtschaftlichen Organisationen beschäftigten Personen vom 3. Mai 1917 § 7, RGBl. S. 393.

[10]) Vgl. z. B. das preuß. Webstoff-Meldeamt oder die Kautschukmeldestelle der Kriegsrohstoff-Abteilung des kgl. preuß. Kriegsministeriums.

[11]) Vgl. Bek. über Säcke vom 27. Juli 1916, RGBl. S. 834 § 3.

[12]) Vgl. Bek. über Gründung einer Reichsstelle für Gemüse und Obst vom 18. Mai 1916 § 2, RGBl. S. 391.

und die Reichszuckerstelle[13]) genannt. Von den Kollegial-Wirtschaftsstellen ist wohl die bedeutendste die Reichsgetreidestelle.[14]) Sie wird von einem Direktorium verwaltet, das aus einem Vorsitzenden, einem oder mehreren stellvertretenden Vorsitzenden und aus ständigen und nichtständigen Mitgliedern besteht. An der Spitze der Reichskartoffelstelle steht ein Vorstand, der sich ebenfalls aus einem Vorsitzenden, einem oder mehreren stellvertretenden Vorsitzenden, aus ständigen und nichtständigen Mitgliedern zusammensetzt.[15]) In der gleichen Weise ist die Verwaltung der Reichsfleischstelle[16]) und die der Reichsfettstelle[17]) organisiert.

Die Mitglieder der Verwaltung der Wirtschaftsstellen werden im allgemeinen vom obersten Beamten des Reichs und des Bundesstaats ernannt, im Reich vom Reichskanzler, in den Bundesstaaten vom zuständigen Staatsminister. Die Ernennung hat keine andere Wirkung, als die Übertragung der verordnungsmäßigen Befugnisse der unsichtbaren, ideellen Institution, „Behörde", auf greifbare und sichtbare Personen. Abgesehen von den besonderen bereits genannten Verpflichtungen zur gewissenhaften Wahrnehmung der Geschäfte und zur Amtsverschwiegenheit äußert die Ernennung keine Rechtsfolge. Vor allem haben die Ernannten keinen Anspruch auf Gehalt, Ehren, Unwiderruflichkeit und Urlaub. Diese Dinge können zum Gegenstand besonderen Dienstvertrags gemacht werden; ihre Regelung ist aber nicht Voraussetzung für die Tätigkeit der Ernannten.[18])

cc) Die Beratung der Wirtschaftsstellen.

Den obersten Reichs- und Landeswirtschaftsstellen ist zur Beratung ein Kollegium von Berufsvertretern beigegeben. Dieses Kollegium führt fast durchweg den Namen Beirat; bei der Reichsgetreidestelle heißt es Kuratorium.[19])

Aufgabe der Beiräte ist meist, das leitende Organ der Wirtschaftsstelle zu **beraten**, so bei der Reichsbekleidungsstelle,[20]) bei der Reichsstelle für Speisefette[21]) und bei der Reichskartoffelstelle.[22])

Das Beratungsrecht der Beiräte ist ein recht prekäres. So „soll der Beirat der Reichsbekleidungsstelle über grundsätzliche Fragen, ins-

---

[13]) Vgl. VO. über den Verkehr mit Zucker im Betriebsjahr 1916/17 vom 14. Sept. 1916, RGBl. S. 1032.

[14]) Vgl. Reichsgetreideordnung für die Ernte 1917 § 13, RGBl. S. 511.

[15]) Vgl. Bek. vom 9. Okt. 1915, RGBl. S. 647.

[16]) Vgl. Bek. über Fleischversorgung vom 27. März 1916 u. 17. August 1916 § 5, RGBl. S. 199 u. 935.

[17]) Vgl. Bek. über Speisefette vom 20. Juli 1916 § 4, RGBl. S. 755.

[18]) Ich erinnere nur daran, daß nicht wenige Leiter von Wirtschaftsstellen in Ehrenamt tätig sind. Vgl. Kriegsanordnungen des stellv. G.-K. I. bayr. A.-K. 1917 S. 51.

[19]) Vgl. Reichsgetreideordnung 1917 § 14, RGBl. S. 511.

[20]) Vgl. Bek. über die Regelung des Verkehrs mit Web-, Wirk- und Strickwaren vom 10. Juni 1916 § 7, RGBl. S. 463.

[21]) Vgl. Bek. über Speisefette vom 20. Juli 1916 § 4.

[22]) Bek. über die Kartoffelversorgung vom 9. Okt. 1915, 28. Okt. 1915 u. 27. Jan. 1916, RGBl. 1916 S. 66 § 2.

besondere über die Durchführung der Bezugsüberwachung gehört werden". Ein irgendwie verfolgbares Recht kann der Beirat aus dieser Sollvorschrift nicht herleiten. Der Vorsitzende allein bestimmt, welche Gegenstände er dem Beirat zur Beratung überweisen soll. Auch wo die Wortfassung strenger ist, wo es beispielsweise, wie bei der Reichsfleischstelle heißt, der Beirat ist über grundsätzliche Fragen zu hören, bleibt es dem Vorsitzenden überlassen, zu bestimmen, was grundsätzliche Fragen sind.[23])

Die Rechtsverordnungen der Wirtschaftsstellen lassen meist äußerlich erkennen, ob der Beirat gehört worden ist. So lauten die einleitenden Worte der Ausführungsbekanntmachungen der Reichsbekleidungsstelle: „Es wird nach Gehör des Beirats der Reichsbekleidungsstelle folgendes bestimmt."[24]) Notwendig ist diese Bezugnahme auf den Beirat nicht. Die Rechtsgültigkeit der Verordnung hängt in den Fällen, wo der Beirat nur Beratungsorgan ist, von dessen Zustimmung nicht ab. Die Reichssackstelle nimmt selbst bei wichtigen allgemeinen Verordnungen in den einleitenden Worten auf den Beirat keinen Bezug.[25])

Anders ist es, wo die Mitwirkung des Beirats obligatorisch ist. Aber auch hier ist zu unterscheiden, ob er lediglich ein Recht auf Gehör hat, oder ein Recht auf Zustimmung bzw. Ablehnung. Im ersteren Falle ist Voraussetzung für die Gültigkeit der Verordnung, daß der Beirat gehört wurde, d. h. daß zum mindesten eine Sitzung des Beirats stattgefunden hat, in der über die betreffende Verordnung verhandelt wurde. Der Richter hat ein entsprechendes Nachprüfungsrecht.[26]) Im letzteren Falle ist Voraussetzung für die Gültigkeit der Verordnung, daß der Beirat zugestimmt hat. Während es im ersteren Falle ohne Belang ist, ob der Beirat seine Verhandlungen mit einem Beschluß, sei es nun in zustimmendem oder ablehnendem Sinne, abgeschlossen hat, ist es im letzteren Falle notwendig, daß ein formeller der Vorlage beipflichtender Beschluß zustande gekommen ist.

Ein generelles Zustimmungsrecht wurde keinem Beirat eingeräumt.[27]) Die Zustimmung wurde nur in einzelnen ganz bestimmten Fällen für erforderlich erklärt.[28]) Die Enumerationsmethode hat zur

---

[23]) Vgl. Bek. über Fleischversorgung vom 27. März 1916, RGBl. S. 199 § 5.

[24]) Als Beispiel vgl. AusfBek. der Reichsbekleidungsstelle §§ 11, 12 der BRVO. vom 10. Juni 1916 usw., RAnz. Nr. 157.

[25]) Vgl. als Beispiel AusfBest. vom 27. Juli 1916, ZBl. 200.

[26]) Vgl. Laband Bd. 2 S. 107; ferner Landmann, GewO. II S. 725.

[27]) Eher wurde überhaupt die Frage offen gelassen, welche Rechte der Beirat habe, so bei der Reichskartoffelstelle, wo über die Aufgaben des Beirats überhaupt nichts gesagt ist. Vgl. Bek. über die Kartoffelversorgung vom 9. Okt. 1915 § 2, RGBl. S. 645.

[28]) Vgl. § 17 der Reichsgetreideordnung vom 21. Juni 1917, RGBl. S. 512. Das Direktorium der Verwaltungsabteilung hat mit Zustimmung des Kuratoriums insbesondere festzusetzen,

a) welche Mehlmenge täglich auf den Kopf der versorgungsberechtigten Bevölkerung verbraucht werden darf;

b) welche Rücklage anzusammeln ist;

Folge, daß der Richter, der eine Verordnung der an die Zustimmung eines Beirats gebundenen Wirtschaftsstelle anzuwenden hat, sehen muß, ob gerade einer der Fälle vorliegt, in denen die Mitwirkung des Beirats obligatorisch ist. Die einleitenden Sätze der Verordnungen der Wirtschaftsstellen deuten schon das Zustandekommen an: „Mit Zustimmung des Beirats wird bestimmt" und ähnliche Redewendungen.[29]) Hat der Vorsitzende der Wirtschaftsstellen das Vorhandensein eines zustimmenden Beschlusses durch Unterschrift bestätigt, so ist dem Richter ein weiteres Eindringen, wie der Beschluß zustande gekommen ist, untersagt.

Die Zusammensetzung der Beiräte wurde bereits kurz gestreift. In erster Linie sind zu Mitgliedern der Beiräte Vertreter der durch die Verordnung betroffenen Berufe bestellt. Die Höchstzahl der Mitglieder ist meist nicht bestimmt, hingegen die Mindestzahl.[30]) Die be-

---

c) ob und in welchem Umfang Betrieben, die Früchte oder daraus hergestellte Erzeugnisse verarbeiten, solche zu liefern sind. Als Betriebe in diesem Sinne gelten nicht Mehlmühlen, Bäckereien und Konditoreien (§ 57), ferner Brauereien und Mälzereien;

d) wieviel Brotgetreide oder Mehl jedem Kommunalverbande für seine Zivilbevölkerung einschließlich der Selbstversorger sowie an Saatgut von Brotgetreide für die Herbst- und Frühjahrsbestellung zusteht (Bedarfsanteil); der Bedarfsanteil kann auch vorläufig festgesetzt werden;

e) welche und wieviel Früchte aus den einzelnen Kommunalverbänden abzuliefern sind und innerhalb welcher Frist. Die festgesetzten Mengen gelten nur als Mindestmengen;

f) ob, in welchen Höchstmengen und unter welchen Voraussetzungen die Reichsgetreidestelle oder Kommunalverbände Brotgetreide, insbesondere Hinterkorn, zu Futterzwecken verschroten lassen oder zur Verfütterung freigeben dürfen;

g) bis zu welchem Mindestsatze Getreide, das zur menschlichen Ernährung bestimmt ist, auszumahlen ist;

h) in welcher Weise das nicht mahlfähige Brotgetreide verwendet werden soll.

Vgl. weiter § 5 der Bek. über Fleischversorgung vom 27. März 1916, RGBl. S. 199:

Der Zustimmung des Beirats bedarf es zur Aufstellung der Grundsätze für die Berechnung:

1. des Fleischbedarfs der Zivilbevölkerung;
2. der in jedem Bundesstaat und in Elsaß-Lothringen zuzulassenden Schlachtungen von Vieh;
3. der Mengen und der Art des Schlachtviehs, das in den einzelnen Bundesstaaten und in Elsaß-Lothringen für den Fleischbedarf des Heeres und der Marine, der eigenen Zivilbevölkerung und der Zivilbevölkerung derjenigen Gebiete aufzubringen ist, aus deren Viehbestände der Bedarf der eigenen Zivilbevölkerung nicht gedeckt werden kann.

[29]) Vgl. AusfBest. der Reichsfleischstelle.

[30]) Nach der Reichsgetreideordnung für die Ernte 1917 vom 2. Juni 1917 (§ 14, RGBl. S. 512) gehören dem Beirat der Reichsgetreidestelle an je ein Vertreter des deutschen Landwirtschaftsrats, des deutschen Handelstags und des deutschen Städtetags, ferner je zwei Vertreter der Landwirtschaft, von Handel und Industrie und der Verbraucher.

Dem Beirat der Reichsfleischstelle gehören an je ein Vertreter des deutschen Landwirtschaftsrats, des deutschen Handelstags und des deutschen

sonders wichtigen Reichswirtschaftsstellen haben auch die Regierungen der Bundesstaaten in den Beiräten zur Mitwirkung herangezogen. So besteht beispielsweise das Kuratorium der Reichsgetreidestelle aus sechzehn Bevollmächtigten zum Bundesrat, und zwar aus dem Vorsitzenden des Direktoriums als Vorsitzenden, aus vier königlich preußischen, zwei königlich bayerischen, einem königlich sächsischen, einem königlich württembergischen, einem großherzoglich badischen, einem großherzoglich hessischen, einem großherzoglich mecklenburg-schwerinschen, einem großherzoglich sächsischen, einem herzoglich anhaltischen, einem hanseatischen und einem elsaß-lothringischen Bevollmächtigten.[31])

Wir finden so in manchen Beiräten verkleinerte Kopien des Bundesrats und bedauern, daß bis in äußerste Verzweigungen der Reichsbehörden dem bundesstaatlichen Charakter des Reiches Rechnung getragen ist. Ob gerade der herzoglich anhaltische Vertreter dem Leiter der Reichsgetreidestelle etwas Neues zu sagen weiß, möchte bezweifelt werden.

Über die Rechtsnatur der Beiräte sei kurz folgendes zusammengefaßt. Sie sind weder Vereine noch Gesellschaften im Sinne des bürgerlichen Rechts, sie erscheinen vielmehr als in die Form loser Vereinigungen zusammengefaßte Glieder einer Behörde ohne eigene Rechtspersönlichkeit. Die Mitglieder des Beirats üben ihre Tätigkeit ehrenamtlich aus.[32]) Sie können jederzeit ihr Amt niederlegen. In einzelnen Fällen ist den Mitgliedern durch Geschäftsanweisung die Verpflichtung auferlegt, in den Sitzungen zu erscheinen, irgendwelche disziplinäre oder sonst strafbare Folgen hat aber das Ausbleiben nicht.[33]) Wo der Leiter der Wirtschaftsstelle nicht zugleich Vorsitzender des Beirats ist,[34]) wird der Vorsitzende entweder vom Reichskanzler ernannt[35]) oder von den Mitgliedern des Beirats gewählt.[36]) Den Beiräten ist natürlich unbenommen, sich Geschäftsordnungen zu geben, auch Ausschüsse zu bilden und zu gestatten, die Zustimmung der Mitglieder auf schriftlichem Wege einzuholen.[37]) Der Beirat der Reichsfuttermittelstelle

---

Städtetags, ferner je zwei Vertreter der Landwirtschaft, des Viehhandels, des Fleischergewerbes und der Verbraucher (Bek. vom 27. März 1916, RGBl. S. 200).

Im Beirat der Reichskartoffelstelle sollen sitzen vier Vertreter der Landwirtschaft, einschließlich der landwirtschaftlichen Genossenschaften, vier Vertreter der Kommunalverbände und vier Vertreter des Handels und der Verbraucher (vgl. Bek. über Kartoffelversorgung vom 9. Okt. 1915 § 3, RGBl. S. 647).

[31]) Vgl. RGBl. 1917 S. 512ff.

[32]) Vgl. Geschäftsanweisung für den der Kriegswirtschaftsstelle für das deutsche Zeitungsgewerbe beigegebenen Beirat, Güthe-Schlegelberger, Kriegsbuch, Bd. 4 S. 625 § 11.

[33]) Vgl. ebenda § 10.

[34]) Dieses ist der Fall bei dem Beirat der Reichsbekleidungsstelle; vgl. Bek. über die Regelung des Verkehrs usw., RGBl. 1916 S. 463ff.

[35]) Bek. über die Errichtung einer Reichsfuttermittelstelle vom 23. Juli 1915, RGBl. S. 455.

[36]) Kriegswirtschaftsstelle für das deutsche Zeitungsgewerbe, Güthe-Schlegelberger, Kriegsbuch, Bd. 4 S. 625.

[37]) Vgl. Geschäftsordnung der Reichsstelle für Druckpapier § 3, Güthe-Schlegelberger Bd. 4 S. 636.

tagt überhaupt nicht gemeinsam. Er ist kraft Gesetzes in Abteilungen gegliedert, die getrennt zusammentreten und beschließen.[38])

dd) Die Aufgaben der Wirtschaftsstellen.

Aufgabe der Wirtschaftsstellen ist die öffentliche Bewirtschaftung eines bestimmten Erzeugnisses. Nachdem wir unter Wirtschaften die planmäßige Versorgung mit Sachgütern verstehen, ist öffentliche Bewirtschaftung die von der Allgemeinheit für die Allgemeinheit durchgeführte Versorgung mit Sachgütern. Wie diese Versorgung im einzelnen gestaltet ist, insbesondere, welche Einzelaufgaben den Wirtschaftsstellen hierbei übertragen sind, ist so ziemlich für jedes Erzeugnis verschieden. Am meisten gebraucht und wohl am umfassendsten ist der Begriff der Sicherstellung; so heißt es bei der Reichsfleischstelle, daß sie zur Sicherung des Fleischbedarfs für Heer und Marine, sowie der Zivilbevölkerung gebildet werde;[39]) bei der Reichsfuttermittelstelle wird gesagt, sie habe die Aufgabe für die Sicherung der Futtermittel zu sorgen.[40]) Sicherung wird mit Recht als die letzte und höchste Aufgabe der Wirtschaftsstellen bezeichnet; ist sie doch letzten Endes Zweck der gesamten kriegswirtschaftlichen Gesetzgebung. Alle sonst noch den Wirtschaftsstellen zugeschriebenen Aufgaben lassen sich unter dem Begriff der Sicherung subsumieren. Wenn in § 16 der Reichsgetreideordnung 1917 gesagt ist, die Reichsgetreidestelle habe die Aufgabe für die Verteilung und zweckmäßige Verwendung der vorhandenen Vorräte für die Zeit bis zum 15. September 1918 zu sorgen,[41]) so sind Verteilung und zweckmäßige Verwendung nur Mittel zur Sicherung und zwar nicht die alleinigen, sondern nur zwei von den möglichen vielen Mitteln. Die der Verteilung vorhergehende wichtige Erfassung der Vorräte ist als Aufgabe der Reichsgetreidestelle nicht besonders hervorgehoben.

Der Wortlaut der Bundesratsverordnungen, die die Errichtung von Wirtschaftsstellen zum Gegenstand haben, unterscheidet selten zwischen den Haupt- und Nebenaufgaben in deutlich erkennbarer Weise. So werden in § 2 der Bekanntmachung über die Regelung des Verkehrs mit Web-, Wirk- und Strickwaren für die bürgerliche Bevölkerung vier Aufgaben der Reichsbekleidungsstelle ziffermäßig aufgezählt, obwohl doch nur eine Aufgabe von wesentlicher, alle anderen nur untergeordneter Bedeutung sind. Die wesentliche Aufgabe ist: den Vorrat an Web-, Wirk- und Strickwaren zu verwalten, für die gleichmäßige Verteilung und sparsamen Verbrauch Sorge zu tragen.[42])

In lakonischer Kürze sagt § 1 der Verordnung über den Verkehr mit Zucker im Betriebsjahr 1916/17: „Die Versorgung der Bevölkerung mit Zucker liegt der Reichszuckerstelle ob.“[43])

---

[38]) Vgl. oben Anm. 35.
[39]) Vgl. Bek. über Fleischversorgung vom 27. März 1916 § 1, RGBl. S. 199.
[40]) Vgl. oben Anm. 35.
[41]) Vgl. RGBl. S. 512.
[42]) Vgl. Bek. vom 10. März 1916, RGBl. S. 463.
[43]) Vgl. VO. vom 14. Sept. 1916, RGBl. S. 1032.

Die Tätigkeit der Wirtschaftsstellen ist in erster Linie Verwaltung. Alles, was sie tun, geht darauf hin, den Verwaltungszweck zu erfüllen. Wo mit einer wechselnden Erzeugung zu rechnen ist, bilden statistische Erhebungen die Unterlagen für die von der Wirtschaftsstelle vorzunehmende Verteilung.[44]) Wo die Erfassung der Vorräte durch statistische Erhebung nicht möglich ist, läßt man sie durch Absatzzwang an Zentralstellen zusammenfließen, um dadurch ihre Quantität kennen zu lernen.[45])

Sämtliche Wirtschaftsstellen haben die gemeinsame Aufgabe des Ausgleichs und der Verteilung. Im einzelnen suchen sie dieser Aufgabe auf recht verschiedenen Wegen gerecht zu werden. Die Reichsgetreidestelle beispielsweise vollzieht den Ausgleich durch Anweisung der Kommunalverbände, desgleichen die Reichsfuttermittelstelle.[46]) Die Reichskartoffelstelle hingegen sucht ihren Bedarf im freien Verkehr zu decken und von ihrer Zentrale aus die kartoffelarmen Kommunalverbände zu beliefern.[47]) Die Reichssackstelle liefert direkt an die Verbraucher. Die Reichsfleischstelle regelt selbst nicht den Ausgleich, sondern beschränkt sich mit der Regelung der Schlachtungen und des Verbrauchs.[48])

In den Aufgaben unterscheiden sich hauptsächlich Reichs- und Landwirtschaftsstellen. Nicht allein, daß der räumliche Wirkungskreis verschieden ist, auch die sachliche Verwaltung ist nicht dieselbe. Während die Reichsstellen die großen Grundsätze der Erfassung, der Verteilung und der Verbrauchsbeschränkung der Erzeugnisse aufzustellen haben, obliegt den Landwirtschaftsstellen mehr die Unterverteilung der dem Bundesstaat überwiesenen Erzeugnismengen.

Für die Erzeugnisse, deren Bewirtschaftung die Reichsregierung nicht übernommen hat, haben die Landeswirtschaftsstellen frühzeitig Ausgleichs- und Verteilungsmaßnahmen getroffen. In Bayern wurde in der bayerischen Lebensmittelstelle eine Zentralstelle zur Durchführung der Versorgung der Bevölkerung und zur Überwachung und Regelung des Verkehrs mit Gegenständen des notwendigen Lebensbedarfs errichtet.[49]) Der Vorzug der bayerischen Organisation ist der, daß sie von Anfang an sämtliche erfaßbare Erzeugnisse der öffentlichen Bewirtschaftung unterstellte.

c) Rechtsgestaltende Vollzugsorgane.

aa) Gesetzesvollzug und Rechtsgestaltung.

Die Kriegswirtschaft hat die unteren Vollzugsorgane mit einer ungeheuren Machtfülle betraut. Als Beispiel möchten nur die §§ 57, 58

---

[44]) Vgl. z. B. § 16 der Reichsgetreideordnung für die Ernte 1917.

[45]) Vgl. VO. über Futtermittel vom 5. Okt. 1916 §§ 3, 4, RGBl. S. 1108.

[46]) Vgl. § 4 der Bek. über die Errichtung einer Reichsfuttermittelstelle vom 22. Juni 1916.

[47]) Vgl. Bek. über die Kartoffelversorgung vom 9. Okt. 1915, RGBl. S. 647.

[48]) Vgl. Bek. über die Fleischversorgung vom 27. März 1916 § 6, RGBl. S. 199.

[49]) Vgl. Bek. vom 22. Jan. 1916 Nr. 3000 a/651, StaatsAnz. Nr. 18.

der Reichsgetreideordnung für die Ernte 1917 angeführt werden. § 57: „Die Kommunalverbände haben den Verbrauch der Vorräte in ihrem Bezirke zu regeln, insbesondere die Verteilung von Mehl an Bäcker, Konditoren und Kleinhändler vorzunehmen. Dabei darf insgesamt nicht mehr Mehl abgegeben werden, als die von der Reichsgetreidestelle für den Zeitraum festgesetzte Menge." § 58: „Die Kommunalverbände haben

a) Höchstpreise für die Abgabe von Mehl aus Brotgetreide und Gerste, sowie von Brot an Verbraucher festzusetzen;
b) Händlern, Bäckern und Konditoren die Abgabe von Mehl und Backwaren außerhalb des Bezirks ihrer gewerblichen Niederlassung oder des Kommunalverbandes zu verbieten; soweit es besondere wirtschaftliche Verhältnisse erfordern, darf der Kommunalverband Ausnahmen von dem Verbote zulassen;
c) eine Mehlverteilungsstelle für ihren Bezirk einzurichten;
d) durch Ausgabe von Brotkarten eine Verbrauchsregelung einzuführen, die den Verbrauch des Einzelnen wirksam erfaßt;
e) die Überwachung des in ihrem Bezirk eingeführten ausländischen der Beschlagnahme nicht unterliegenden Getreides und Mehles, sowie des aus ausländischen Getreiden im Inland hergestellten Mehles unter Berücksichtigung der Verordnung über den Verkehr mit ausländischem Mehl vom 13. März 1917 zu sichern."[50])

Wenn die Kommunalverbände auf Grund dieser Bestimmungen tätig werden, so vollziehen sie staatliche Befehle — man vergleiche nur die Befehlsform dieser Bestimmung — sie handeln als reine Verwaltungs- bzw. Vollzugsorgane. Und doch, wer wollte leugnen, daß die Vollzugsvorschriften echte Rechtssätze sind? Der begriffliche Gegensatz von Rechts- und Verwaltungsvorschriften ist noch nicht gefunden. Wir sehen heute mehr denn je, insbesondere im Kriegswirtschaftsrecht, Verwaltungsakte, „die die Herbeiführung eines gewollten Erfolges bezwecken," die aber zugleich Rechtssätze sind, d. h. Vorschriften, „die die Rechtsbeziehung zwischen dem verwaltenden Staat und einem anderen ihm gegenüberstehenden Rechtssubjekt regeln".[51]) Die unteren Verwaltungsorgane sind also zugleich Rechtsgestalter. Das Recht, das sie gestalten, ist materiell Reichsrecht; denn die Geltung ihres Rechtes beruht auf reichsgesetzlicher Ermächtigung.

bb) Aus dem unter aa) Gesagten entnehmen wir das Recht auch von den unteren Verwaltungsorganen als Rechtsgestaltern zu sprechen und ihre Organisation in diesem Zusammenhang näher zu erörtern. Die Kommunalverbände nehmen hier die hervorragendste Stellung ein.

Was ist ein Kommunalverband? Der Wortbegriff ließe vermuten, daß er eine Mehrheit von Rechtssubjekten ist, die vereinsmäßig zu einem Verband zusammengeschlossen sind. In Wirklichkeit gibt

---

[50]) Vgl. Reichsgetreideordnung für die Ernte 1917, RGBl. S. 524.

[51]) Vgl. die zu keinem Ergebnis gelangenden Ausführungen von Laband in „Das Staatsrecht des Deutschen Reiches" Bd. 2 S. 180 ff.

es aber genug Kommunalverbände, die überhaupt keine Verbände sind, weil sie sich nicht aus einer Mehrheit selbständiger Rechtspersonen zusammensetzen, sondern von vornherein eine Einheit kraft Gesetzes bilden. Den Rechtsbegriff des Kommunalverbandes entnehmen wir aus dem Friedensrecht. Die Gewerbeordnung spricht verschiedentlich von „weiteren Kommunalverbänden", so in den §§ 105 b, 119a, 120, 142 und 155. Hier ist das Wort Kommunalverband schon in einer über den Wortbegriff hinausgehenden Bedeutung gebraucht. Denn, wenn die Gewerbeordnung von Gemeinden und weiteren Kommunalverbänden spricht, so erachtet sie damit die Gemeinde auch als Kommunalverband, wenn auch als den engeren Kommunalverband. Fleiner unterscheidet in seinen Institutionen des deutschen Verwaltungsrechts zwischen Gemeinden und Kommunalverbänden höherer Ordnung; er dürfte dabei übersehen haben, daß gerade in den letzten Friedensjahren die den Gemeinden gleich stehenden Kommunalverbände, insbesondere die Zweckverbände, erhöht an Bedeutung gewonnen haben.[52])

Unter Kommunalverbänden im Rechtssinne verstehen wir Gemeinden, gemeindliche Selbstverwaltungskörper und öffentlich-rechtliche Vereinigungen, die erstere als ihre Mitglieder umfassen.[53])

Welcher Kommunalverband im einzelnen für die Ausführung kriegswirtschaftlicher Maßnahmen zuständig ist, ist reichsrechtlich nicht gesagt. Die Zuständigkeit wird von der Landeszentralbehörde des Bundesstaats bestimmt.[54]) Die ersten grundlegenden und wichtigsten Feststellungen der Kommunalverbände dürften wohl im Januar 1915 im Anschluß an die Bundesratsverordnung vom 25. Januar 1915 über die Regelung des Verkehrs mit Brotgetreide und Mehl ergangen sein, die bekanntlich das Brotgetreide allgemein für den Kommunalverband beschlagnahmte, in dessen Bezirk es sich befand.[55]) Im Anschluß daran ergingen Ausführungsbestimmungen der Bundesstaaten, die erläuterten, was unter Kommunalverbänden zu verstehen ist.[56]) Für Preußen wurden die Stadt- und Landkreise als Kommunalverbände bestimmt. Dem Minister des Innern wurde jedoch vorbehalten, mehrere Kommunalverbände, welche sich zu einem gemeinsamen Versorgungsgebiet zusammenschließen und eine gemeinsame Mehl- bzw.

---

[52]) Vgl. Fleiners Institutionen des deutschen Verwaltungsrechts, 3. Aufl. S. 109; ferner Victor Szczesny, Das preuß. Zweckverbandsgesetz vom 19. Juli 1911 S. 14 ff.

[53]) Vgl. hierzu auch preuß. AusfBest. vom 5. Dez. 1916 (HMBl. S. 470): „Kommunalverbände sind auch die größeren Verbände, zu denen eine Anzahl von Kommunalverbänden sich zum Zwecke der Futtermittelversorgung zusammenschließen."

[54]) Vgl. BRVO. über den Verkehr mit Brotgetreide und Mehl vom 25. Jan. 1915 § 46, RGBl. S. 44; vgl. auch ähnliche Bestimmungen des Friedensrechtes in Landmann, Gewerbeordnung, Bd. 2 S. 724.

[55]) Vgl. BRVO. vom 25. Jan. 1915 § 1.

[56]) Vgl. preuß. AusfBest. vom 3. Juli 1915; Güthe-Schlegelberger, Kriegsbuch, Bd. 1 S. 599 ff.; bayr. AusfBest. vom 28. Jan. 1915; Kriegsbeil. z. MABl. d. J. 1915 S. 77 ff.

Kornverteilungsstelle einrichten, allgemein oder hinsichtlich einzelner Befugnisse, als einen Kommunalverband anzuerkennen.[57])

Die Stadtkreise Preußens sind die aus dem Landkreis ausgeschiedenen Städte. Ihr Vertretungsorgan ist zugleich die Gemeindevertretung. An der Spitze der Landkreise steht der Landrat, ihm zur Seite der Kreisausschuß, ein sechsgliedriges Kollegium, das vom Kreistag gewählt wird.

In Bayern sind Kommunalverbände die Distriktsgemeinden und die kreisunmittelbaren Städte;[58]) die Verwaltung der Distriktsgemeinden obliegt dem Distriktsrat, die laufenden Geschäfte werden vom Bezirksamtmann, dem ein Distriktsratsausschuß zur Seite steht, erledigt. Die kreisunmittelbaren Städte werden von einem Magistrat verwaltet.

Die rechtsgestaltenden Aufgaben der Kommunalverbände sind zu vielartig, als daß sie hier erschöpfend dargestellt werden könnten. Nur einige Beispiele: Die Kommunalverbände haben die zur Versorgung der Bevölkerung mit Kartoffeln notwendigen Maßnahmen zu treffen;[59]) sie haben insbesondere festzusetzen, wie viel Kartoffeln für Tag und Kopf der Bevölkerung durchschnittlich verwendet werden dürfen;[60]) in ähnlicher Weise haben die Kommunalverbände den Verkehr und Verbrauch von Eiern in ihrem Bezirk zu regeln;[61]) sie sind verpflichtet eine Verbrauchsregelung von Fleisch und Fleischwaren vorzunehmen;[62]) sie verteilen die ihnen von den Wirtschaftsstellen überwiesenen Erzeugnisse.[63])

Bei Erfüllung aller dieser Aufgaben handeln die Kommunalverbände im Auftrag und Interesse des Staates; sie handeln, wie man sagt, im übertragenen Wirkungskreis.

Hieraus geht auch hervor, daß die Gemeinden nur zum Erlaß solcher Ausführungsbestimmungen befugt sind, zu denen sie im Gesetz oder Verordnungswege ausdrücklich ermächtigt worden sind. Sie können auch ihre Ermächtigung nicht weitergeben, derart beispielsweise, daß sie wiederum andere Organe ermächtigen.

Die Kommunalverbände haben ihre durch Gemeindeverfassung usw. genau bestimmten Vertretungen. Wo den Kommunalverbänden sonach die Befugnis der Rechtsgestaltung übertragen ist, müssen diese gesetzlichen Vertreter tätig werden. Mit Recht hat daher das bayerische Oberste Landesgericht eine vom Bürgermeister erlassene Anordnung für ungültig erklärt, die eigentlich vom Kommunalverband bzw. dessen gesetzlichem Vertreter, — das ist in den pfälzischen Städten der Gemeinderat —, hätte getroffen werden müssen.[64])

---

[57]) Vgl. § 1 der preuß. AusfBest.

[58]) Vgl. § 1 der bayr. AusfBest.

[59]) Bek. über Kartoffelversorgung vom 9. Okt. 1915 § 14, RGBl. S. 647.

[60]) Vgl. Bek. über Kartoffel vom 14. Okt. 1916 § 1, RGBl. S. 1165.

[61]) Vgl. VO. über Eier vom 12. u. 16. Aug. 1916 § 9, RGBl. S. 927, 991.

[62]) Vgl. Bek. über Fleischversorgung vom 27. März 1916 § 10, RGBl. S. 199.

[63]) So z. B. Futtermittel, VO. über Futtermittel vom 5. Okt. 1916 § 14, RGBl. S. 1108.

[64]) Vgl. Beibl. zum JMBl. 1915 S. 247; vgl. auch Fleiners Institutionen des deutschen Verwaltungsrechts, 3. Aufl. S. 111.

Der Gemeindebeamte, der im übertragenen Wirkungskreis tätig wird, ist der staatlichen Dienstaufsicht unterworfen; trotzdem aber bleibt er Organ der Gemeinde und die Gemeinde haftet dem Dritten, der durch die Tätigkeit des Beamten im übertragenen Wirkungskreis geschädigt worden ist.[65])

cc) Rechtsgestaltungsorgane sui generis.

Unter den rechtsgestaltenden Vollzugsorganen dürfen wir die Mittelbehörden der Zivilverwaltung nicht vergessen. In den kriegswirtschaftlichen Verordnungen des Bundesrats finden sich häufig die Bezeichnungen „zuständige Behörde", „höhere Verwaltungsbehörde"[66]) und ähnliche. Auch hier ist es den Bundesstaaten überlassen zu bestimmen, wer höhere Verwaltungsbehörde, wer zuständige Behörde ist. Sie haben meist die bestehenden Zivilbehörden gewählt. Nachdem es Aufgabe dieser Schrift ist, die Eigentümlichkeiten des Kriegswirtschaftsrechts hervorzuheben, müssen wir es uns versagen, die Organisation dieser Zivilbehörden, die ja die gleiche ist wie in Friedenszeiten, näher zu betrachten.

Die Kriegswirtschaft bildete sich ihr Recht, wie sie es brauchte. Sie hielt sich hierbei fern von jeder schablonenhaften Nachbildung der Rechtsinstitute der Friedenszeit. So begegnen wir ganz eigentümlichen Erscheinungen, insbesondere auch Vollzugsorganen, die wir zugleich als Rechtsgestalter anzusprechen haben, die jedoch so eigentümlicher Natur sind, daß wir sie in den bisher besprochenen Rahmen nicht einfügen konnten. Hierzu gehören vor allem die Organe der Zwangssyndikate, soweit sie rechtsgestaltende Befugnisse ausüben.

Zwangssyndikate sind auf Gesetz beruhende Vereinigungen von Angehörigen des gleichen Erwerbszweiges zur Regelung der Herstellung und (oder) des Absatzes der Erzeugnisse. Einzelne Organe dieser Zwangssyndikate haben eine enorme Machtfülle. Für den Hauptträger dieser Machtfülle hat sich in letzter Zeit der Name „Überwachungsausschuß" herausgebildet. Überwachungsausschüsse gibt es nunmehr bei den Herstellungs- und Vertriebsgesellschaften der Schuhindustrie,[67]) bei den Herstellungs- und Vertriebsgesellschaften in der Seifenindustrie[68]) und bei den Schuhhandelsgesellschaften.[69])

Die Überwachungsausschüsse sind die eigentlichen Rechtsgestaltungsorgane der Syndikate im Gegensatz zu den Vollzugsorganen

---

[65]) Vgl. Otto Mayer, Deutsches Verwaltungsrecht Bd. 2 S. 425.

[66]) Vgl. z. B. Bek. über Speisefette vom 20. Juli 1916, RGBl. S. 755 ff. §§ 22 u. 34; hierzu preuß. AusfAnweisung vom 22. Juli 1916; Güthe-Schlegelberger, Kriegsbuch, Bd. 4 S. 369.

[67]) Vgl. Bek. über die Errichtung von Herstellungs- und Vertriebsgesellschaften in der Schuhindustrie vom 17. März 1917, RGBl. S. 327.

[68]) Vgl. Bek. über die Errichtung einer Herstellungs- und Vertriebsgesellschaft in der Seifenindustrie vom 9. Juni 1917, RGBl. S. 485.

[69]) Vgl. Bek. über Schuhhandelsgesellschaften vom 26. Juli 1917, RGBl. S. 666.

der das Syndikat darstellenden sogenannten Gesellschaften. Über die Rechtsnatur der letzteren wird weiter unten gesprochen werden.[70])

Erstere sind ein eigentümliches Gemisch von Behörde, Amt, und Privatrechtssubjekt.

Als Behörde sind die Überwachungsausschüsse deshalb anzusprechen, weil sie Institutionen sind, die eine ganze Reihe obrigkeitlicher Machtbefugnisse auszuüben haben.[71]) So ist beispielsweise der Überwachungsausschuß der Schuhindustrie befugt, den Herstellungs- und Vertriebsgesellschaften Anweisungen über Art, Ort und Umfang der Erzeugung, über den Absatz und über die Verkaufspreise zu erteilen.[72]) Der Überwachungsausschuß kann ferner Bestände an Rohstoffen, Halberzeugnissen und Fertigerzeugnissen, ferner Fabrikationsmittel beschlagnahmen und enteignen.[73]) Der Hauptverteilungsausschuß des Schuhhandels ist befugt, den Schuhhandelsgesellschaften Anweisungen über die Art der Verteilungen der Schuhwaren zu geben. Auch kann er Schuhwaren beschlagnahmen und enteignen.[74])

Ämter sind die Überwachungsausschüsse deshalb, weil sie kraft ihrer obrigkeitlichen Gewalt ständig eine Reihe von staatlichen Geschäften zu erledigen haben.

Die Überwachungsausschüsse sind aber auch Privatrechtssubjekte, sie sind als rechtsfähig bezeichnet.[75]) Rechtsfähigkeit ist in erster Linie ein Begriff des bürgerlichen Rechts und bedeutet die Fähigkeit, Träger von Rechten und Verbindlichkeiten auf dem Gebiete des Zivilrechts zu sein. Die Rechtsfähigkeit der Gesellschaften beruht unmittelbar auf dem Gesetz.[76])

Sie bedürfen dieser Rechtsfähigkeit schon um einige Aufgaben zu erfüllen, die ihnen vom Gesetz zugewiesen sind. So hat der Überwachungsausschuß beispielsweise die Rohstoffe zu verteilen. Um Verträge über Beschaffung und Lieferung abschließen zu können, muß er die Rechtsfähigkeit besitzen; er muß Träger von Vermögensrechten sein können, wenn er Umlagen erheben,[77]) oder wenn er eine Ausgleichskasse „verwalten" soll.[78])

Die Überwachungsausschüsse erscheinen demnach als mit Rechtsfähigkeit ausgestattete Wirtschaftsstellen, die gegenüber diesen den Vorzug der Einheitlichkeit haben; die Zweiteilung in Verwaltungsabteilung und Geschäftsabteilung ist hier vermieden.

---

[70]) Vgl. § 4.

[71]) Vgl. Laband, Das Staatsrecht des Deutschen Reiches, Bd. 1 S. 366.

[72]) Vgl. Bek. über Errichtung von Herstellungs- und Vertriebsgesellschaften in der Schuhindustrie vom 17. März 1917 § 5.

[73]) Vgl. Bek. über Errichtung von Herstellungs- und Vertriebsgesellschaften in der Schuhindustrie Art. 3 § 2.

[74]) Vgl. Bek. über Schuhhandelsgesellschaften vom 26. Juli 1917 Art. 3 § 2.

[75]) Vgl. Bek. über Errichtung von Herstellungs- und Vertriebsgesellschaften in der Schuhindustrie Art. 2 § 4; nicht rechtsfähig ist der Überwachungsausschuß der Seifenindustrie, vgl. Bek. über Errichtung von Herstellungs- und Vertriebsgesellschaften in der Seifenindustrie Art. 2 § 4.

[76]) Vgl. ähnlich GewO. § 86.

[77]) Vgl. z. B. Bek. über die Errichtung von Herstellungs- und Vertriebsgesellschaften in der Schuhindustrie vom 17. März 1917 § 7.

[78]) Vgl. ebenda Art. 2 § 5 Abs. 4.

Die Überwachungsausschüsse bestehen aus einem Vorsitzenden, seinem Stellvertreter und höchstens 25—30 weiteren Mitgliedern. Die Ernennung des Vorsitzenden, des Stellvertreters und der Mitglieder steht dem Reichskanzler zu. Die Rechtsstellung der Mitglieder der Überwachungsausschüsse ist ähnlich der der Beiräte der Wirtschaftsstellen. Sie üben ihre Tätigkeit ehrenamtlich aus,[79]) sie sind jederzeit widerruflich. Den Mitgliedern ist zur besonderen Pflicht gemacht, über die Einrichtungen und Geschäftsverhältnisse, die durch ihre Tätigkeit zu ihrer Kenntnis kommen, Verschwiegenheit zu beobachten und sich der Mitteilung und Verwertung der Geschäfts- und Betriebsgeheimnisse zu enthalten.[80])

Sonderbarerweise hat man es für nötig gefunden, den Überwachungsausschüssen, die doch meist nur Angehörige der betroffenen Berufe als Mitglieder haben, noch besondere Beiräte beizugeben. Die Beiräte bestehen aus neun Mitgliedern. In ihnen sitzen die sekundär Beteiligten, vor allem Vertreter der Verbraucher; beim Überwachungsausschuß der Schuhindustrie enthält der Beirat Vertreter des Schuhhandels;[81]) der Beirat des Hauptverteilungsausschusses des Schuhhandels hat Vertreter der Schuhindustrie als Mitglieder.[82]) Die Stellung der Beiräte ist hier ebenso eine prekäre wie die der Beiräte der Wirtschaftsstellen. Der Vorsitzende des Überwachungsausschusses bestimmt, inwieweit er den Beirat zur Mitwirkung heranziehen will.

Nachdem der Überwachungsausschuß wichtige staatliche Funktionen ausübt, ist natürlich, daß er in steter enger Beziehung zur obersten Reichsleitung bleiben muß. Der Vorsitzende des Überwachungsausschusses ist verpflichtet, den Vertreter des Reichskanzlers über alle wichtigen Vorgänge auf dem Laufenden zu erhalten und ihm auf Verlangen Auskunft zu geben.[83])

Umgekehrt muß auch der Reichskanzler in der Lage sein, seinen Einfluß gegenüber dem Überwachungsausschuß auszuüben. Der Stellvertreter des Reichskanzlers kann Beschlüsse wegen Verletzung der Gesetze oder öffentlicher Interessen beanstanden. Die Einschränkung „wegen Verletzung der Gesetze oder öffentlicher Interesse" ist bedeutungslos, da eine derartige Bezugnahme immer vorgeschoben werden kann. Der Überwachungsausschuß darf seine Beschlüsse solange nicht ausführen, als nicht der Reichskanzler die Beanstandung für unberechtigt erklärt hat.[84])

Das Kapitel Rechtsgestalter darf nicht geschlossen werden, ohne

---

[79]) Vgl. ebenda Art. 2 § 4 Abs. 2.

[80]) Vgl ebenda Art. 2 § 9; ferner Bek. über Schuhhandelsgesellschaften vom 26. Juli 1917, Art. 2 § 7.

[81]) Vgl. Bek. über die Errichtung von Herstellungs- und Vertriebsgesellschaften in der Schuhindustrie vom 17. März 1917 Art. 2 § 4 Abs. 3.

[82]) Vgl. Bek. über Schuhhandelsgesellschaften vom 26. Juli 1917 Art. 2 § 4 Abs 4.

[83]) Vgl z. B. Bek. über die Errichtung von Herstellungs- und Vertriebsgesellschaften in der Schuhindustrie Art. 2 § 6 Abs. 2.

[84]) Vgl. Bek. über die Errichtung von Herstellungs- und Vertriebsgesellschaften in der Schuhindustrie vom 17. März 1917 § 6.

daß wir mit einem Wort der preußischen Viehhandelsverbände Erwähnung getan haben. Auch hier ist der Name nur die täuschende Hülle der staatlichen Allgewalt. Die Machtfülle, die den preußischen Viehhandelsverbänden übertragen ist, wird am besten dargetan, wenn wir die Mustersatzung des preußischen Landwirtschaftsministeriums sprechen lassen.[85])

„§ 4. Aufgabe des Verbandes ist die Überwachung und Regelung der Beschaffung des Absatzes von Schlacht-, Zucht- und Nutzvieh im Verbandsbezirk.

Zur Beschaffung gehören auch die Maßnahmen zur Hebung und Wiederherstellung der Viehzucht und Viehhaltung. Solche Maßnahmen müssen jedoch durch Vermittlung der Landwirtschaftskammern oder im Einverständnis mit denselben getroffen werden.

Im einzelnen kann der Verband

a) Bestimmungen über den An- und Verkauf von Schlachtvieh, Zucht- und Nutzvieh treffen, insbesondere bestimmen, daß lebendes Vieh nur an den Verband zu verkaufen oder zu liefern ist,
b) die Preise, wie die beim Ankauf und Verkauf zulässigen Aufschläge zu diesen Preisen festzusetzen;
c) den Ankauf und Verkauf von lebendem Vieh für eigene Rechnung oder kommissionsweise übernehmen;
d) die Höhe der von ihm in Anspruch zu nehmenden Vergütungen und Aufschläge beim An- und Verkauf von Vieh bestimmen;
e) von jedem den Bestimmungen der Satzungen unterliegenden Ankäufe von Zucht- und Nutzvieh im Verbandsbezirk eine Abgabe bis zu ½ von 100 des dem Verkäufer zustehenden Rechnungsbetrages von den Mitgliedern des Verbandes erheben;
f) in bestehende Viehlieferungsverträge eintreten;
g) Versicherungen für solche Schäden übernehmen, die durch die Haftung für Hauptmängel, durch Eintreten anderer Mängel oder durch Transporte u. dgl. entstehen."

Wer bestimmt nun über die Verbandsaufgaben näher? Wer nimmt sich ihrer an? Wer führt sie aus?

Antwort: Der Vorstand. Der Vorstand ist das alleinige Organ des Verbandes.

Und wie ist dieses Organ zusammengesetzt? Aus dem Vorsitzenden und mindestens sechs Mitgliedern, die vom Oberpräsidenten bzw. Regierungspräsidenten ernannt wurden. Von den Mitgliedern werden mindestens zwei von der Handelskammer und zwei von der Landwirtschaftskammer vorgeschlagen.

Es ist sonach möglich, daß sieben Personen Bestimmungen treffen, die für eine Reihe von Berufen von einschneidender Bedeutung sind. Einige Wenige des Standes sind so in der Lage, ihre gesamten Standesgenossen zu beherrschen.[86])

---

[85]) Vgl. Güthe-Schlegelberger, Kriegsbuch, Bd. 3 S. 204.
[86]) Vgl. Güthe-Schlegelberger, Kriegsbuch, Bd. 3 S. 204.

c) Rechtspolitisches.

Aus dem Vorhergehenden ist zu ersehen, daß die einzelnen Berufszweige von den Zentralstellen der öffentlichen Bewirtschaftung in erheblichem Maße zur Beratung und zur Selbstverwaltung herangezogen werden. Wie diese Heranziehung zu geschehen hat, darüber ist weder durch Gesetz noch durch Bundesratsverordnung etwas näheres gesagt. Der Reichskanzler bzw. dessen Stellvertreter ist in der Berufung der Mitglieder der Beiräte vollständig frei. In der Praxis vollzieht sich die erste Heranziehung der Berufsvertreter in der Weise:[87]) „Der Dezernent des Reichsamts des Innern zieht einen kleinen Kreis seinen Ansichten gefügiger Herren zu Vorbesprechungen heran. Diesen Herren wird strengstens Stillschweigen zur Pflicht gemacht und mit ihnen werden, falls es noch nicht so weit gekommen war, die Aufgaben festgelegt. Dieser kleine Kreis wird dann etwas erweitert, den neuen Vertrauten wird gleichfalls Stillschweigen zur Pflicht gemacht, sie werden zur Mitarbeit veranlaßt durch die Drohung, daß sonst andere Mitarbeiter gefunden würden, und schließlich steht der große Kreis der Berufsgenossen vor einem fertigen Plan, der ihm nach dem Grundsatz aufgezwungen wird: ‚Vogel friß oder stirb.'

Nicht selten sind auch die Fälle, in denen die Interessenten von sich aus das Reichsamt des Innern angegangen und um Syndizierung ersucht haben. Diese ersten Anregenden wurden dann mit der Ausarbeitung eines Planes betraut, der schließlich die Billigung des Reichsamts des Innern fand. War die Sache bis zur Vollziehung gediehen, so wurde den übrigen noch nicht Eingeweihten die Pistole auf die Brust gesetzt."

Die Regierung ist so in einigen Fällen das Opfer machtvoll sich vordrängender Persönlichkeiten geworden, die aus zu billigenden oder nicht zu billigenden Gründen bestrebt waren, die Außenstehenden fernzuhalten.

Das Ergebnis dieser Wirtschaftspolitik ist die Herrschaft Weniger über ganze Handels- und Gewerbezweige, eine Handels- und Gewerbe-Oligarchie. Es soll durchaus nicht geleugnet werden, daß das System der öffentlichen Bewirtschaftung mancher Industrien kriegswirtschaftlich notwendig war. Aber nicht notwendig war die Übertragung der wichtigsten Rechtsgestaltungsfunktionen an einzelne Beteiligte, die zudem einseitig berufen worden waren. Wem sind diese Berufsvertreter verantwortlich? Niemanden als ihrem Gewissen. Der Verantwortlichkeit nach oben können sie sich jederzeit durch Niederlegung ihrer Stellen entziehen, eine Verantwortlichkeit nach unten ist überhaupt nicht gegeben. Was im Interesse des Gemeinwohls zu verlangen wäre, wäre zum mindesten gesetzliche Verantwortlichkeit gegenüber den Berufsgenossen, gesetzlich beschränkte Amtsdauer und gesetzlich geordnetes Wahlverfahren.

Die Verantwortlichkeit gegenüber den Berufsgenossen wäre derart festzulegen, daß derjenige das Amt eines Beirats usw. einer Kriegs-

[87]) Vgl. Frankf. Zeitung 1917 Nr. 205 S. 3.

wirtschaftsstelle niederlegen muß, dem die Mehrheit einer Berufsgenossenversammlung ihr Mißtrauen ausgesprochen hat.

Die gesetzlich beschränkte Amtsdauer hätte zu verhindern, daß irgendwelche Personen aus eigennützigen Motiven sich um das Ehrenamt bewerben.

Das geordnete Wahlverfahren wäre notwendig, damit alle Glieder den Berufszweigen durch Aufstellung der ihnen passenden Vertreter bekunden können, wie sie ihre Interessen wahrgenommen haben wollen. Mit dem patriarchalischen Grundsatz der siebziger Jahre, daß der wirtschaftlich Starke auch den wirtschaftlich Schwachen zu vertreten habe, muß gebrochen werden. Die Interessen des großen Warenhausbesitzers in Berlin sind ganz andere, wie die eines Kleinkaufmanns in einer deutschen Mittelstadt. Gerade in der jetzigen Zeit, in der der Schwache und Mittelstarke verdrängt zu werden droht und verdrängt wird, erscheint sein Schutz mehr denn je geboten. Er muß mit hinzugezogen werden, wo es sich um die Gestaltung seines Rechtes handelt.

§ 4. Die Rechtsträger.

1. Allgemeines.

Rechtsträger sind uns genauer genommen die Träger der Rechtsfähigkeit, d. i. der Fähigkeit, auf dem Gebiete des bürgerlichen Rechts Träger von Rechten und Verbindlichkeiten zu sein.[1]) Solche Rechtsträger haben wir schon im vorigen Abschnitt kennen gelernt, z. B. die Überwachungsausschüsse, die Kommunalverbände. Wenn wir diese Rechtsträger hier ausgeschaltet und sie unter dem Abschnitt „Rechtsgestalter" besprochen haben, so wollen wir damit sagen, daß ihre vorzugsweise Aufgabe nicht darin besteht, Verbindlichkeiten einzugehen und private Rechte geltend zu machen, sondern darin, öffentliche Befugnisse auszuüben. Umgekehrt werden wir im folgenden Rechtsträger finden, die zugleich Träger obrigkeitlicher Macht sind, so z. B. die Reichsstelle für Papierholz G. m. b. H.[2]) Aber das Wesentliche der hier zu behandelnden Organisationen ist die Art ihrer privatrechtlichen Betätigung.

Der Begriff Rechtsträger wird beschränkt durch die Zweckbestimmung dieser Schrift. Es kommen also nur die Rechtsträger in Betracht, die kriegswirtschaftlich von Bedeutung sind, also diejenigen, die an der planmäßigen Versorgung der Bevölkerung mit Sachgütern mitarbeiten.

Rechtsfähig ist zunächst die Einzelperson. Sie kommt in der Kriegswirtschaft jedoch nicht in dem Maße zur Geltung wie in der Friedenswirtschaft. Ihrer Wirksamkeit sind enge Grenzen gezogen. Auf der einen Seite entzieht die öffentliche Bewirtschaftung viele Erzeugnisse dem freien Verkehr; auf der anderen Seite ist die Zahl

---

[1]) Vgl. BGB., Kommentar der Reichsgerichtsräte § 1.

[2]) Vgl. Bek. über Beschaffung von Papierholz für Zeitungsdruckpapier vom 30. Nov. 1916, RGBl. S. 1305 §§ 1, 8.

der freien Kräfte durch vaterländischen Hilfsdienst und Militärdienst stark eingeschränkt. Jeder Einzelne ist heute mehr oder weniger in einen Organismus eingezwängt, der seine Verbindlichkeiten bestimmt und der ihm seine Rechte zuweist. Das Bestreben dieser Organismen war, die Rechte der Einzelpersonen an sich zu ziehen und in sich zu vereinigen. Daß dieses Bestreben von vollem Erfolg begleitet war, daran tragen Kriegsumstände die Schuld. Die öffentliche Bewirtschaftung, die Sicherung des Heeresbedarfes verlangten großkapitalistische Zentralstellen, die fähig waren, sämtliche notwendigen Erzeugnisse aufzusaugen. Die Organisation des gesamten Wirtschaftslebens, dessen Einstellung auf die Kriegsnotwendigkeiten verlangte Zusammenfassung und Gliederung der Berufszweige und Schaffung von Organen, die durch ihre Form, ihren Kredit und ihre Kenntnisse in der Lage sind, mit den einzelnen Berufen zu verhandeln und „sich zu vertragen". Heute ist die Einzelpersönlichkeit mehr Rechtsobjekt wie Rechtssubjekt der Kriegswirtschaft, ihre Rechte sind erheblich eingeschränkt worden, ihre Verbindlichkeiten zivilrechtlicher und öffentlichrechtlicher Art haben sich tausendfältig vervielfacht; letztere darzustellen ist Hauptaufgabe des besonderen Teiles dieser Schrift.[3])

Die Gesamtkörperschaft ist der kriegswirtschaftliche Rechtsträger. Sie kommt in den verschiedensten Formen vor, hat die verschiedensten Aufgaben und zeigt selbst wieder Grade und Abstufungen der Rechtsfähigkeit.

2. Die Gesamtkörperschaften des öffentlichen Rechts.

a) Der Staat.

Die weitaus wichtigste Gesamtkörperschaft des öffentlichen Rechts ist der Staat. Der Staat nach seiner vermögensrechtlichen Seite heißt Fiskus. Der Krieg, der allgemein ein Anwachsen der Funktionen des Staates zur Folge hatte, hat auch dessen privat- und vermögensrechtliche Seite zu größerer Bedeutung erhoben. Wir erinnern uns an die ersten Tage der Mobilmachung, in denen der Militärfiskus ungeheure Warenmengen freihändig ankaufte. In früher nie geahntem Maße wurde er Privatrechtsträger, er wurde Käufer, Mieter, Eigentümer und nicht selten auch Darlehensgeber. Der Militärfiskus ist aber kein Kaufmann, die Vorschriften über Mängelrüge und Selbsthilfeverkauf des Handelsgesetzbuches finden auf Verträge mit ihm keine Anwendung.

Auf Grund des Kriegsleistungsgesetzes nahm die Militärbehörde vielfach Quartierleistung und Naturalverpflegung von den Gemeinden in Anspruch. Hier trat sie aber nicht als Privatrechtsträger den Gemeinden bzw. den Leistungspflichtigen gegenüber, sondern als obrigkeitliche Macht. Trotzdem ergeben sich aus diesem öffentlichrechtlichen Verhältnis privatrechtliche Beziehungen. Hat die zuständige Behörde in dem nach dem Kriegsleistungsgesetz geregelten Verfahren

---

[3]) Vgl. unten §§ 7 ff.

Vergütungsanerkenntnisse ausgestellt, so bilden diese die Grundlage eines privatrechtlichen Anspruchs der Gemeinde gegen den Militärfiskus. Die Ausstellung des Anerkenntnisses stellt eine Novation des vorher öffentlichrechtlichen Anspruchs dar. Sie erscheint als ein abstraktes Schuldversprechen im Sinne des bürgerlichen Gesetzbuches.[4])

In gewissen Fällen ist die Militärbehörde gehalten, sofort bar zu zahlen, so beispielsweise bei der Requisition von Schiffen und Fahrzeugen. Der hier geltend zu machende Anspruch ist zwar kein privatrechtlicher, er ist aber wie zahlreiche andere öffentlichrechtliche Ansprüche im Rechtswege verfolgbar.[5])

Der Militärfiskus ist im Deutschen Reiche mit Ausnahme Bayerns Reichsfiskus. Er wird vertreten durch den kgl. preuß. Kriegsminister. Dieser kann wieder Untervertreter aufstellen, als welche vorzugsweise die Intendanturen aufgestellt sind. In Bayern ist der Militärfiskus Landesfiskus, Vertreter ist das kgl. bayer. Kriegsministerium. Für Klagen gegen den bayerischen Militärfiskus gilt die Besonderheit, daß sie erst dann zulässig sind, wenn der Beteiligte sich an das kgl. Kriegsministerium um Abhilfe gewendet und entweder eine abschlägige oder innerhalb sechs Wochen gar keine Entschließung erhalten hat (Bay. AG. ZPO. Art. 2).

Der Krieg hat dem Fiskus, insbesondere dem Militärfiskus, eine Reihe von Geschäften aufgezwungen, die ihm im Frieden völlig fern gelegen haben. Den gesamten Verwaltungsapparat auf diese Geschäfte einzustellen, erschien ebenso schwierig wie unzweckmäßig, vor allem, nachdem sie meist nur vorübergehender Natur sind. Der Fiskus schob daher Gesellschaften des bürgerlichen und Handelsrechts vor, an denen er sich, wenn nötig, selbst mit Kapital beteiligte, oder zu denen die darum angegangenen Vertreter einzelner Berufszweige gerne zusammentraten.

b) Die Gemeinde.

Die Gemeinde trat schon im Frieden nach vielen Richtungen hin als Träger von Privatrechten auf. In der ersten Kriegszeit wurde sie in dieser Eigenschaft etwas zurückgedrängt. Die Aufgaben, die die Gemeinde nach dem Kriegsleistungsgesetz zu erfüllen hat, sind öffentlichrechtlicher Natur. Die Erfüllung der ihr hier obliegenden Leistungen kann nicht vom Zivilrichter, wohl aber von der vorgesetzten Zivilbehörde, bei Gefahr im Verzug auch von der Militärbehörde erzwungen werden. Die Gemeinden können unter gewissen Voraussetzungen ihre Bürger zu den Naturalleistungen heranziehen; sie haben alsdann diesen Personen mindestens in demselben Umfang Entschädigung zu gewähren, in dem sie Entschädigung vom Reiche erhalten. Dieser Entschädigungsanspruch des Einzelnen gegen die Gemeinde ist öffentlichrechtlicher Natur, genau wie der Anspruch der Gemeinde gegen den Fiskus.

---

[4]) Vgl. § 781 BGB.

[5]) Vgl. man denke an den öffentlichrechtlichen Anspruch des Beamten auf Gehalt und Pension.

Trotzdem ist die Gemeinde wegen dieses Anspruchs im Zivilrechtswege verfolgbar.

Wie auf dem Gebiete der Kriegsleistungen, so wurden die Gemeinden in den ersten Monaten des Krieges auf dem Gebiete der Kriegsfürsorge als Träger öffentlichrechtlicher Verbindlichkeiten in Anspruch genommen. Die preußischen Städte mit Magistratsverfassung und die bayerischen kreisunmittelbaren Städte bilden Lieferungsverbände nach § 47 des Kriegsleistungsgesetzes, denen wiederum gemäß Gesetz vom 28. Februar 1888 — 4. August 1914[6]) die Versorgung der Familien der zum Heere Eingerückten obliegt. Der Anspruch auf Familienunterstützung ist nicht im Rechtswege verfolgbar.[7])

Während das Gesetz so die Gemeinden zum Träger öffentlichrechtlicher Verbindlichkeiten machte, machten sie selbst sich freiwillig zum Träger privatrechtlicher Verbindlichkeiten. Als in den ersten Kriegsmonaten die Arbeitslosigkeit sich steigerte, waren es die Gemeinden, die öffentliche Arbeiten ausschrieben,[8]) Arbeitsstätten für Kriegerfrauen einrichteten[9]) und so, durch Gewährung vorteilhafter Dienstverträge, die allgemeine Not zu lindern suchten. Wo die Gemeinden selbst das Unternehmen nicht führten, unterstützten sie gemeinnützige Vereine, indem sie ihnen gemeindliche Räumlichkeiten vermieteten oder leihweise überließen.[10])

Von Beginn des Krieges an trafen die Städte Vorsorge, genügend Lebensmittel für ihre Bevölkerung sicherzustellen. Sie organisierten Abteilungen, die sich den Einkauf von Lebensmitteln zur Aufgabe machten.[11]) Während im übertragenen Wirkungskreis, insbesondere bei der den Kommunalverbänden vorbehaltenen Beschlußfassung über Regelung des Verkehrs mit Verteilungswaren, die eigene Tätigkeit der gemeindlichen Vertretungskörper notwendig und insbesondere eine Weiterdelegation der Befugnisse unstatthaft ist, ist die Gemeinde im eigentlichen Wirkungskreis bei der Übertragung von Vertretungsmacht vollständig frei. Sie kann einzelnen Personen unbeschränkte Vollmacht zum Ein- und Verkauf von Lebensmitteln geben, soweit sie überhaupt in der Eingehung von Verpflichtungen nach den Gemeindeordnungen frei ist.

Der Lebensmittelhandel der Städte hat in einzelnen Fällen enormen Umfang angenommen. Die Gemeinden haben sich hierbei kaufmännische Grundsätze zu eigen gemacht, obwohl sie nicht Kaufleute im Sinne des Handelsgesetzbuches sind. Die kaufmännische Methode im Schriftenverkehr, in der Buchführung und im Rechnungswesen machte vielfach der kameralistischen Methode Platz.

---

[6]) Vgl. § 3 dieses Gesetzes in Verbindung mit § 17 des KriegsleistungsG. und der Bek. des Reichskanzlers vom 24. Juni 1894.

[7]) Vgl. Schneider, Kriegsfamilienunterstützung, Straßburg 1916, § 6 Anm. 2.

[8]) Vgl. Lindemann, Die deutsche Stadtgemeinde, 1917, S. 49.

[9]) Vgl. die Nähstubenorganisation der Stadt Dortmund.

[10]) Vgl. z. B. die Zentralnähstuben für Kriegszwecke in Ludwigshafen a. Rh.

[11]) Vgl. z. B. die Lebensmittelabteilung des Bürgermeisteramts Ludwigshafen a. Rh.

Zu der Führung der Lebensmittel-Großhandelsbetriebe kamen allmählich immer mehr kriegswirtschaftliche Aufgaben, die die Gemeinde als Trägerin privater Rechte und Verbindlichkeiten in den Vordergrund stellte. Große Städte, wie Straßburg und Mannheim,[12]) errichteten landwirtschaftliche Großbetriebe und wandten sich der Eigenproduktion von Gemüse, Kartoffeln, Schlachtvieh und Milch zu. In ihren Volksküchen errichteten sie eigenartige Restaurationsbetriebe, in ihren Schlächtereien und Wurstlereien übernahmen sie das Gewerbe der Fleischer.

So traten die Gemeinden in unzählige Rechtsbeziehungen privatrechtlicher Natur zu Einzelpersonen wie zu anderen Körperschaften. Es ist nicht Aufgabe dieser Schrift, diese häufig verwickelten Rechtsbeziehungen zu entwirren und sie eingehend darzustellen. Was gezeigt werden soll, ist nur, daß die Gemeinden durch die kriegswirtschaftliche Entwicklung eine nie geahnte Bedeutung als Privatrechtsträger erlangt haben.

d) Die Zwangssyndikate.

aa) Aufgaben und Wesen.

Zwangssyndikate sind zwangsweise Vereinigungen der Angehörigen bestimmter Berufszweige für bestimmte Zwecke. Die kriegswirtschaftliche Entwicklung machte die Bildung solcher Vereinigungen aus verschiedenen Gründen notwendig. Wo, wie bei der Kohle, ein unbegrenzt erzeugungsfähiges Produkt vorliegt, über das aber verhältnismäßig Wenige verfügen können, erscheint staatliches Eingreifen deshalb geboten, um eine wilde Preispolitik zu verhindern. Beim Kohlensyndikat hat sich daher die Regierung vor allem das Recht vorbehalten, die allgemeinen Verkaufspreise für die Bergwerkserzeugnisse zu genehmigen und sie gegebenenfalls herabzusetzen.[13])

Wo es sich um Gegenstände des notwendigen Lebensbedarfs handelt, oder gar um Lebensmittel, die nur beschränkt produzierbar sind, erschien es notwendig, sowohl die Produzenten wie vor allem auch die Händler zusammenzuschließen, um sie in ihrer Preisbildung zu überwachen.[14]) Schließlich diente das Zwangssyndikat dazu, Rohstoffe, die nur beschränkt zur Verfügung standen, in gerechter Weise an die verarbeitenden Gewerbe und Industrien zu verteilen. Neuerdings verfolgt man den Zweck, durch Bildung von Zwangssyndikaten die Betriebe einzelner Mitglieder überflüssig und so Kräfte für den vaterländischen Hilfsdienst frei zu machen, jedoch die geschlossenen Betriebe am Gewinn des Syndikats zu beteiligen.[15]) In einzelnen

---

[12]) Vgl. Lindemann, Die deutsche Stadtgemeinde im Kriege, 1917, S. 70.

[13]) Vgl. Bek. über die Errichtung von Vertriebsgesellschaften für den Steinkohlen- und Braunkohlenbergbau vom 12. Juli 1915 Art. 2 § 5.

[14]) Vgl. Verfügung des preuß. Landwirtschaftsministeriums vom 19. Jan. 1916 u. 3. Febr 1916 betr. die Viehhandelsverbände § 2 Nr. 1, 3, 6.

[15]) Vgl. Bek. über Schuhhandelsgesellschaften vom 26. Juli 1917 Art. 2 § 5, RGBl. S. 668.

Fällen dienen die Zwangssyndikate auch zur Förderung kriegswirtschaftlich wichtiger Berufszweige; sie genießen dann staatliche Unterstützung, beispielsweise die Gewährung von Darlehen.[16])

Die Rechtsgrundlage für Bildung von Zwangssyndikaten bildet einerseits das Ermächtigungsgesetz vom 4. August 1917,[17]) andererseits die bereits auf Grund dieses Gesetzes ergangene Bundesratsverordnung über die Errichtung von Preisprüfungsstellen und die Versorgungsregeln vom 25. Dezember 1915 / 4. November 1915.[18]) Gemäß § 15 b dieser Verordnung können die Landeszentralbehörden oder die von ihnen bestimmten Behörden für die Zwecke der Versorgungsregelung in bestimmten Bezirken Erzeuger und Händler von Gegenständen des notwendigen Lebensbedarfs und Vereinigungen von ihnen zur Regelung des Absatzes und der Preise, Händler sowie Vereinigungen von ihnen zur Regelung der Beschaffung, des Absatzes und der Preise, auch ohne ihre Zustimmung zu Verbänden vereinigen.[19])

Die auf Grund dieser Bestimmung sowie die auf Grund des Ermächtigungsgesetzes errichteten Zwangssyndikate sind Körperschaften des öffentlichen Rechts,[20]) sie sind rechtsfähig.[21]) In der Mehrzahl der Fälle tragen sie den täuschenden Namen „Gesellschaft".[22]) Sie haben aber mit den Gesellschaften des bürgerlichen Rechts und des Handelsrechts nicht das Geringste zu tun. Die dort geltenden Bestimmungen können hier nicht ohne weiteres angewendet werden. Vor allem fehlt den Zwangssyndikaten die Kaufmannseigenschaft. Daraus ergibt sich, daß die Gesellschaft keinen Prokuristen bestellen kann. Die Angestellten der Gesellschaft sind nicht Handlungsgehilfen im Sinne des § 59 des Handelsgesetzbuches. Ihre Geschäfte sind keine Handelsgeschäfte nach §§ 343 ff. des Handelsgesetzbuches.[23])

Die Zwangssyndikate sind den Zwangsinnungen des Friedensrechtes vergleichbar. Wie diese, so haben sie ganz bestimmte Aufgaben zu erfüllen, deren Kreis durch die Satzung festgelegt ist.[24]) Sie haben beide Rechtsfähigkeit. Es steht beiden die Befugnis zu, zur Deckung

---

[16]) Vgl. Mustersatzung der preuß. Viehhandelsverbände § 15; Güthe-Schlegelberger, Kriegsbuch, Bd. 3 S. 207.

[17]) Vgl. z. B. die Errichtung von Herstellungs- und Vertriebsgesellschaften in der Schuhindustrie gemäß den einleitenden Worten der Bek. vom 17. März 1917.

[18]) Vgl. z. B. die Errichtung der preuß. Viehhandelsverbände gemäß Verfügung des preuß. Landwirtschaftsministers vom 9. Jan. 1916; Güthe-Schlegelberger Bd. 3 S. 203.

[19]) Vgl. RGBl. S. 730.

[20]) Vgl. hierzu Flechtheim, Das Zwangssyndikatsgesetz, in JW. 1915 S. 887.

[21]) Vgl. RGBl. S. 730 § 15 b Abs. 3.

[22]) Vgl. z. B. Bek. über die Errichtung von Vertriebsgesellschaften für den Steinkohlen- und Braunkohlenbergbau vom 12. Juli 1915, RGBl. S. 427; ferner Bek. über die Herstellungs- und Vertriebsgesellschaft in der Seifenindustrie vom 9. Juni 1917, RGBl. S. 485.

[23]) Vgl. hierzu Flechtheim, Das Zwangssyndikatsgesetz, in JW. 1915 S. 887; auch Laband, Die Zwangsgenossenschaften für den Steinkohlen- und Braunkohlenbergbau, in DJZ. 1915 S. 841.

[24]) Vgl. Landmann, Gewerbeordnung, Bd. 2 S. 96 ff.

der Unkosten Umlagen zu erheben. Beide entstehen durch behördliche Anordnung, beide sind einer besonderen Aufsicht der Staatsgewalt unterworfen.[25])

bb) Organisation.

Die Zwangssyndikate sind im einzelnen recht verschieden organisiert. Im allgemeinen bleibt der von der Syndikatsbildung anordnenden Behörde erlassenen Satzung überlassen, die Rechtsverhältnisse der Gesellschaft und der Gesellschafter zu regeln. Die Satzung soll Bestimmungen treffen über

1. den Zeitpunkt, von dem ab die Gesellschaft die ihr übertragenen Aufgaben ausführt;
2. die Gegenstände, über die die Gesellschafterversammlung zu beschließen hat, sowie die Form ihrer Einberufung, das Stimmrecht und die Vertretung der Gesellschafter;
3. die Zusammensetzung und die Ernennung, die Amtsdauer und die Befugnisse des Vorstandes und der anderen Gesellschaftsorgane, ihre Einberufung und Beschlußfassung, die Vertretung, insbesondere die Zeichnung schriftlicher Erklärungen und die Beurkundung ihrer Beschlüsse;
4. die Höhe des Betriebskapitals und die Art seiner Aufbringung, sowie die Beiträge der Gesellschafter;
5. die Regelung des Absatzes durch die Gesellschaft und die Festsetzung der Preise und der Lieferungsbedingungen;
6. Überwachung der Mitglieder und ihrer Betriebe;
7. die Festsetzung von Ordnungsstrafen;
8. die Form für die Bekanntmachungen der Gesellschafter;
9. die Aufstellung, Prüfung und Abnahme der Jahresrechnungen;
10. die Auflösung und Liquidation der Gesellschaften.[26])

Die Art des Zustandekommens der Satzung zeigt einen wesentlichen Unterschied gegenüber den hier gern vergleichsweise herangezogenen Zwangsinnungen. Während letztere ihr Statut selbst entwerfen, es alsdann der Aufsichtsbehörde zur Genehmigung vorlegen,[27]) wird die Satzung der Zwangssyndikate direkt von der Reichs- oder Landeszentralbehörde erlassen.[28]) Die Gesellschaften müssen die Satzung annehmen, wie sie ihnen geboten wird. Sie haben nicht den

---

[25]) Vgl. über die Zwangsinnungen GewO. §§ 100, 100 d, 100 o, 100 s; vgl. über Zwangssyndikate z. B. die §§ 1, 6, 7 der Bek. über die Errichtung von Herstellungs- und Vertriebsgesellschaften in der Schuhindustrie vom 17. März 1917, RGBl. S. 236.

[26]) Vgl. betr. Kohlensyndikat Bek. vom 12. Juli 1915 Art. 2 § 2; betr. Schuhindustriegesellschaften Bek. vom 17. März 1917 Art. 2 § 2; betr. Schuhhandelsgesellschaften Bek. vom 26. Juli 1917 Art. 2 § 2; betr. Seifenindustriegesellschaften Bek. vom 9. Juni 1917 Art. 2 § 2.

[27]) Vgl. GewO. §§ 100 c, 100 d.

[28]) Vgl. z. B. Bek. über Schuhhandelsgesellschaften vom 26. Juli 1917 Art. 2 § 1 Abs. 2; Bek. über die Errichtung von Vertriebsgesellschaften für den Steinkohlen- und Braunkohlenbergbau vom 12. Juli 1915 Art. 2 § 1 Abs. 2.

geringsten Einfluß auf die Gestaltung der Satzung, nicht einmal ein nachträgliches Genehmigungsrecht.

Die Satzungen der Zwangssyndikate sind sonach oktroierte Verfassungen. Sie führen für den betroffenen Berufszweig zumeist eine autokratische Ologarchie ein. Wir haben schon oben gesehen, welche Machtfülle einzelnen Organen dieser Zwangssyndikate übertragen ist.[29]) Die Befugnisse der einzelnen Gesellschafter und der Gesellschaftsversammlung sind äußerst gering.

Die Gesellschafter haben als einziges Recht die Befugnis, an der Gesellschafterversammlung teilzunehmen. Ihr Stimmrecht richtet sich nach der Höhe der zu zahlenden Beiträge. Die Beiträge sind aber nicht in das Belieben des betreffenden Gesellschafters, sondern in das Belieben des Überwachungsausschusses gestellt.[30]) Dem Überwachungsausschuß ist so die Möglichkeit gegeben, ihm genehme Firmen mit gesteigertem Stimmrecht an der Gesellschaft teilnehmen zu lassen.[31]) Die Gesellschafterversammlung hat, wenn sie überhaupt als Gesellschaftsorgan anerkannt ist,[32]) bedeutungslose Rechte.[33]) Sie nimmt den Bericht des Vorsitzenden entgegen; dieser entscheidet aber allein, was er berichten will oder nicht.

Wo das allgewaltige Überwachungsorgan des Syndikats nicht alle Rechte verschlingt und neben sich noch einem besonderen Vorstand Raum gibt, hat auch dieser nur geringfügige Befugnisse. So liegt dem Vorstande der Schuhwarenherstellungs- und Vertriebsgesellschaften ob.[34])

1. die Aufstellung der Jahresrechnung und die Erstattung des Rechenschaftsberichts an den Überwachungsausschuß der Schuhindustrie;
2. die Anstellung der Geschäftsangestellten;
3. die Aufgabe, die Anordnungen des Überwachungsausschusses durchzuführen und deren Beachtung bei den Gesellschaftern zu überwachen;
4. die Aufstellung des Verteilungsplans für den Versand der in dem Bezirke hergestellten Erzeugnisse auf Grund der Anordnung des Überwachungsausschusses.

Der Vorstand ist gerichtlicher und außergerichtlicher Vertreter der Gesellschaften. Er ist aber kein Vertrauensorgan der Gesellschaften; denn er geht nicht hervor aus einer allgemeinen Wahl, sondern er wird vom Überwachungsausschuß bestellt;[35]) wo kein Überwachungsausschuß

---

[29]) Vgl. oben § 3 c.

[30]) Vgl. z. B. Satzung für die auf Grund der VO. über die Errichtung von Herstellungs- und Vertriebsgesellschaften in der Schuhindustrie vom 17. März 1917 errichteten Gesellschaften I § 5.

[31]) Vgl. ebenda II § 7 Abs. 2.

[32]) Dies ist z. B. nicht der Fall bei den preuß. Viehhandelsverbänden.

[33]) Vgl Satzung für die Schuhindustriegesellschaften, RAnz. 1917 Nr. 68 § 8.

[34]) Vgl. ebenda § 15.

[35]) Vgl. Satzung für die auf Grund der VO. über die Errichtung von Herstellungs- und Vertriebsgesellschaften in der Schuhindustrie vom 17. März 1917 errichteten Gesellschaften, RAnz. 1917 S. 68 § 14.

da ist, wird er von der zuständigen Behörde ernannt.[36]) Überall dringt so wieder der Grundsatz durch: „Die Macht muß von oben kommen.“ Dieser Grundsatz ist durchaus nicht zu billigen, auch nicht in der gegenwärtigen Kriegszeit; zum mindesten müßte dieser Grundsatz nach der bekannten Siey̆èsschen Methode: „Das Vertrauen muß von unten kommen“, ergänzt werden. Bei der Bildung der Zwangssyndikate wurde jedoch diese letztere Maxime ebensowenig beherzigt, wie bei der Errichtung der Wirtschaftsstellen und ihrer Beiräte. Die vom Überwachungsausschuß ernannten Vorstandsmitglieder sind nun diejenigen, die mit ihren Berufsgenossen die Übernahmeverträge über deren Erzeugnisse abschließen und den Absatz der von den Gesellschaftern hergestellten Waren veranlassen. Große Freiheit in der Vertragsgestaltung ist dem Vorstand allerdings nicht gegeben, nachdem die Lieferungsbedingungen, die Übernahmepreise und die Verkaufspreise vom Überwachungsausschuß festgesetzt werden.[37])

Während im allgemeinen der Vorstand das alleinige Vertretungsorgan des Syndikats ist, abgesehen von einzelnen seitens des Vorstandes aufgestellten Unterbevollmächtigten, sieht die Satzung der Schuhwarenherstellungs- und Vertriebsgesellschaften „Geschäftsführer“ vor.[38]) Diese Geschäftsführer sind jedoch nicht zu verwechseln mit den Geschäftsführern des GmbHGesetzes, insbesondere kommen für sie nicht die §§ 35 ff. des letzteren Gesetzes in Frage. Sie haben also weder die Pflicht, in den Angelegenheiten der Gesellschaft die Sorgfalt eines ordentlichen Geschäftsmannes anzuwenden, noch haben sie das Recht, die Gesellschaft gerichtlich zu vertreten. Sie sind nichts anderes wie Vertreter des Vorstandes nach Maßgabe der Vorschriften des bürgerlichen Rechts.

3. Die Gesamtkörperschaften des bürgerlichen Rechts.

Die anfängliche Unübersehbarkeit der kriegswirtschaftlichen Entwicklung ließ in Fällen, in denen ein geschäftliches Zusammenwirken Mehrerer notwendig war, es zweckmäßig erscheinen, zum Zwecke der gegenseitigen Bindung die Normen des bürgerlichen Rechts mit ihrer weitgehenden Formlosigkeit zu wählen. Hierher gehören die sogenannten Abrechnungsstellen. Das sind Gesellschaften des bürgerlichen Rechts, welche zwischen einer Großbank, die die Finanzierung übernimmt und nach außen als Vermögensrechtssubjekt der ganzen Gebarung auftritt und einem Kollegium von Industrievertretern gebildet wird, welche unter Mitwirkung von staatlichen Kommissaren die Rohstoffverteilung, Aufstellung eines Wirtschaftsplanes, Bearbeitung der Bestandserhebungen usw. vornehmen.[39])

---

[36]) Vgl. z. B. Satzung für die preuß. Viehhandelsverbände § 12; Güthe-Schlegelberger, Kriegsbuch, Bd. 3 S. 206.

[37]) Vgl. Satzung für die auf Grund der VO. über die Errichtung von Herstellungs- und Vertriebsgesellschaften in der Schuhindustrie vom 17. März 1917 errichteten Gesellschaft, RAnz. 1917 Nr. 68 §§ 27 u. 28.

[38]) Vgl. ebenda § 22.

[39]) Vgl. z. B. die Leinengarnabrechnungsstelle, die unter Führung der

Hierher gehören auch die Kriegsausschüsse, die dem preußischen Kriegsministerium bei der Erfassung der für die Herstellung von Heeresbedarfsartikeln wichtigen Rohstoffe beratend zur Seite standen. Diese Kriegsausschüsse waren anfangs lediglich lose Vereinigungen von ehrenamtlich tätigen Industrievertretern, die allmählich einzelne Zweige der Rohstoffversorgung in ihre Hand bekamen und für die die Gesellschaftsform des bürgerlichen Rechts der Übergang war zu der strengeren Bindung nach Handelsrecht.[40])

Meistens war, wie schon angedeutet, die Ungewißheit über die kommenden Dinge die Ursache, weshalb die beteiligten Kreise Gesellschaften des bürgerlichen Rechts oder Vereine des bürgerlichen Rechts gründeten, die ebenso rasch aufgelöst wie erweitert werden können. Nicht nur bei den Zentralorganen des Reiches und der Bundesstaaten, auch bei äußeren Behörden stellten sich Vertreter der verschiedensten Berufszweige zur Durchführung der kriegswirtschaftlichen Maßnahmen zur Verfügung.

Ein Beispiel: Die Kommunalverbände haben nach der Bekanntmachung über den Verkehr mit Brotgetreide und Mehl aus dem Erntejahr 1915 vom 28. Juni 1915[41]) Mehlverteilungsstellen für ihren Bezirk einzurichten. Die in der Stadt Ludwigshafen am Rhein ansässigen Mehlhändler haben sich nun zu einem Verein des bürgerlichen Rechts mit dem Namen „Mehlversorgung Ludwigshafen" zusammengeschlossen und sich bereit erklärt, die Geschäfte der Mehlverteilungsstelle zu übernehmen. Der Verein ist nicht rechtsfähig. Er umfaßt alle in Ludwigshafen am Rhein ansässigen Mehlhändler.

Das Wesentliche aus der Satzung sei hier zusammengefaßt: Satzungsgemäßer Zweck des Vereins ist, die aus Verarbeitung von Mehl oder dem Handel mit Mehl gehenden Geschäfte der Stadt Ludwigshafen am Rhein zu besorgen und die Stadt mit Vorräten zu versorgen mit der Maßgabe, daß der Verein kollektiv einkauft und kollektiv verkauft. Die Bezeichnung kollektiv deutet darauf hin, daß sich die Haftung der Vereinsmitglieder nach den für die Gesellschaft geltenden Normen richtet.

Die Organe des Vereins sind die Generalversammlungen, der Vorstand und das Schiedsgericht.

Die Generalversammlung tritt monatlich zusammen und bespricht die laufenden Geschäfte. Der Vorstand besteht aus vier Mitgliedern, drei sind von der Generalversammlung gewählt, eines wird von dem Gemeinderat der Stadt Ludwigshafen bestimmt. Durch die Entsendung eines Gemeinderatsmitglieds in den Vorstand des Vereins ist die im

---

Bank für Handel und Industrie sich mit der Beschaffung und Verteilung von Garnmaterialien hauptsächlich für die Kriegslieferungen der Leinenwebereien und Zwirnereien beschäftigt hat; seit 23. Juni 1915 ist diese Stelle eine Aktiengesellschaft; vgl. RAnz. 1915 Nr. 151 Beil. 5.

[40]) Vgl. Heymann, Die Rechtsgrundlagen der Kriegswirtschaft unserer Heeresverwaltung, in Beil. zum „Kriegsamt. Amtliche Mitteilungen und Nachrichten" 1917 Nr. 20.

[41]) Vgl. RGBl. S. 374.

Interesse der Allgemeinheit erforderliche Kontrolle gegeben.[42]) Der Verein hat ein nominelles Grundkapital von Mk. 50000, zu dessen Aufbringung die Mitglieder des Vereins nach einem besonderen Schlüssel herangezogen wurden.

Der Vorstand besorgt die laufenden Geschäfte des Vereins, insbesondere den Ankauf und Verkauf des Mehles. Seine Tätigkeit ist eine ehrenamtliche, er bezieht nur Vergütung für die baren Auslagen. Durch den Gründungsvertrag wurde der Vorstand zugleich als Schiedsgericht über Streitigkeiten der einzelnen Mitglieder bestimmt, die auf ihre Zugehörigkeit zum Verein zurückzuführen sind. Gegen renitente Mitglieder kann der Ausschluß verfügt werden, was für den Betroffenen bei der Monopolstellung des Vereins einen großen wirtschaftlichen Nachteil bedeutet.

3. Die Gesamtkörperschaften des Handelsrechts.

a) Zweck und Entstehung.

Wir empfinden, daß die Rechtsform der Gesellschaft des bürgerlichen Rechts und des nicht rechtsfähigen Vereines den Ansprüchen eines umfangreichen dauernden Geschäftsbetriebs, insbesondere aber den Ansprüchen eines riskanten und nicht gefahrlosen Geschäftsbetriebes nicht zu genügen vermag. Der Vorzug unserer juristischen Personen des Handelsrechts ist ja die Entpersönlichung des Kapitals. Bei den Gesellschaften des bürgerlichen Rechts handelt es sich mehr um die Person, um deren persönliche Bindung und Haftung, während bei den juristischen Personen des Handelsrechts mehr die Sache und das Kapital in den Vordergrund treten. Die Rechtsformen der A.-G. und der G. m. b. H. haben der Kriegswirtschaft unschätzbare Dienste geleistet. Die G. m. b. H. wurde fast allgemein die Form der Geschäftsabteilungen der Kriegswirtschaftsstellen. Auf der einen Seite leicht gestaltungsfähig durch die geringen Voraussetzungen an Kapital und Gründerzahl, auf der anderen Seite, schwer von den einmal gegebenen Inhabern lösbar, bot sie den obersten Wirtschaftsstellen eine willkommene Möglichkeit, unter Zuziehung von wenigen Vertrauenspersonen, nach den verschiedensten Richtungen hin geschäftlich tätig zu sein.

Am frühesten machte sich die Militärbehörde, insbesondere das kgl. preußische Kriegsministerium die Gesellschaftsformen der A.-G. und G. m. b. H. nutzbar. Es errichtete die Kriegsmetallaktiengesellschaft zum Zweck der Beschaffung der Kriegsmetalle, die Metalltreuhand-Gesellschaft A.-G. zum Zwecke der Freigabe und Verteilung der für Heereszwecke nicht benötigten Metalle. Der letzteren Gesellschaft obliegt auch die Prüfung, Sortierung, Reinigung und Begutachtung von Metallen und zwar sowohl von Metallfabrikaten, als auch von Rohmetallen, Altmetallen und Metallabfällen jeder Art,

---

[42]) Vgl. Satzung des Vereins „Mehlversorgung" vom 6. März 1915, s. Anhang 1.

welche der Gesellschaft von Organen der deutschen Heeresverwaltung, in deren Interesse oder auf deren Veranlassung überwiesen werden.[43])

Unter den der Kriegswirtschaft dienenden Aktiengesellschaften und G. m. b. H. können wir folgende Aufgabenkreise unterscheiden:

aa) Gesellschaften zum Zwecke des Einkaufs und der Beschaffung von Heeresbedarfsartikeln. Hierher gehört beispielsweise die Pionierbedarfsgesellschaft G. m. b. H.; nach dem Gesellschaftsvertrag ist Gegenstand ihres Unternehmens: Erwerb und Verwertung von Pionierbedarfs-Roh-, Halb- und Fertigfabrikaten, sowie die Beschaffung von Ersatzmaterial.[44]) Weiter ist an dieser Stelle zu nennen die Kriegshadern-A.-G. Ihr obliegt die Beschaffung, Bewirtschaftung und Bearbeitung von Lumpen, neuen Stoffabfällen und sonstigen Textilabfällen zum Zwecke der Sicherstellung des Bedarfs des Heeres, der Marine und der Privatindustrie nach Maßgabe der Verfügung des kgl. preußischen Kriegsministeriums.[45])

Diese Gesellschaft gehört schon teilweise in einen anderen Aufgabekreis, nämlich den der

bb) Gesellschaften zum Zwecke der Erzeugung und Fabrikation von Heeresbedarfsartikeln. Als Beispiel für diese Art von Gesellschaften diene die Militärkonservenfabrik G. m. b. H. in Berlin, der die Herstellung von Konserven und Dauerwaren für Heereszwecke obliegt.

cc) Gesellschaften zur Verteilung von Hilfsstoffen für die Kriegsindustrie. Hierher gehört beispielsweise die Kriegsausgleichsstelle für Dachpappenteer G. m. b. H., deren Aufgabe ist, die Versorgung der Dachpappenindustrie mit Imprägnierungsmasse nach Anordnung des kgl. preußischen Kriegsministeriums bzw. des Kriegsamtes vorzunehmen.[46])

dd) Bei der Verwaltung der besetzten Gebiete traten Gesellschaften der Militärbehörde zur Seite, um einzelne eigentlich den behördlichen Organen obliegende Aufgaben zu übernehmen. Hierher gehört beispielsweise die Kriegskohlengesellschaft. Gegenstand dieses Unternehmens ist Beschaffung, Verpachtung, Verteilung und Verwertung von Brennstoffen für die im Ausland besetzten Gebiete.[47])

Lange nachdem die militärischen Zentralstellen erkannt hatten, welche größere Beweglichkeit in der Geschäftsführung sie durch die Bildung von Gesellschaften erlangen können, machten sich auch die Zivilbehörden daran, ihren Organen Rechtsträger in der Form von Handelsgesellschaften an die Seite zu stellen.

Die Entwickelung ging hier von unten hinauf. Am frühesten kamen

ee) die Lebensmittelversorgungsgesellschaften der deutschen Städte. Schon zu Beginn des Jahres 1915 errichteten die südwestdeutschen Städte eine besondere Einkaufsstelle in Form der G. m. b. H. Die Stadt

---

[43]) Vgl. RAnz. 1915 Nr. 36 4. Beilage.
[44]) Vgl. RAnz. 1915 Nr. 178 4. Beilage.
[45]) Vgl. RAnz. 1915 Nr. 283 6. Beilage.
[46]) Vgl. RAnz. 1916 Nr. 292 4. Beilage.
[47]) Vgl. RAnz. 1916 Nr. 84 4. Beilage.

Stuttgart errichtete in Verbindung mit dem dortigen Konsumverein die Nahrungsmittelversorgung G. m. b. H. Im Laufe des Sommers und Herbstes 1915 errichteten München, Nürnberg und Bamberg ähnliche Gesellschaften.[48]) Die Gründer bei diesen Gesellschaften waren vielfach nur Private, die Städte aber auch traten selbst mit einigen Großfirmen zur Bildung der Gesellschaften zusammen. Das erstere war beispielsweise in Bamberg, das letztere in Mannheim der Fall.

ff) Die Reichswirtschaftsstellen errichteten die ersten Gesellschaften zum Zwecke der Bewirtschaftung der dem freien Verkehre entzogenen Erzeugnisse. Die erste der hierher gehörenden Gesellschaft dürfte wohl die Kriegsgetreidegesellschaft m. b. H. gewesen sein, die heute unter dem Namen Reichsgetreidestelle, Geschäftsabteilung G. m. b. H. in Charlottenburg, besteht. Gegenstand dieses Unternehmens ist die Sicherung der Ernährung des Heeres und der Marine sowie der deutschen Zivilbevölkerung während der Dauer des gegenwärtigen Krieges, soweit die Ernährung auf der Verwertung von Brotgetreide beruht.[49])

Häufig stellt die Gesellschaft nur eine Seite der bewirtschaftenden Behörde dar; sie führt daher auch den gleichen Namen wie die Behörde und unterscheidet sich nur dadurch, daß sie den Zusatz Geschäftsabteilung führt und in ihren Entschließungen an die Weisungen der eigentlichen Behörde gebunden ist. So unterscheiden wir bei der Reichssackstelle eine Geschäftsabteilung G. m. b. H. und eine Verwaltungsabteilung.[50]) Das Gleiche gilt von der Reichshülsenfruchtstelle.

Der Gleichlaut des Namens der Geschäftsabteilung und Verwaltungsabteilung ist dem Verkehr nicht günstig. Der weniger geschäftsgewandte Mann aus dem Volke, so z. B. der Sackhändler, der mit der Reichssackstelle zu korrespondieren hat, verwechselt die beiden Abteilungen leicht. Der besseren Erkenntlichkeit halber hat man daher in anderen Fällen für die die öffentliche Bewirtschaftung unterstützenden Gesellschaften Namen gewählt, die sich von der rechtsgestaltenden Behörde wesentlich unterscheiden. So steht der Reichsgetreidestelle die Kriegsaktiengesellschaft, der Reichsfuttermittelstelle die Bezugsvereinigung der deutschen Landwirte G. m. b. H. zur Seite.[51]) Zum Teil erklärt sich die Verschiedenheit des Namens der Gesellschaften von dem der Wirtschaftsstellen dadurch, daß erstere schon geraume Zeit vor der letzteren entstanden waren und schon vor der öffentlichen Bewirtschaftung Aufgaben erfüllt haben, die ihnen später kraft Verordnung zugewiesen wurden. So bestand beispielsweise die Bezugsvereinigung der deutschen Landwirte schon vor der Errichtung der Reichsfuttermittelstelle.

gg) Eine Reihe von Gesellschaften haben die Aufgabe, die Produktion von Erzeugnissen, die sich noch im freien Verkehr befinden, zu fördern.

---

[48]) Vgl. Lindemann, Die deutsche Stadtgemeinde im Kriege, 1917, S. 71 ff.

[49]) Vgl. RAnz. 1916 Nr. 209 3. Beilage.

[50]) Vgl. Güthe-Schlegelberger, Kriegsbuch, Bd. 4 S. 609 ff.

[51]) Vgl. RAnz. 1916 Nr. 216 3. Beilage.

Hierher gehört vor allem die Kriegs-Gemüsebau- und Verwertungsgesellschaft G. m. b. H. Gegenstand des Unternehmens ist die Förderung des feldmäßigen Gemüsebaues und der wirtschaftlichen Verwertung von Gemüse im Deutschen Reiche.[52])

hh) Etwas abseits unserer eigentlichen Aufgabe liegen die Gesellschaften zur Erfassung der Einfuhr und Ausfuhr. Hier ist an erster Stelle die Zentraleinkaufsgesellschaft zu nennen. Die Zentraleinkaufsgesellschaft hat die Aufgabe, die gesamte Einfuhr aller Massen-Nahrungsmittel in ihrer Hand zu zentralisieren. Der freie Aufkauf im Ausland hatte dort die Preise enorm in die Höhe getrieben, was einerseits einen unverhältnismäßig hohen Goldabfluß ins Ausland zur Folge hatte, andererseits die ausländischen Regierungen veranlaßte, zur Sicherung ihres Eigenverbrauches und zur Ermäßigung der Preise Ausfuhrverbote zu erlassen. Der Zentraleinkaufsgesellschaft ist es tatsächlich gelungen, die vor der Zentralisierung durch wilde Spekulation hochgetriebenen Preise nicht unbeträchtlich zu senken.[53])

Auch für die besetzten Gebiete wurden Ein- und Ausfuhrgesellschaften errichtet, so z. B. die Kriegskartoffelgesellschaft Ost, der die Ausfuhr von Kartoffeln aus den besetzten russischen Gebieten und die Einfuhr von in Deutschland hergestellten Kartoffelerzeugnissen in diese Gebiete obliegt.[54])

b) Organisation.

Den Gesellschaften des Handelsrechts ist hinsichtlich der Gestaltung ihrer Organe und der Bestimmung des Rechtsverhältnisses zwischen der Gesellschaft und den Gesellschaftern nur geringe Freiheit gelassen. Soweit die Freiheit besteht, wurde sie von den Kriegsgesellschaften reichlich ausgenutzt.

aa) Besonderheiten der Kriegsaktiengesellschaft.

Nachdem die Militärbehörden bzw. Wirtschaftsstellen nur wenige Vertraute zur Gründung heranzogen, hatten sie ein Interesse daran, diese Wenigen im Besitze der Aktien zu erhalten. Auch die Gründer, denen in der Gesellschaft die Verwaltung wichtiger öffentlicher Interessen anvertraut wurden, hatten begreiflicherweise den Wunsch, das Vertrauensverhältnis, das unter ihnen und zwischen ihnen und der Militärbehörde bestand, durch Aufnahme dritter Personen nicht zu zerstören. Die freie Übertragbarkeit der Aktien wurde daher fast immer ausgeschlossen. Zum mindesten lauten die Aktien auf Namen.[55]) In der Mehrzahl der Fälle sind es sog. vinkulierte Namensaktien, die nur mit Genehmigung der Gesellschaft übertragen werden können.[56])

---

[52]) Vgl. RAnz. 1916 Nr. 87 5. Beilage.
[53]) Vgl. BayStaatsZ. vom 30. Juli 1917 Nr. 174 a.
[54]) Vgl. RAnz. 1915 Nr. 253 5. Beilage.
[55]) Vgl. z. B. die Aktien der Kriegsaktiengesellschaft, RAnz. 1916 Nr. 216 3. Beilage.
[56]) Vgl. z. B. die Aktien der Leinengarnabrechnungsstelle A.-G., RAnz. 1915 Nr. 151 5. Beilage.

Der Einfluß der protegierenden Behörde ist dadurch gewahrt, daß ein Vertreter derselben Sitz und Stimme im Aufsichtsrat der Gesellschaft hat.[57])

bb) Besonderheiten der KriegsG. m. b. H.

Die G. m. b. H. zeichnet sich aus durch das geringe Erfordernis an Kapitalkraft der Gründer. Dadurch wurde ermöglicht, daß nicht allein die großen Vertreter der einzelnen Berufszweige, sondern auch die Beamten der Berufsverbände selbst sich an der Gründung beteiligen konnten.[58])

Kaum eine der KriegsG. m. b. H. geht über die Mindestsumme des erforderlichen Grundkapitals, nämlich Mk. 20000.—, hinaus.[59])

Bei der G. m. b. H. ist ein Aufsichtsrat nicht vorgeschrieben; trotzdem wurde er vielfach gebildet und zwar hauptsächlich aus dem Grunde, um der Militärbehörde oder der Wirtschaftsstelle einen Platz anzuweisen, der sie berechtigt, auf die Geschäftsgebarung der Gesellschaft Einfluß zu üben.

cc) Gemeinsame Besonderheiten der Kriegsgesellschaften.

Die Gesellschaften ähneln sich alle hinsichtlich des Gegenstandes ihres Unternehmens. Immer sind es die im Abschnitt a besprochenen Zwecke und Aufgaben, die sie zu erfüllen haben. Aus allen Bestimmungen über den Zweck der Gesellschaften geht hervor, daß sie im öffentlichen Interesse arbeiten, entweder zur Sicherung der Volksernährung oder zur Sicherstellung des Heeresbedarfs.[60])

Aus dieser Zweckbestimmung folgt die Gleichheit in der Gewinnbeschränkung. Die meisten Gesellschaftsverträge enthalten die Bestimmung: „Der Betrieb der Gesellschaft ist nicht auf Erwerb gerichtet.“[61])

Der Zweck und die Aufgaben der Kriegsgesellschaften hat notwendigerweise auch Einfluß auf ihre Dauer. Die Gesellschaftsverträge

---

[57]) Vgl. Heymann, Die Rechtsgrundlagen der Kriegswirtschaft unserer Heeresverwaltung, in Beilage zum „Kriegsamt. Amtliche Mitteilungen und Nachrichten“ 1917 Nr. 20.

[58]) Vgl. Syndizi, Stadträte, Regierungsräte, Amtsrichter unter den Gründern der Hafereinkaufsgesellschaft mbH., RAnz. 1915 Nr. 227 3. Beilage; Kriegswirtschaftsaktiengesellschaft, RAnz. 1916 Nr. 213 3. Beilage; Kriegsgesellschaft für Dörrgemüse GmbH., RAnz. 1916 Nr. 213 3. Beilage. Siehe auch Anhang 2.

[59]) Vgl. selbst die großen Gesellschaften, wie die Kriegsgesellschaft für Dörrgemüse, die Reichslederhandelsgesellschaft, Kriegsgesellschaft für Obstkonserven usw., RAnz. 1916 Nr. 213 3. Beilage, Nr. 203 3. Beilage, Nr. 200 3. Beilage.

[60]) Vgl. z. B. Gesellschaftsvertrag der Kriegsgesellschaft für Teichfischverwertung, RAnz. 1916 Nr. 200 3. Beilage; Gesellschaftsvertrag der Kriegshaderngesellschaft, RAnz. 1916 Nr. 283 6. Beilage; Gesellschaftsvertrag der Kriegswirtschafts-A.-G., RAnz. 1916 Nr. 216 3. Beilage.

[61]) Vgl. z. B. Gesellschaftsvertrag der Leinengarnabrechnungsstelle A.-G., RAnz. 1915 Nr. 151 5. Beilage, ebenso Gesellschaftsvertrag der Kriegshadern-A.-G., s. Anm. 60.

bestimmen hierüber meist „die Gesellschaft tritt spätestens drei Monate oder ein Jahr nach Friedensschluß, der den derzeit schwebenden Krieg beendet, in Liquidation".[62]) Im Gesellschaftsvertrag der Reichsgetreidestelle Geschäftsabteilung G. m. b. H. heißt es: „Die Gesellschaft endet mit dem Ablauf des Geschäftshalbjahres, innerhalb dessen das Deutsche Reich mit allen europäischen Großmächten Frieden geschlossen hat, falls der Friedensschluß mit der letzten in Betracht kommenden Großmacht spätestens drei Monate vorher erfolgt ist; ist der Friede mit der letzten in Betracht kommenden Großmacht erst innerhalb der letzten drei Monate geschlossen, so endet die Gesellschaft mit dem Ablauf des folgenden Geschäftsjahres."[63])

Die enge Verknüpfung zwischen Gesellschaften und Behörden und der Verzicht auf jede Gewinnabsicht ermöglichte, daß als Leiter der Gesellschaften höhere Staats- und Reichsbeamte tätig sein können. So ist der erste Geschäftsführer der Zentraleinkaufsgesellschaft m. b. H. der Geheimrat und vortragende Rat im Reichsamt des Innern Dr. Walther Frisch,[64]) der Geschäftsführer des Kriegsausschusses für Ersatzfuttermittel G. m. b. H. ist der wirkliche Geh. Oberregierungsrat Dr. Traugott Müller,[65]) der Geschäftsführer der landwirtschaftlichen Betriebsstelle für Kriegswirtschaft G. m. b. H. ist der Geh. Oberregierungsrat und vortragende Rat im Ministerium für Landwirtschaft Dr. Eberh. Ramm.[66])

Wo derartige Personalunion zwischen Behörde und Gesellschaft nicht besteht, ist durch Gesellschaftsvertrag der Behörde ein besonderer Einfluß auf die Organe der Gesellschaft zugestanden. So sagt in typischer Weise § 21 des Gesellschaftsvertrags der Kriegsgesellschaft für Dörrgemüse: „Die Organe der Gesellschaft sind an die Weisungen eines vom Reichskanzler zu ernennenden Bevollmächtigten gebunden."

Die Rechtsfolgen dieser Vertragsbestimmung sind recht interessante. Zunächst bindet sie die Gesellschaften untereinander, denn diese sind in der Gesellschafterversammlung als Organ der Gesellschaft vereinigt; beschließt z. B. die Mehrheit der Gesellschafterversammlung die Vornahme von Geschäftshandlungen, die gegen die Anweisung des Bevollmächtigten des Reichskanzlers gehen, so ist die Minderheit berechtigt, wegen schuldhafter Vertragsverletzung auf Schadenersatz zu klagen, falls ihnen durch event. Entziehung des Monopols Schaden erwächst. Auch der Aufsichtsrat, die Geschäftsführer, selbst die Handlungsbevollmächtigten der Gesellschaft sind durch diese Vertragsbestimmungen verpflichtet. Dasjenige Aufsichtsratsmitglied und derjenige Geschäftsführer, der einen ihm Untergebenen von dieser Ver-

---

[62]) Vgl. z. B. Gesellschaftsvertrag der Kriegskohlengesellschaft, RAnz. 1916 Nr. 8 4. Beilage; Gesellschaftsvertrag der Zentralstelle für Petroleumverteilung GmbH., RAnz. 1916 Nr. 112 5. Beilage; Gesellschaftsvertrag der Kriegsdörrgemüsegesellschaft, RAnz. 1916 Nr. 213 3. Beilage.

[63]) Vgl. RAnz. 1915 Nr. 198 5. Beilage.

[64]) Vgl. BayStaatsZ. 1917 Nr. 174 a.

[65]) Vgl. RAnz. 1916 Nr. 261 4. Beilage.

[66]) Vgl. RAnz. 1916 Nr. 188 2. Beilage.

pflichtung entbinden würde, würde sich selbst schuldhafter Vertragsverletzung schuldig machen.

Andererseits steht dem Reichskanzler und seinem Bevollmächtigten ein privatrechtlich wirksames Einspruchsrecht auf Grund derartiger Vertragsbestimmungen nicht zu. Die Befugnisse des Reichskanzlers und seines Bevollmächtigten befinden sich einzig und allein auf öffentlichrechtlichem Gebiet.[67]) Rechtshandlungen eines Geschäftsführers, gegen die der Reichskanzler Einspruch erhebt, sind darum nicht nichtig. Der Reichskanzler kann nur indirekt auf Gesellschaftsorgane einwirken, indem er droht, der Gesellschaft die zugesprochenen öffentlichrechtlichen Befugnisse zu beschränken oder ganz zu entziehen.

§ 5. Die Sondergerichte.

1. Allgemeines.

Die kriegswirtschaftliche Entwicklung, insbesondere die öffentliche Bewirtschaftung zahlreicher Erzeugnisse und die dadurch notwendig gewordene Bildung von neuen Rechtsträgern mit monopolistischem Charakter, hatte naturgemäß die Entstehung neuer und eigenartiger Rechtsverhältnisse zur Folge. Diese Rechtsverhältnisse im Streitfall zu beurteilen, hätte die Arbeitskraft der Gerichte überschritten. Nachdem es sich in allen Fällen um Ware handelt, über deren Preis, Wert, Güte und Menge sich im Streitfalle auch vor den ordentlichen Gerichten Sachverständige äußern müßten, hat man die Sachverständigen direkt zu Mitgliedern besonderer Gerichte gemacht und diese Gerichte als Sondergerichte für Streitfragen des Kriegswirtschaftsrechts bestimmt. Auf der anderen Seite hat man das gerichtliche Verfahren überhaupt ausgeschlossen und den Verwaltungsbehörden die Entscheidung anheimgegeben. Wenn die Verwaltungsbehörden als Entscheidungsstellen für echte Streitfälle des Kriegswirtschaftsrechts tätig werden, so betrachten wir sie als Verwaltungsgerichte; denn sie üben alsdann keine vollziehende, verwaltende Tätigkeit aus, sondern eine wägende, klärende, urteilende, also richterliche.

Die kriegswirtschaftlichen Verwaltungsgerichte und die Schiedsgerichte sind Sondergerichte, d. h. es sind Gerichte für bestimmte Rechtsverhältnisse, über die zu entscheiden die ordentlichen Verwaltungs- und Zivilgerichte auf Grund gesetzmäßiger Verordnung nicht befugt sind.[1]) Sie sind vergleichbar den Gewerbe- und Kaufmannsgerichten, deren Beurteilung ebenfalls nur bestimmte Rechtsverhält-

---

[67]) Vgl. § 6 der Bek. über Verarbeitung von Gemüse vom 5. August 1916, RGBl. S. 914.

[1]) Vgl. z. B. VO. über Futtermittel vom 5. Okt. 1916: „Ist der Verkäufer mit dem von der Bezugsvereinigung angebotenen Preise nicht einverstanden, so setzt ein Schiedsgericht unter Ausschluß des Rechtswegs den Preis endgültig fest.“ Vgl. ferner VO. über die Verarbeitung von Obst vom 5. August 1916, RGBl. S. 911 § 3: „über Streitigkeiten entscheidet endgültig ein Schiedsgericht von drei Personen ...“

nisse unterliegen.[2]) Sie sind jedoch scharf zu unterscheiden von den vertraglichen Schiedsgerichten; sie genießen daher auch nicht den Schutz der §§ 1025 ff. ZPO.

Die Quellen des Rechts der kriegswirtschaftlichen Sondergerichte sind recht zerstreut und daher schwer auffindbar. Sie sind meist nur Nebenbestimmungen größerer kriegswirtschaftlicher Verordnungen; häufig wird des kriegswirtschaftlichen Sondergerichtes in der ganzen Verordnung nur mit einem einzigen Wort Erwähnung getan.[3]) Andererseits befassen sich wieder besondere ausführliche Verordnugen mit der Besetzung der Sondergerichte und dem sondergerichtlichen Verfahren.[4])

Die hauptsächlichsten Rechtsverhältnisse, in denen kriegswirtschaftliche Sondergerichte tätig werden, lassen sich in folgende Hauptgruppen zusammenfassen.

a) Streitigkeiten zwischen der Monopolgesellschaft oder der enteignenden Behörde auf der einen und dem Gesetze auf der anderen Seite wegen der Höhe des Übernahmepreises. Hierher gehören beispielsweise die Streitigkeiten beim Enteignungsverfahren, die von der höheren Verwaltungsbehörde entschieden werden,[5]) sowie die Streitigkeiten bei der Festsetzung des Übernahmepreises von Gegenständen des Kriegsbedarfs.[6]) [7])

b) Streitigkeiten, die sich zwischen der Monopolgesellschaft und den unteren Verteilungsorganen aus Lieferungen ergeben. Hierher gehören vor allem die Streitigkeiten der Kommunalverbände und der Reichsgetreidestelle über Lieferungen von Brotgetreide.[8])

c) Streitigkeiten, die aus dem Eintritt von Monopolgesellschaften

---

[2]) Vgl. GewGG. vom 29. Juli 1890 u. 30. Juni 1901 § 1; ferner KfmGG. vom 6. Juli 1904 § 1.

[3]) Vgl. z. B. VO. über die Verarbeitung von Obst vom 5. August 1916, RGBl. S. 911.

[4]) Vgl. z. B. Anordnung für das Verfahren vor dem Reichsschiedsgericht für Kriegsbedarf vom 22. Juli 1911, RGBl. S. 469; ferner Bek. über das Verfahren vor dem nach Art. 3 § 5 der Bek. über die Errichtung von Herstellungs- und Vertriebsgesellschaften in der Schuhindustrie vom 17. März 1917 eingesetzten Schiedsgerichte, RGBl. S. 671. Vgl. ferner Anordnung über das Schiedsgericht für die Kohlenverteilung vom 21. März 1917, RGBl. S. 250; Anordnung über das Schiedsgericht für Rohtabak anderer inländischer Herkunft vom 3. Mai 1917, RGBl. S. 398; Bek. über die Errichtung eines Schiedsgerichts nach § 22 der VO. über Speisefette vom 20. Juli 1916, vom 9. Juni 1917, RGBl. S. 484.

[5]) Vgl. z. B. Reichsgetreideordnung für die Ernte 1917 § 47.

[6]) Vgl. Bek. der neuen Fassung der VO. über die Sicherstellung von Kriegsbedarf § 2.

[7]) Vgl. ähnliche Fälle: VO. über Höchstpreise für Äpfel vom 7. Okt. 1916 § 2, VO. über zuckerhaltige Futtermittel vom 5. Okt. 1916 §§ 6 u. 16, Bek. über das Verbot des Malzhandels vom 4. Mai 1916 § 7, Bek. über Speisefette vom 20. Juli 1916 §§ 10, 13, 20, 21.

[8]) Vgl. Reichsgetreideordnung für die Ernte 1917 vom 21. Juni 1917. Vgl. die VO. über Brotgetreide und Mehl aus der Ernte 1916 vom 29. Juni 1916 § 36 Abs. 2; ferner VO. über Gerste aus der Ernte 1916 vom 6. Juli 1916, in der Fassung der Bek. vom 24. Juli 1916 § 34; VO. über Hafer aus der Ernte 1916 vom 6. Juli 1916, in der Fassung der Bek. vom 24. Juli 1916 § 20 Abs. 3.

in bestehende Lieferungsverträge Privater entstehen. Ein solcher Eintritt ist beispielsweise der Kriegsgesellschaft für Weinobst-Einkauf und -Verteilung zugestanden.[9])

d) Streitigkeiten zwischen Käufer und Verkäufer von Web-, Wirk-, Strick- und Schuhwaren über die Höhe des Verkaufspreises.[10]) Hierher gehören auch die Streitigkeiten über die Höhe des Preises von Schuhausbesserungen.[11])

e) Streitigkeiten über die Wirkung von Höchstpreisen auf laufende Verträge. In Betracht kommen die Verträge über Lieferung von Butter, Kartoffeln, Fischen, Wild, Milch, Buchweizen, Hirse und deren Verarbeitung, Obstmus und sonstige Fetterſatzstoffe zum Brotaufstrich, Obst, Gemüse, Zwiebeln, Sauerkraut[12]) und Käse.[13])

f) Streitigkeiten zwischen den Syndikatsgesellschaften, ihren Mitgliedern[14]) und Abnehmern.

Überblickt man die Rechtsverhältnisse, in denen kriegswirtschaftliche Sondergerichte tätig werden, so fällt einem auf, daß es meist Verhältnisse sind zwischen Organen oder Körperschaften, die mit obrigkeitlicher Gewalt ausgestattet sind, und solchen Privaten, die mehr oder weniger dieser obrigkeitlichen Gewalt unterworfen sind.[15]) Nur zwei Arten der obengenannten Streitigkeiten sind Streitigkeiten zwischen Gleichberechtigten, nämlich die von Käufern und Verkäufern von Web-, Wirk-, Strick- und Schuhwaren und die, welche die Wirkung von Höchstpreisen auf laufende Verträge betreffen. In der Mehrzahl der Fälle sind sonach die kriegswirtschaftlichen Sondergerichte berufen, echte Verwaltungsstreitsachen zu entscheiden, d. h. solche Sachen, bei denen es sich um die Rechtmäßigkeit von Verwaltungsakten handelt, welche die Ausübung von Hoheitsrechten zum Gegenstand haben.[16])

Die richterlichen Organe sind nicht nach dem Charakter der geschilderten Streitverhältnisse verschieden. Wir haben also nicht den Zivilgerichten ähnliche Sondergerichte zur Entscheidung der privatlichen Rechtsverhältnisse und den Verwaltungsgerichten ähnliche zur Entscheidung von öffentlichrechtlichen Verhältnissen. Vielmehr dienen

---

[9]) Vgl. VO. über die Verarbeitung von Obst vom 5. August 1916, RGBl. 1911 § 3 Abs. 3.

[10]) Vgl. Bek. über Preisbeschränkung bei Verkäufen von Web-, Wirk- und Strickwaren vom 30. März 1916, mit der Änderung vom 14. Sept. 1916, RGBl. S. 214 u. 1022 § 2; ferner Bek. über Preisbeschränkung bei Verkäufen von Schuhwaren vom 28. Sept. 1916, RGBl. S. 1077 § 6.

[11]) Vgl. Bek. über Preisbeschränkung bei Ausbesserungen von Schuhwaren vom 25. Jan. 1917, RGBl. S. 75 § 4.

[12]) Vgl. Bek. betr. Einwirkung von Höchstpreisen auf laufende Verträge vom 11. Nov. 1915, RGBl. S. 758.

[13]) Vgl. Bek. über Käse vom 13. Jan. 1916, RGBl. S. 31; ferner VO. betr. Abänderung der VO. über Käse vom 20. Okt. 1916, RGBl. S. 1175.

[14]) Vgl. Bek. über die Errichtung von Herstellungs- und Vertriebsgesellschaften über Schuhindustrie vom 17. März 1917, RGBl. S. 236 Art. 3 § 5; ferner Bek. über die Errichtung einer Herstellungs- und Vertriebsgesellschaft in der Seifenindustrie, RGBl. S. 485 Art. 3 § 5; Bek. über Schuhhandelsgesellschaften vom 26. Juli 1917, RGBl. S. 666 Art. 3 § 3.

[15]) Vgl. oben a, b, c, f.

[16]) Vgl. Mayer-Dochow, Deutsches Verwaltungsrecht, S. 50.

die den Zivilgerichten ähnlichen Organe des Kriegswirtschaftsrechts zur Entscheidung der beiden Arten von Rechtsverhältnissen,[17]) wie andererseits die den Verwaltungsgerichten nachgebildeten Organe ihre Tätigkeit zum Teil auch auf privatrechtlichem Gebiete entfalten können.[18])

2. Die „Höhere Verwaltungsbehörde".

Der Begriff des Gerichts hat in den letzten Jahrzehnten eine bedeutende Umwandlung erfahren. Die Pouvoire judiciaire hatte als hauptsächlichstes Begriffsmerkmal das der Unabhängigkeit. Die Gerichte sind unabhängige, nur dem Gesetz unterworfene Rechtsprechungsorgane. Der Leser weiß, daß dieser Satz heute sehr cum grano salis zu verstehen ist. Nicht einmal in unserem Zivilgericht finden wir die Begriffsreinheit des Gerichts verwirklicht, geschweige denn in den Nachbildungen, die die Zivilgerichte erfahren haben. Wo ist die Unabhängigkeit des Gemeindebeamten, der Vorsitzender eines Gewerbe- oder Kaufmannsgerichts ist, wo die Unabhängigkeit der Beisitzer dieser Gerichte, wo schließlich die Unabhängigkeit der Innungsschiedsgerichte? Die Unabhängigkeit erscheint sonach nicht mehr als das Hauptmerkmal der Gerichte.

Das Hauptgewicht des Begriffs ist vielmehr in der Tätigkeit und in den Aufgaben zu suchen. Die Aufgabe des Richters ist Urteilen und Entscheiden, Richten. Diese vorzugsweise Tätigkeit unterscheidet so sehr den Richter von allen anderen Behörden, daß sie ihm den Namen gegeben hat; sie ist auch zugleich das einzige, allgemein anerkannte Begriffsmerkmal.

Richter sind demnach alle Personen, die urteilen und entscheiden. Gerichte sind alle die Behörden, denen eine solche Funktion zukommt. Auch die Verwaltungsbehörden können in die Lage kommen, eine richterliche Tätigkeit in dem geschilderten Sinne auszuüben. Die Verwaltungsbehörden üben tatsächlich richterliche Funktionen nicht allein in den Fällen, die letzten Endes von einem Verwaltungsgerichtshof entschieden werden, sondern auch in vielen Fällen, die innerhalb des eigentlichen Verwaltungsverfahrens ihre Erledigung finden. Ist es doch nicht selten Zufall, wenn bei der Enumerationsmethode der eine oder andere Gegenstand der Entscheidung im verwaltungs*gerichtlichen* Verfahren entzogen ist.

Ob die Tätigkeit des Urteilens und des Richtens im gegebenen

---

[17]) Vgl. z. B. Schiedsgericht bei der Herstellungs- und Vertriebsgesellschaft in der Seifenindustrie, das auch Streitigkeiten zwischen dem Syndikat und den Abnehmern entscheidet, obwohl die Abnehmer in keiner Weise als Gewaltunterworfene des Syndikats zu betrachten sind. Vgl. Bek. über die Errichtung einer Herstellungs- und Vertriebsgesellschaft in der Seifenindustrie vom 9. Juni 1917 Art. 3 § 5, RGBl. S. 490.

[18]) So entscheidet die höhere Verwaltungsbehörde des Bestimmungsortes Streitigkeiten zwischen demjenigen, der Gemüse und Obst in das Reichsgebiet einführt, und der Reichsstelle für Gemüse und Obst, Geschäftsabteilung, GmbH.; vgl. Bek. über die Einfuhr von Gemüse und Obst vom 13. Sept. 1916, RGBl. S. 1016.

Fall ein Akt der Verwaltung oder ein Akt des Gerichts ist, wird zu entscheiden vor allem da schwierig, wo, wie in Bayern und Württemberg, in den mittleren und unteren Instanzen der Verwaltungsrechtsprechung die Organe der inneren Verwaltung tätig sind. Die Bezirksamtmänner sind keine anderen Menschen, wenn sie in einer Sache urteilen, die zum Verwaltungsgerichtshof geht, oder wenn sie in einer Sache entscheiden, die letzten Endes das Ministerium erreicht. Sie sind in beiden Fällen, vorausgesetzt, daß es sich um echte Streitsachen handelt, Urteiler und Richter.

Die Kriegswirtschaft hat die Verwaltungsbehörden in nie geahntem Maße Richter werden lassen und zwar hauptsächlich deshalb, weil ihre Entscheidung formlos und rasch zu erreichen ist.

Die „Höhere Verwaltungsbehörde" spielt als Entscheidungsorgan bei Streitigkeiten über Fragen des Kriegswirtschaftsrechts eine bedeutsame Rolle.

Es mag vorweg genommen sein, daß die richterlichen Entscheidungen, die auf Grund der kriegswirtschaftlichen Gesetzgebung ergehen, zwei Eigentümlichkeiten gegenüber anderen Entscheidungen der Verwaltungsbehörde aufweisen: Sie sind meist unanfechtbar[19]) und daher mit der Verkündung rechtskräftig.

Die Fälle, in denen die Entscheidung der „Höheren Verwaltungsbehörden" angegangen wird, sind folgende:

a) Streitigkeiten, die sich aus der Lieferung, Aufbewahrung, Versicherung und dem Eigentumübergang von ausländischen Lebensmitteln zwischen dem, der sie einführt, und der inländischen Monopolgesellschaft ergeben.

Die Entscheidungen dieser Art sind ausschließlich der „Höheren Verwaltungsbehörde" übertragen.[20]) Immer wieder kehrt in den Einfuhrverordnungen des Bundesrats der Satz wieder: „Die Höhere Verwaltungsbehörde entscheidet endgültig alle Streitigkeiten, die sich zwischen den Beteiligten über die Lieferung, Aufbewahrung, Versicherung und dem Eigentumsübergang ergeben."[21])

Die Streitigkeiten dieser Art nehmen sich ihrem Inhalte nach wie privatrechtliche Streitigkeiten aus. So kann beispielsweise die Bezugsvereinigung der deutschen Landwirte G. m. b. H. den Händler, der Melasse aus Holland eingeführt hat, darauf verklagen, daß er die Melasse an sie abliefere, daß er sie verlade und in handelsüblicher Weise

---

[19]) Vgl. z. B. Bek. über Grünkern vom 3. Juli 1916 § 6, RGBl. S. 650; ferner Bek. über Gerste aus der Ernte 1916 vom 6. Juli 1916, in der Fassung der Bek. vom 24. Juli 1916 § 17; ferner VO. über Hafer aus der Ernte 1916 vom 6. Juli 1916, in der Fassung der Bek. vom 24. Juli 1916 § 22.

[20]) Vgl. AusfBest. zur BRVO. über die Einfuhr von Futtermitteln, Hilfsstoffen und Kunstdünger vom 31. Jan. 1916 § 7, RGBl. S. 73; Bek. über die Einfuhr von Kaffee aus dem Ausland vom 6. April 1916 § 7, RGBl. S. 246; AusfBest. zur BRVO. über die Einfuhr von pflanzlichen und tierischen Öle und Fette, wie Seife, vom 8. März 1916 § 6, RGBl. S. 152; AusfBest. zur BRVO. über die Einfuhr von Salzheringen vom 22. Jan. 1916 § 7, RGBl. S. 60; AusfBest. zur BRVO. über die Einfuhr von Vieh und Fleisch, sowie Fleischwaren vom 22. März 1916 § 8, RGBl. S. 181.

[21]) Vgl. die in Anm. 20 angegebenen Paragraphen.

versichere. Der eigentliche Übernahmepreis wird von anderer Stelle festgesetzt.[22]) Aber wenn die Bezugsvereinigung behauptet, daß die Ware durch schuldhaftes Verhalten des Händlers sich auf dem Transport verschlechtert habe, so ist wiederum die „Höhere Verwaltungsbehörde" die Stelle, die über diese Klage auf Minderung des Übernahmepreises entscheidet.

Ist die hier ergehende Entscheidung der „Höheren Verwaltungsbehörde" dem Wesen nach etwas anderes wie die tausend gleichen der Zivilgerichte?

b) Streitigkeiten, die sich aus der Beschlagnahme und Enteignung einzelner, bestimmter Waren ergeben.

Nicht allgemein ist für solche Streitigkeiten die „Höhere Verwaltungsbehörde" als entscheidende Stelle vorgesehen.[23]) Meistens sogar sind hierfür besondere Gerichte zuständig. Aber gerade der Umstand, daß genau dieselben Rechtsfragen, wenn sie sich auf Brotgetreide beziehen, von der Verwaltungsbehörde, wenn sie sich auf Gegenstände des Kriegsbedarfs wie Zeltbahnen beziehen, von einem Schiedsgericht entschieden werden, zeigt uns, wie innerlich die hier in Betracht kommende Tätigkeit der Verwaltungsbehörde der richterlichen Tätigkeit gleich ist.

Die wichtigsten dieser Art von Streitigkeiten sind wohl diejenigen, die sich auf Grund des § 47 der Reichsgetreideordnung für die Ernte 1917 ergeben. Es sind das Streitigkeiten, die bei dem Enteignungsverfahren oder durch Verletzung der Verwahrungspflicht entstehen.

c) Streitigkeiten bei der Überlassung einzelner öffentlich bewirtschafteter Erzeugnisse, die wegen ihrer verhältnismäßig geringen Bedeutung die Einsetzung eines besonderen Schiedsgerichtes nicht rechtfertigen. Hierher gehören vor allem Streitigkeiten wegen der Überlassung von Rohkaffee,[24]) Tee,[25]) Weintrestern[26]) und Traubenkernen,[27]) gedörrten Zichorienwurzeln.[28]) Ausnahmsweise ist auch bei wichtigeren Produkten wie Speisefetten[29]) und Hülsenfrüchten[30]) die „Höhere Verwaltungsbehörde" in Fragen der Verletzung der Überlassungspflicht entscheidend.

Die *örtliche* Zuständigkeit der „Höheren Verwaltungsbehörde" wird entweder durch die Bundesratsverordnung selbst oder durch landesrechtliche Ausfuhrbestimmungen festgesetzt.

Bei den unter a genannten Streitigkeiten hat meist die „Höhere Verwaltungsbehörde" des von der betreffenden Monopolgesellschaft

---

[22]) Vgl. VO. über zuckerhaltige Futtermittel vom 5. Okt. 1916 § 6, RGBl. S. 1114.

[23]) Vgl. z. B. Beschlagnahme von Fässern.

[24]) Vgl. Bek. über Kaffee vom 6. April 1916 § 8, RGBl. S. 249.

[25]) Vgl. Bek. über Tee vom 6. April 1916 § 8, RGBl. S. 253.

[26]) Vgl. Bek. über Weintrester und Traubenkerne vom 3. August 1916 § 7, RGBl. S. 888.

[27]) Vgl. Anm. 26.

[28]) Vgl. Bek. über Zichorienwurzeln vom 6. April 1916 § 9, RGBl. S. 255.

[29]) Vgl. Bek. über Speisefette vom 20. Juli 1916 § 22, RGBl. S. 759.

[30]) Vgl. Bek. über Hülsenfrüchte vom 29. Juni 1916 § 8, RGBl. S. 849.

oder ihren Bevollmächtigten festgesetzten Bestimmungsortes der Waren zu entscheiden.[31])

Bei den unter b und c genannten Streitigkeiten ist entweder die „Höhere Verwaltungsbehörde" des Betriebsortes oder des Lagerungsortes zuständig.[32]) Wo die Zuständigkeit weder durch Verordnung noch durch Ausführungsbestimmungen festgelegt ist, muß aus der Absicht des Gesetzes die örtliche Zuständigkeit entnommen werden. Wo es sich um Verletzungen der Beschlagnahme, beispielsweise von Brotgetreide, handelt, kommt zunächst die „Höhere Verwaltungsbehörde" in Frage, in deren Bezirk sich die beschlagnahmte Ware befindet.[33]) Besteht die Verletzung in einer unzulässigen Ortsänderung, so kann auch die „Höhere Verwaltungsbehörde" des Bezirks in Betracht kommen, in den die beschlagnahmte Ware verbracht wurde. Letztere ist allein zuständig, wenn die Ware einem Dritten übereignet wurde, der zugleich am Lagerungsort seinen Wohnsitz hat. Man kann mit wenigen Ausnahmen den Satz anwenden: „Die Zuständigkeit folgt der Ware."

Nehmen mehrere „Höhere Verwaltungsbehörden" die Zuständigkeit für sich in Anspruch, so entscheidet nach allgemeinen Grundsätzen die gemeinsame vorgesetzte Behörde, jedoch nur über die Frage der Zuständigkeit, nicht auch sachlich. Das Gleiche gilt für den Fall, daß alle in Betracht kommenden „Höheren Verwaltungsbehörden" die Zuständigkeit ablehnen.

Die Verwaltungsentscheidung wirkt wie ein richterliches Urteil, sie schafft Recht zwischen den Parteien. Jedes Rechtsmittel gegen die Entscheidung ist ausgeschlossen. Von Dorn wird zwar behauptet, daß es den Bundesstaaten überlassen bleibt, in ihren Ausführungsvorschriften zu bestimmen, ob vor der „Höheren Verwaltungsbehörde" eine andere Behörde angerufen werden kann, so daß die „Höhere Verwaltungsbehörde" erst an zweiter Stelle entscheidet.[34]) Soviel bekannt, hat jedoch kein Bundesstaat von dieser Ermächtigung Gebrauch gemacht.

In sehr vielen Fällen ist es mit der Entscheidung der „Höheren Verwaltungsbehörde" nicht getan. Die Verletzer der Beschlagnahme- und Enteignungsvorschriften machen sich häufig zugleich strafbar. Grundsätzlich ist der Strafrichter in seiner Entschließung von der Auffassung der Verwaltungsbehörde nicht abhängig. Wenn Dorn behauptet, daß die Entscheidung der Verwaltungsbehörde den Strafrichter binde, wenn sie schon vor der zur Aburteilung stehenden Tat gegen-

---

[31]) Vgl. z. B. Bek. über die Einfuhr von Gemüse und Obst vom 13. Sept. 1916 § 7, RGBl. S. 1016; ferner Bek. über die Einfuhr von ausländischem Käse vom 11. März 1916, RGBl. S. 159.

[32]) Vgl. z. B. die Unterscheidung in den bayr. AusfBest. vom 6. Sept. 1916 zu der BRVO. über Gerste aus der Ernte 1916 vom 6. Juli 1916, I (BayStaatsAnz. 1916 Nr. 207).

[33]) Vgl. z. B. VO. über Hafer aus der Ernte 1916 vom 6. Juli 1916, in der Fassung der Bek. vom 24. Juli 1916 §§ 1 mit 8.

[34]) Vgl. Oppenheimer-Dorn, Die Bundesratsverordnungen über Brotgetreide und Mehl, Hülsenfrüchte, Buchweizen und Hirse, Grünkern, Gerste, Hafer, Kraftfuttermittel und zuckerhaltige Futtermittel, die dazugehörigen Höchstpreisverordnungen, sowie Nebenverordnungen für 1916, II. Teil § 9 S. 59.

über dem Angeklagten wirksam geworden ist, so ist das nur für die Fälle richtig, in denen das Strafgericht über den Besitz oder Eigentumsstand von Waren zu erkennen hat, über die die „Höhere Verwaltungsbehörde" bereits eine Entscheidung getroffen hat.

Auch für die Zivilgerichte ist die Entscheidung der „Höheren Verwaltungsbehörde" nur hinsichtlich des Anspruchs bindend, der der „Höheren Verwaltungsbehörde" zur Entscheidung vorgelegen hat. Ergeben sich auf Grund der Entscheidung der Verwaltungsbehörde Rechtsstreitigkeiten zwischen einem der Beteiligten und einem Dritten, so ist die Entscheidung der Verwaltungsbehörde gewiß ein gutes Beweismittel, sie ist jedoch nicht geeignet, die freie Beweiswürdigung an sich zu beeinträchtigen.

3. Die Schiedsgerichte.

a) Arten der Schiedsgerichte.

Je nach den Rechtsverhältnissen, die strittig sind, unterscheiden wir Schiedsgerichte, die Aufgaben von Verwaltungsgerichten wahrnehmen, indem sie in Sachen öffentlichrechtlicher Natur Entscheidungen treffen,[35]) oder Schiedsgerichte, die an die Stelle von Zivilgerichten treten, indem sie reine bürgerlichrechtliche Streitigkeiten zu entscheiden berufen sind.

Nach der Rechtsgrundlage, die zur Errichtung des Schiedsgerichts geführt hat, unterscheiden wir reichsrechtliche[36]) Schiedsgerichte und landesrechtliche.[37])

Nach der Organisation der Schiedsgerichte und ihrer örtlichen Zuständigkeit gibt es Reichs-[38]) und Bezirksschiedsgerichte.[39])

b) Die sachliche Zuständigkeit der Schiedsgerichte.

Die sachliche Zuständigkeit der Schiedsgerichte wurde schon unter Ziffer 1 erörtert. In allen den Fällen, in denen nach den obigen Ausführungen kriegswirtschaftliche Sondergerichte tätig werden, sind

---

[35]) Vgl. z. B. Schiedsgericht für Kriegsbedarf gemäß der VO. über die Sicherstellung von Kriegsbedarf vom 24. Juni 1915 § 1, RGBl. S. 357, oder Schiedsgericht gemäß § 3 der Bek. über phosphorhaltige Mineralien und Gesteine vom 30. Nov. 1916, RGBl. S. 1321, oder Schiedsgericht gemäß § 7 der VO. über Futtermittel vom 5. Okt. 1916, RGBl. S. 1108. Zu den privatrechtlichen Schiedsgerichten gehören vor allem die Schiedsgerichte nach § 2 der Bek. betr. Einwirkung von Höchstpreisen auf laufenden Verträgen vom 11. Nov. 1915, RGBl. S. 758. Hierher gehört auch das Schiedsgericht gemäß § 3 der Bek. der Kriegsgesellschaft für Dörrgemüse GmbH. vom 1. Febr. 1917, RAnz. Nr. 30.

[36]) Vgl. BRVO. über die Sicherstellung von Kriegsbedarf v. 24. Juni 1915.

[37]) Vgl. z. B. Schiedsgericht beim K. Verwaltungsgerichtshof in München für den Verkehr mit Butter, BayStaatsAnz. Nr. 34.

[38]) Hierher gehört auch das Reichsschiedsgericht für Kriegswirtschaft.

[39]) Vgl. z. B. die Schiedsgerichte für Futtermittel, die sich an die Oberlandesgerichtsbezirke anschließen, vgl. bayr. Bek. vom 20. Nov. 1916 zur Ausführung der BRVO. über Futtermittel und zuckerhaltige Futtermittel, StaatsAnz. Nr. 274.

Schiedsgerichte zum überwiegenden Teil mit der Entscheidung betraut.[40]) Die sachliche Zuständigkeit der Schiedsgerichte ist weitaus in den meisten Fällen eine ausschließliche. Sie kann daher durch Vereinbarung der Beteiligten nicht ausgeschlossen werden; die gegenteilige Vereinbarung würde, weil gegen ein gesetzliches Verbot verstoßend, nichtig sein. Nachdem keine ausdrückliche Vorschrift für den Fall besteht, daß die Zuständigkeit eines Schiedsgerichts mit der eines ordentlichen Gerichts kollidiert, wird man die entsprechenden Vorschriften der Zivilprozeßordnung anzuwenden haben. Es handelt sich bei den Schiedsgerichten um Sondergerichte, ähnlich den Gewerbe- und Kaufmannsgerichten. Die für diese Gerichte geltenden Vorschriften können daher, soweit einschlägig auch für die Schiedsgerichte, soweit sie die Stelle von Zivilgerichten und nicht die von Verwaltungsgerichten einnehmen, angewendet werden. Hat also das Schiedsgericht oder ein ordentliches Gericht auf Grund der in Betracht kommenden Vorschriften über die sachliche Zuständigkeit rechtskräftig ausgesprochen, daß es unzuständig sei, so ist diese Entscheidung für das Gericht bindend, bei welchem die Sache später anhängig wird.

Bei der noch herrschenden Auffassung, daß die Verwaltungsbehörden, obwohl und wenn sie richterliche Tätigkeit ausüben, keine Gerichte sind, gilt für den Fall, daß Schiedsgericht und Verwaltungsbehörde die gleiche Zuständigkeit beanspruchen, der Satz: Ist der Rechtsweg, d. h. der Schiedsweg rechtskräftig bejaht, so kann die Verwaltungsbehörde die Entscheidung nicht deshalb für sich in Anspruch nehmen, weil die Sache in ihr Bereich gehört.[41]) Umgekehrt sind die Verwaltungsbehörden, wenn das Schiedsgericht seine Zuständigkeit verneint hat, nicht verpflichtet, die eigene Zuständigkeit anzuerkennen.

c) Die örtliche Zuständigkeit.

Es gibt nur ein Reichsschiedsgericht für Kriegswirtschaft. In den Fällen, in denen es sich um Beschlagnahme und Enteignungen auf Grund der Verordnung vom 24. Juni 1915 über Sicherstellung von Kriegsbedarf handelt, ist sonach dieses eine Schiedsgericht tätig. Das Gleiche gilt vom Schiedsgericht für die Kohlenverteilung in den Fällen des § 4 der Verordnung des Bundesrats über Regelung des Verkehrs mit Kohlen vom 24. Februar 1917.[42])

Wo es hingegen mehrere Schiedsgerichte mit örtlich abgegrenzten Bezirken gibt, bedarf es der verordnungsmäßigen Festlegung der örtlichen Zuständigkeit. Im Verfahren der Schiedsgerichte, die über die Einwirkung von Höchstpreisen auf laufende Verträge zu entscheiden haben, ist örtlich das Gericht zuständig, in dessen Bezirk der Verkäufer seinen allgemeinen Gerichtsstand hat.[43]) Dieselbe örtliche Zu-

[40]) Vgl. die unter Ziff. 1a mit f gegebenen Anm.
[41]) Vgl. Hellwig, System des deutschen Zivilprozeßrechts, S. 50.
[42]) Vgl. RGBl. S. 250.
[43]) Vgl. Anordnung des Reichskanzlers für das Verfahren vor dem auf

ständigkeit haben die Schiedsgerichte, die über die Preisgrenzen bei Verkäufen von Web-, Wirk-, Strick- und Schuhwaren urteilen.[44])

Bei den sonst in Betracht kommenden Schiedsverfahren ist im allgemeinen das Gericht zuständig, in dessen Bezirk sich vermutlich die Streitsache bei Beginn des Prozesses befindet. So bestimmen die Ausführungsbestimmungen der Reichssackstelle vom 9. Oktober 1916, daß das Schiedsgericht zuständig sein soll, in dessen Bezirk der Empfangsort der Säcke liegt.[45]) Die Verordnung über Futtermittel benennt als zuständig das Schiedsgericht des Bezirks, aus dem die Lieferung erfolgen soll.[46]) Die Bekanntmachung über Rohtabak vom 10. Oktober 1916 läßt die Zuständigkeit des Schiedsgerichts sich nach dem Aufbewahrungsort richten.[47])

Ganz anders bestimmt sich die Zuständigkeit der Schiedsgerichte in der Schuhindustrie. Jeder der Syndikatsgesellschaften ist ein Schiedsgericht angegliedert, das alle Streitigkeiten, die sich zwischen den Gesellschaftern oder den Abnehmern einerseits und der Gesellschaft andererseits ergeben, zu entscheiden hat.

d) Gericht und Richter.

Schiedsgerichte sind Kollegien, die entweder als Einheit[48]) Spruchbehörden bilden oder in Abteilungen bzw. Kammern zum Zwecke der Rechtsprechung sich gliedern.[49]) Unter den Mitgliedern der Kollegien sind nach Ernennung, Qualifikation und schließlich Funktion scharf die Beisitzer von dem Vorsitzenden zu unterscheiden.

Die Ernennung des Vorsitzenden geht beim Reichsschiedsgericht für Kriegsbedarf beispielsweise vom Reichskanzler aus, während die Beisitzer vom Vorsitzenden berufen werden.[50]) Bei den Schiedsgerichten, die über die Preisgrenzen von Web-, Wirk-, Strick- und Schuhwaren zu entscheiden haben, wird der Vorsitzende von der Landeszentralbehörde oder der von ihr bestimmten Verwaltungsbehörde ernannt, während die Beisitzer entweder durch die Handelsvertretung des betreffenden Bezirks oder vom Vorsitzenden des Schiedsgerichts bestimmt

---

Grund der VO. vom 11. Nov. 1915 bestellten Schiedsgerichte vom 15. Nov. 1915 § 2, RGBl. S. 769.

[44]) Vgl. AusfBest. des Reichskanzlers über die nach der Bek. bei Verkäufen von Web-, Wirk- und Strickwaren vom 30. März 1916 zu errichtenden Schiedsgerichte vom 30. März 1916 § 4, RGBl. S. 1023.

[45]) Vgl. Güthe-Schlegelberger, Kriegsbuch, Bd. 4 S. 618.

[46]) Vgl. RGBl. 1916 S. 1108.

[47]) Vgl. RGBl. 1916 S. 1145 § 5.

[48]) So z. B. die bei jeder amtlichen Handelsvertretung bestehenden Schiedsgerichte für Preisgrenzen bei Web-, Wirk-, Strick- und Schuhwaren; vgl. AusfBest. des Reichskanzlers vom 30. März 1916, RGBl. S. 1023.

[49]) Vgl. die Abteilungen des Reichsschiedsgerichts für Kriegswirtschaft; vgl. Anordnung über das Schiedsgericht für Rohtabak anderer als inländischer Herkunft vom 3. Mai 1917, ferner Anordnung über das Schiedsgericht für die Kohlenverteilung vom 21. März 1917, RGBl. S. 250.

[50]) Vgl. Bek. über die Sicherstellung von Kriegsbedarf vom 26. April 1917 § 3 Abs. 4.

werden.[51]) Beim Schiedsgericht, das über Streitigkeiten aus der Lieferung von Dörrgemüsen entscheidet, wird der Vorsitzende von der Reichsstelle für Gemüse und Obst bestellt, während dieser wieder die Beisitzer ernennt.[52])

Die Voraussetzung für die Stelle des Vorsitzenden eines Schiedsgerichts ist im allgemeinen, daß der in Frage Kommende zum Richteramte befähigt ist.[53]) Für die Beisitzer sind die Voraussetzungen im einzelnen sehr verschieden.

Notwendig ist fast allgemein, daß wenigstens ein Teil der Beisitzer den beteiligten Berufen angehört. So soll bei dem dreigliedrigen Schiedsgericht für die Schuhindustrie ein Beisitzer dem Kreise der Hersteller und ein Beisitzer dem Kreise der Schuhhändler entnommen sein.[54]) Bei dem Schiedsgericht für Rohtabak sollen zwei Beisitzer dem Tabakhandel und zwei der Tabakfabrikation angehören.[55]) Beim Reichsschiedsgericht für Kohlenverteilung wird ein Beisitzer dem Kohlenhandel und ein weiterer dem Kohlenbergbau entnommen.[56])

Weiter ist Voraussetzung für die Berufung als Beisitzer, daß der in Betracht Kommende von der zuständigen Interessenvertretung vorgeschlagen ist. Von den vier Beisitzern des Reichsschiedsgerichts für Kriegswirtschaft sollen drei auf Vorschlag des deutschen Handelstags berufen werden.[57]) Beim Schiedsgericht für Preisgrenzen der Web-, Wirk-, Strick- und Schuhwaren werden die Beisitzer direkt von der Handelsvertretung ernannt.[58]) Beim Schiedsgericht für Streitigkeiten aus der Lieferung von Dörrgemüse werden die Beisitzer aus 12 Dörrgemüsehändlern gewählt, die von der Handelskammer Berlin genannt sind.[59]) Bei den Schiedsgerichten für Futtermittel werden die Beisitzer aus den Vorschlagslisten ausgewählt, die dem Präsidenten des Oberlandesgerichts von den Handelskammern und landwirtschaftlichen Kreisausschüssen eingereicht werden.[60])

Die Funktion der Beisitzer erschöpft sich in der Mitwirkung bei der Beratung der Streitfälle und bei der Beschlußfassung. Das Abstimmungsverfahren und die Feststellung des Ergebnisses dürfte sich mangels anderweitiger Bestimmung nach den Vorschriften der Zivil-

---

[51]) Vgl. AusfBest. des Reichskanzlers vom 30. März 1916 § 2.

[52]) Vgl. Schiedsgerichtsordnung für Streitigkeiten aus der Lieferung von Dörrgemüse; Güthe-Schlegelberger, Kriegsbuch, Bd. 4 S. 707.

[53]) Vgl. z. B. Bek. über die Errichtung von Herstellungs- und Vertriebsgesellschaften in der Schuhindustrie vom 17. März 1917 Art. 3 § 5, RGBl. S. 241.

[54]) Vgl. Anm. 47.

[55]) Vgl. Anordnung über das Schiedsgericht für Rohtabak anderer als inländischer Herkunft vom 3. Mai 1917 § 2, RGBl. S. 396.

[56]) Vgl. Anordnung über das Schiedsgericht für die Kohlenverteilung vom 21. März 1917, RGBl. S. 52.

[57]) Vgl. Bek. über die Sicherstellung von Kriegsbedarf vom 26. April 1917, RGBl. S. 277.

[58]) Vgl. AusfBest. vom 30. März 1916 § 2, RGBl. S. 1023.

[59]) Vgl. Schiedsgerichtsordnung für Streitigkeiten aus der Lieferung von Dörrgemüse § 2; Güthe-Schlegelberger, Kriegsbuch, Bd. 4 S. 707.

[60]) Vgl. Entschließung des K. bayer. Staatsministeriums der Justiz vom 20. November 1916, StaatsAnz. Nr. 274.

prozeßordnung richten (so auch nach § 16 der Bekanntmachung vom 22. Juli 1915 RGBl. S. 472).

Der Vorsitzende hat bedeutend erweiterte Rechte. Er kann außerhalb der Sitzungen alle Maßnahmen treffen, die ihm zur Aufklärung des Sachverhalts erforderlich erscheinen, er kann Beweise erheben, Zeugen und Sachverständige vernehmen[61]); beim Schiedsgericht für Höchstpreiswirkungen ist er sogar befugt, vorläufige Anordnungen über die Verpflichtungen der Vertragsparteien zu erlassen;[62]) beim Reichsschiedsgericht für Kriegswirtschaft kann der Vorsitzende bereits vor der Entscheidung des Schiedsgerichts die Überweisung von Abschlagszahlungen veranlassen.[63])

Sämtliche Mitglieder des Schiedsgerichts werden vor ihrem Amtsantritt durch Handschlag zur treuen und gewissenhaften Führung ihres Amtes verpflichtet.[64]) Die gewissenhafte Führung des Amtes verlangt auch Verschwiegenheit.

Das Amt als Mitglied eines Schiedsgerichts ist ein Ehrenamt;[65]) das schließt nicht aus, daß die Mitglieder ihre notwendigen Auslagen ersetzt erhalten.[66])

e) Gerichtsschreiberei und Gerichtsvollzieherei.

Die Schiedsgerichte haben entweder Schrift- oder Geschäftsführer.

Der Schriftführer hat als Hauptaufgabe, über die Verhandlungen des Gerichts eine Niederschrift aufzunehmen, die von ihm und dem Vorsitzenden gemeinsam zu unterzeichnen ist. Die Niederschrift soll Ort und Tag der Verhandlung, die Bezeichnung der mitwirkenden Personen und der Beteiligten, sowie das Ergebnis der Verhandlung enthalten. Die Niederschrift soll den anwesenden Beteiligten vorgelesen oder zur Durchsicht vorgelegt werden.

Eine wörtliche Niederschrift ist vor allem für den Beschluß notwendig. Daß auch der Beschluß vom Schriftführer unterzeichnet werden

---

[61]) Vgl. AusfBest. des Reichskanzlers über die nach der Bek. über Preisbeschränkung bei Verkäufen von Web-, Wirk- und Strickwaren vom 30. März 1916 zu errichtenden Schiedsgerichte § 10, RGBl. S. 1023; ebenso Anordnung des Reichskanzlers für das Verfahren vor den auf Grund der VO. vom 11. Nov. 1915 bestellten Schiedsgerichten, RGBl. S. 769 § 7.

[62]) Vgl. Anordnung des Reichskanzlers vom 15. Nov. 1915, RGBl. S. 769 § 7 Abs. 2.

[63]) Vgl. Bek. betr. Änderung der Anordnung für das Verfahren vor dem Reichsschiedsgerichte für Kriegsbedarf vom 22. Juni 1915, vom 14. Sept. 1916, RGBl. S. 1021.

[64]) Vgl. z. B. Anordnung für das Verfahren vor dem Reichsschiedsgerichte für Kriegsbedarf vom 22. Juni 1915, RGBl. S. 469 § 3.

[65]) Vgl. AusfBest. vom 30. März 1916, RGBl. S. 1023 § 2; ferner Entschließung des bayer. Staatsministeriums der Justiz vom 20. Nov. 1916 § 3, StaatsAnz. Nr. 274.

[66]) Vgl. Anordnung für das Verfahren vor dem Reichsschiedsgericht für Kriegswirtschaft vom 22. Juli 1915 § 19, RGBl. S. 473; Anordnung des Reichskanzlers für das Verfahren vor den auf Grund der VO. vom 11. Nov. 1915 bestellten Schiedsgerichten vom 15. Nov. 1915 § 11; Entschließung des K. bayer. Staatsministeriums der Justiz vom 19. Nov. 1915 § 3 Abs. 1, vgl. JMBl. 1915 S. 104.

muß, wird nirgends ausgesprochen. Bei den Beschlüssen des Reichsschiedsgerichts für Kriegswirtschaft und der Schiedsgerichte für Preisgrenzen bei Verkäufen von Web-, Wirk- und Strickwaren ist ausdrücklich die Unterschrift des Vorsitzenden für genügend erklärt.[67]) Nachdem die Vorschriften der Zivilprozeßordnung für das schiedsgerichtliche Verfahren nicht allgemeine Geltung haben, sondern nur in besonderen Ausnahmefällen anzuwenden sind, unterliegt die Abänderung der Entscheidungen der Schiedsgerichte, nicht den Vorschriften der §§ 318 ff. ZPO. Wohl absichtlich hat man die Entscheidungen der Schiedsgerichte Beschlüsse genannt, um damit auszusprechen, daß die bindenden Folgen eines Urteils nicht eintreten sollen.

Der Schriftführer des Schiedsgerichts hat die Beschlüsse auszufertigen, die Übereinstimmung der Abschrift mit der Urschrift zu bestätigen und erstere dem Beteiligten zustellen zu lassen.[68])

Eine eigene Gerichtsvollzieherei haben die Schiedsgerichte nicht. Die Vollstreckung der Beschlüsse des Schiedsgerichts erfolgt unter entsprechender Anwendung der Vorschriften der ZPO. Der Beschluß des Schiedsgerichts steht einem rechtskräftigen Urteil im Sinne des § 704 der ZPO. gleich, d. h. der Beschluß des Schiedsgerichts wird hinsichtlich der Zwangsvollstreckung wie ein rechtskräftiges Urteil betrachtet. Zum Zwecke der Einleitung des Vollstreckungsverfahrens bedarf es einer vollstreckbaren Ausfertigung, die vom Vorsitzenden erteilt wird.[69]) Es bedarf keines Vollstreckungs*urteils*, nachdem es sich in den meisten Fällen der kriegswirtschaftlichen Schiedsgerichte

---

[67]) Vgl. Anordnung über das Verfahren vor dem Reichsschiedsgericht für Kriegswirtschaft vom 22. Juli 1915 § 17 Abs. 2, RGBl. S. 473; AusfBest. des Reichskanzlers über die nach der Bek. über Preisbeschränkung bei Verkäufen von Web-, Wirk- und Strickwaren vom 30. März 1916 § 12.

[68]) Vgl. Anordnung für das Verfahren vor dem Reichsschiedsgericht für Kriegswirtschaft vom 22. Juli 1915 § 17, RGBl. S. 473; Anordnung des Reichskanzlers über das Verfahren vor den auf Grund der VO. vom 11. Nov. 1915 bestellten Schiedsgerichten vom 15. Nov. 1915, RGBl. S. 769 § 10; Bek. über das Verfahren vor dem nach Art. 3 § 5 der Bek. über die Errichtung von Herstellungs- und Vertriebsgesellschaften in der Schuhindustrie vom 17. März 1917 eingesetzten Schiedsgerichte vom 29. Juli 1917 §§ 8 u. 10, RGBl. S. 675; AusfBest. des Reichskanzlers über die nach der Bek. über Preisbeschränkung bei Verkäufen von Web-, Wirk- und Strickwaren vom 30. März 1916 §§ 11 u. 13.

[69]) Vgl. Bek. über das Verfahren vor dem nach Art. 3 § 5 der Bek. über die Errichtung von Herstellungs- und Vertriebsgesellschaften in der Schuhindustrie vom 17. März 1917 eingesetzten Schiedsgerichte vom 29. Juli 1917 § 11. Bemerkenswert ist, daß es bei den Beschlüssen des Reichsschiedsgerichts für Kriegswirtschaft im allgemeinen keiner vollstreckbaren Ausfertigung bedarf, nachdem es sich hier immer um die Verpflichtung der Militärbehörde handelt. Ähnlich ist eine vollstreckbare Ausfertigung undenkbar beim Schiedsgericht für Höchstpreiswirkungen, nachdem dieses nicht auf Leistungen, sondern nur auf Vertragsbedingungen zu erkennen hat. Anders dagegen beim Schiedsgericht für Preisgrenzen von Web-, Wirk- und Strickwaren und Schuhwaren. Hier ist vor allen Dingen möglich, daß der Beschluß auf Verfallerklärung von Differenzbeträgen zugunsten des Reiches laute. Die Zwangsvollstreckung aus solchen Beschlüssen erfolgt auf Ersuchen des Vorsitzenden des Schiedsgerichts nach den landesgesetzlichen Vorschriften über die Beitreibung öffentlicher Abgaben (AusfBest. vom 30. März 1916 § 15).

nicht um Vertragsschiedsgerichte, sondern um verordnungsmäßige Sondergerichte handelt.[70])

Gemäß § 4 der Bekanntmachung, betreffend Einwirkung von Höchstpreisen auf laufende Verträge vom 11. November 1915, kann der Vorsitzende des Schiedsgerichts vorläufige Anordnungen über die Verpflichtungen der Parteien erlassen und ihre Vollstreckung herbeiführen. Auch hier sind landesrechtlich die Vorschriften der ZPO. für anwendbar erklärt worden. Zu den vorläufigen Anordnungen gehört auch die Anordnung der vorläufigen Vollstreckbarkeit.

Bei einigen kriegswirtschaftlichen Schiedsgerichten, die jedoch nicht zu den Sondergerichten zu rechnen sind, besteht das Amt eines Geschäftsführers, so beim Schiedsgericht der Reichsgerstengesellschaft und Kriegsgesellschaft für Dörrgemüse. Der Geschäftsführer hat die Aufgabe, die Geschäfte des Schiedsgerichts zu leiten, den gesamten auf die Schiedsgerichtssachen gerichteten Briefwechsel zu führen, die Termine anzuberaumen und alle Ladungen und Zustellungen zu vermitteln. Der Geschäftsführer hat beim Schiedsgericht der Reichsgerstengesellschaft die Befugnis, die Beisitzenden zu bestimmen; er gilt als von den Parteien ein für allemal mit der Zustellung und Niederlegung der Schiedssprüche im Sinne des § 1039 der Zivilprozeßordnung beauftragt.[71]) Beim Schiedsgericht der Kriegsgesellschaft für Dörrgemüse ist der Geschäftsführer selbst Vorsitzender des Schiedsgerichts.[72])

f) Rechtshilfe, Parteivertreter und Beteiligte.

Die Schiedsgerichte sind im allgemeinen berechtigt, die ordentlichen Gerichte um Rechtshilfe anzugehen. So sagt beispielsweise die Bekanntmachung über das Verfahren vor dem nach Art. 3 § 5 der Bekanntmachung über die Errichtung von Herstellungs- und Vertriebsgesellschaften in der Schuhindustrie vom 17. März 1917 eingesetzten Schiedsgericht:[73]) „Die Gerichts- und Verwaltungsbehörden haben innerhalb ihrer Zuständigkeit den Ersuchen des Schiedsgerichts um Aufnahme von Beweisen zu entsprechen. Auf die von Gerichten zu leistende Rechtshilfe finden die §§ 158 bis 162, 166 und 187 des Gerichtsverfassungsgesetzes entsprechende Anwendung.“ In § 59 des Gerichtsverfassungsgesetzes ist ausdrücklich gesagt, daß das Rechtshilfeersuchen nicht abgelehnt werden darf. Die kriegswirtschaftlichen Schiedsgerichte kommen in vielen Fällen ohne Rechtshilfe nicht aus. Es erscheint daher außer Zweifel, daß auch das Reichsschiedsgericht für Kriegswirtschaft, wie die Schiedsgerichte für Höchstpreiswirkungen und die Schiedsgerichte für Preisgrenzen bei Web-, Wirk-, Strick- und Schuhwaren die Verwaltungsbehörden und Gerichte um Rechtshilfe

---

[70]) Anders z. B. beim Schiedsgericht der Reichsgerstengesellschaft; vgl. Dorn, Die Bundesratsverordnungen usw., S. 91.

[71]) Vgl. Dorn, Die Bundesratsverordnungen usw., S. 228.

[72]) Vgl. Güthe-Schlegelberger, Kriegsbuch, Bd. 4 S. 708.

[73]) Vgl. RGBl. 1917 S. 675.

angehen können, wenn auch dieses Recht nicht ausdrücklich und verordnungsmäßig eingeräumt ist.[74])

Das schiedsgerichtliche Verfahren verlangt im allgemeinen keine Parteivertretung; es rechnet mit dem persönlichen Erscheinen der Parteien. Wo das persönliche Erscheinen der Parteien durch den Vorsitzenden des Gerichts nicht ausdrücklich angeordnet ist, können sich diese durch eine mit schriftlicher Vollmacht versehene Person vertreten lassen.[75]) Beim Reichsschiedsgericht für Kriegswirtschaft kann der Vorsitzende anordnen, daß die Parteien sich in der Verhandlung durch einen bei einem deutschen Gericht zugelassenen Anwalt vertreten lassen und vor der Verhandlung einen Schriftsatz einreichen, der von einem mit schriftlicher Vollmacht versehenen bei einem deutschen Gericht zugelassenen Anwalt unterzeichnet ist.[76])

Außer den Parteien sind bei den kriegswirtschaftlichen Schiedsgerichten noch andere Beteiligte zugelassen. So sagt beispielsweise § 5 Abs. 2 der Anordnung für das Verfahren vor dem Reichsschiedsgericht für Kriegswirtschaft vom 22. Juli 1915: „Vor der Entscheidung sind die Beteiligten zu hören, als Beteiligte im Sinne dieser Verordnung gelten außer den bisherigen Eigentümern der enteigneten Gegenstände die dinglich berechtigten Personen, die auf die Gegenstände Aufwendungen gemacht haben, oder denen an den Gegenständen ein Zurückbehaltungsrecht zugestanden hat. Als Beteiligte gelten ferner das Reichsmarineamt, die Kriegsministerien und diejenigen Militär- und Marinebehörden, einschließlich der Militärbefehlshaber, welche Gegenstände des Kriegsbedarfs beschlagnahmt oder über sie verfügt haben.“[77])

Bei den meisten sonstigen Schiedsgerichten ist dem Vorsitzenden Vollmacht erteilt, allgemein Personen, die ein rechtliches Interesse an der Entscheidung haben, als Beteiligte zuzulassen.[78]) Für die Beteiligten und ihre Vertretung gilt das von den Parteien Gesagte. Besonders bemerkenswert ist, daß alle Beteiligte, die zugelassen sind,

---

[74]) Vgl. Anordnung des Reichskanzlers für das Verfahren vor den auf Grund der VO. vom 11. Nov. 1915 bestellten Schiedsgerichten vom 15. Nov. 1915, RGBl. S. 769 ff.; ferner AusfBest. über die nach der Bek. über Preisbeschränkung bei Verkäufen von Web-, Wirk- und Strickwaren vom 30. März 1916 zu errichtenden Schiedsgerichte vom 30. März 1916, RGBl. S. 216.

[75]) Vgl. Anordnungen des Reichskanzlers für das Verfahren vor den auf Grund der VO. vom 11. Nov. 1915 bestellten Schiedsgerichten § 4 Abs. 3; AusfBest. vom 30. März 1916 § 7 Abs. 3.

[76]) Vgl. Anordnung für das Verfahren vor dem Reichsschiedsgericht für Kriegswirtschaft vom 22. Juli 1915 § 6 Abs. 3 und § 12 Abs. 1.

[77]) Vgl. RGBl. 1916 S. 1021.

[78]) Vgl. AusfBest. des Reichskanzlers über die nach der Bek. über Preisbeschränkung bei Verkäufen von Web-, Wirk- und Strickwaren vom 30. März 1916 zu errichtenden Schiedsgerichte § 6 Abs. 3; vgl. Bek. über das Verfahren vor dem nach Art. 3 § 5 der Bek. über die Errichtung von Herstellungs- und Vertriebsgesellschaften in der Schuhindustrie vom 17. März 1917 eingesetzten Schiedsgerichte § 3 Abs. 3. Bei den letzteren ist in Streitigkeiten wegen Mängel der Beschaffenheit der gelieferten Waren zwischen einer Gesellschaft und ihren Abnehmern der Hersteller der Waren, bei Streitigkeiten der bezeichneten Art zwischen einer Gesellschaft und dem Hersteller der Abnehmer, sofern es bereits feststeht, als Beteiligter zuzuziehen, RGBl. S. 674.

dem Rechtsspruch des Schiedsgerichts sich zu unterwerfen haben, auch diejenigen Beteiligten, die das schiedsgerichtliche Verfahren gar nicht eingeleitet und keine Anträge gestellt haben.[79])

g) Verfahren bis zum Urteil.

Das schiedsgerichtliche Verfahren beginnt, wie alle Prozesse, durch Erhebung der Klage. Die schiedsgerichtliche Klage heißt vielfach Antrag. Der Antrag auf schiedsgerichtliche Entscheidung ist entweder schriftlich durch einen der Beteiligten direkt oder zu Protokoll des Schriftführers des Schiedsgerichts zu stellen. In einem einzigen Falle kann auch der Gerichtsschreiber des Amtsgerichts den Antrag entgegennehmen. Die wesentlichen Erfordernisse des Antrags sind: Feststellung des Anspruchs, Begründung des Anspruchs durch Darstellung der Sachlage und Angabe der Beweismittel. Dem Antrag sollen die erreichbaren Beweisurkunden, insbesondere Vertragsurkunden und Briefe beigefügt sein.[80]) Das schiedsgerichtliche Verfahren steht nicht unter der Herrschaft der Parteien. Das Schiedsgericht bestimmt selbständig den Lauf der Verhandlungen. Das Schiedsgericht kann von Amts wegen oder auf Antrag Beweise erheben, insbesondere Zeugen und Sachverständige vernehmen. Die eidliche Vernehmung von Zeugen und Sachverständigen steht nur einigen wenigen Schiedsgerichten zu, wie dem Reichsschiedsgericht für Kriegswirtschaft,[81]) den Schiedsgerichten für Höchstpreiswirkungen,[82]) während beispielsweise den Schiedsgerichten für Preisgrenzen von Web-, Wirk- und Strickwaren nur die uneidliche Vernehmung gestattet ist.[83]) Vor der eigentlichen Beweiserhebung kann das Schiedsgericht schon den Beteiligten aufgeben, in einer bestimmten Frist Tatsachen zur weiteren Aufklärung des Sachverhalts anzugeben und Beweismittel, insbesondere Urkunden vorzulegen oder Zeugen zu stellen.[84])

Auf die Erledigung des Zeugen- und Sachverständigenbeweises finden im allgemeinen die Vorschriften der ZPO. entsprechende Anwendung.[85]) Damit ist aber noch lange nicht gesagt, daß auch die

---

[79]) So sagt ausdrücklich § 3 der Bek. über das Verfahren vor dem nach Art. 3 § 5 der Bek. über die Errichtung von Herstellungs und Vertriebsgesellschaften in der Schuhindustrie eingesetzten Schiedsgerichten: „Die Feststellungen des Schiedsgerichts gelten für und gegen alle Beteiligte", RGBl. S. 674.

[80]) Vgl. AusfBest. vom 30. März 1916 § 5; Anordnungen des Reichskanzlers vom 15. Nov. 1915 § 3.

[81]) Vgl. Anordnungen für das Verfahren vor dem Reichsschiedsgericht für Kriegsbedarf vom 22. Juli 1915 § 9, RGBl. S. 471.

[82]) Vgl. Anordnungen des Reichskanzlers für das Verfahren vor den auf Grund der VO. vom 11. Nov. 1915 bestellten Schiedsgerichten § 6 Abs. 1.

[83]) Vgl. AusfBest. vom 30. März 1916 § 9.

[84]) Vgl. AusfBest. vom 30. März 1916 § 8; Anordnungen des Reichskanzlers vom 15. Nov. 1915 § 5; Anordnung für das Verfahren vor dem Reichsschiedsgericht für Kriegswirtschaft vom 22. Juli 1915 § 12.

[85]) Vgl. AusfBest. vom 30. März 1916 § 9; Anordnungen des Reichskanzlers vom 15. Nov. 1915 § 6 Abs. 2; Anordnung für das Verfahren vor dem Reichsschiedsgericht für Kriegswirtschaft § 9 Abs. 3, RGBl. S. 471.

Vorschriften der Zivilprozeßordnung über die Beweiswürdigung, die Vorschriften über Eideszuschiebung und ähnliche auch im Schiedsverfahren Anwendung finden. Das Schiedsgericht regelt den Gang des Verfahrens durch Beschlüsse. Die Sitzungen finden nicht immer öffentlich statt. Die Beteiligten sind vor der Entscheidung mindestens einmal zu hören. Es ist ihnen gestattet, den Verhandlungen beizuwohnen, der Vorsitzende kann ihr Erscheinen auch anordnen. Der Vorsitzende kann auch eine mündliche Verhandlung anberaumen und die Beteiligten hierzu laden. Die Ladung erfolgt durch eingeschriebenen Brief, in einigen wenigen Fällen auch gegen Postzustellungsurkunde, wenn der Wohnort des Beteiligten nicht bekannt ist oder die schriftliche Verständigung mit ihm während des Krieges erschwert oder zeitbrauchend ist, durch öffentliche Bekanntmachung mittels einmaliger Einrückung in den Reichsanzeiger. Eigenartig ist die verschiedentlich wiederkehrende Bestimmung, daß der Vorsitzende auch auf eine andere Art die Ladung anordnen kann.[86])

h) Das Urteil.

Das Urteil des Schiedsgerichts wird durch Abstimmung der Mitglieder gewonnen. Über das Abstimmungsverfahren spricht sich lediglich die Anordnung für das Verfahren vor dem Reichsschiedsgericht für Kriegswirtschaft näher aus. § 16 derselben sagt: „Bei der Abstimmung stellt der Vorsitzende die Fragen und sammelt die Stimmen. Bilden sich in bezug auf Summen, über die zu entscheiden ist, mehr als zwei Meinungen, deren keine die Mehrheit für sich hat, so werden die für die größte Summe abgegebenen Stimmen den für die zunächst geringerer abgegebenen solange hinzugerechnet, bis sich eine Mehrheit ergibt. Der Berichterstatter stimmt zuerst, der Vorsitzende zunächst ab. Im übrigen stimmt das jüngere Mitglied vor dem älteren ab.“[87]) Diese Bestimmung stimmt zum Teil wörtlich mit einzelnen Sätzen der §§ 196 ff. des Gerichtsverfassungsgesetzes überein. Es entsteht die Frage, ob die übrigen Sätze des Gerichtsverfassungsgesetzes unter dem 16. Titel: „Beratung und Abstimmung“ im schiedsgerichtlichen Verfahren ergänzend Anwendung zu finden haben und ob auch vor den übrigen Schiedsgerichten, deren Verfahrensvorschriften meist überhaupt keine Bezugnahme auf die Vorschriften des Gerichtsverfassungsgesetzes enthalten die §§ 196 ff. GVG. angewendet werden können. Die Frage ist zu bejahen. Wie schon oben gesagt, sind die kriegswirtschaftlichen Sondergerichte nicht anders zu behandeln, wie

---

[86]) Vgl. Anordnung für das Verfahren vor dem Reichsschiedsgericht für Kriegswirtschaft vom 22. Juli 1915 § 6, RGBl. S. 470; Anordnungen des Reichskanzlers vom 15. Nov. 1915 § 4 Abs. 2, RGBl. S. 769; AusfBest. vom 30. März 1916 § 7 Abs. 2, RGBl. S. 216.

[87]) Vgl. Anordnung für das Verfahren vor dem Reichsschiedsgericht für Kriegswirtschaft vom 22. Juli 1915 § 16, RGBl. S. 472.

die Sondergerichte der Friedenszeit. Bei letzteren wurden die §§ 194 bis 200 des GVG. für anwendbar erklärt.[88]) Wenn also durch Zufall eine ähnliche Bestimmung in den Kriegsverordnungen unterblieben ist und dadurch Lücken entstanden sind, so sind diese wie viele andere durch entsprechende Anwendung zu füllen.

Die Urteile der Schiedsgerichte heißen Beschlüsse. Es wurde schon oben angedeutet, daß dieses Wort mehr bedeutet, als wie ein bloßer Name. Es bedeutet, daß die Urteile der Schiedsgerichte auch sachlich nichts anderes sind, wie die Beschlüsse der ordentlichen Gerichte, d. h., daß sie das Gericht selbst nicht binden und jederzeit veränderbar sind.

Dem Inhalt nach gehen die Beschlüsse auf Verurteilung zu einer Leistung oder Feststellung eines Rechtsverhältnisses. Ersteres ist immer der Fall bei den Entscheidungen des Reichsschiedsgerichts für Kriegswirtschaft, nachdem dieses bis auf wenige Ausnahmefälle über die Entschädigungen zu urteilen hat, die die enteignende Behörde an den früheren Besitzer der Ware zu leisten hat; letzteres ist dagegen immer der Fall beim Schiedsgericht für Höchstpreiswirkungen, nachdem dieses Schiedsgericht berufen ist, lediglich Vertragsbedingungen festzusetzen.

Über die Form der schiedsrichterlichen Urteile wird weiter unten gesprochen werden.

Es ist nicht ausdrücklich gesagt, daß Entscheidung über die Kosten mit dem Entscheidungsbeschluß verbunden wird. Daß dies nicht der Fall zu sein braucht, geht u. a. aus § 11 der Verfahrensordnung der Schiedsgerichte für Höchstpreiswirkungen hervor, wo gesagt wird, daß die Entscheidung über die Auslagen selbständig vollstreckbar ist.[89])

Beim Reichsschiedsgericht für Kriegswirtschaft kann die Entscheidung über Kosten und Auslagen, wenn sie nicht schon im Beschlusse getroffen ist, auch nachträglich und endgültig durch den Vorsitzenden erfolgen.[90]) Endgültig bedeutet hier wie in den anderen Verfahrensordnungen für Schiedsgerichte so viel wie mit einem Rechtstitel nicht anfechtbar, also rechtskräftig, dagegen nicht unveränderbar. Der Vorsitzende kann, wenn er nachträglich von der Unrichtigkeit seiner Entscheidung überzeugt wird, selbständig eine Nachtrags- oder Ergänzungsentscheidung erlassen. Wenn § 4 der Anordnung über das Schiedsgericht für die Kohlenverteilung vom 21. März 1917 sagt, daß die Entscheidung des Schiedsgerichts einem rechtskräftigen Urteil im Sinne des § 704 der ZPO. gleichsteht, so ist das Schwergewicht nicht auf das Wort rechtskräftig, sondern auf § 704 zu legen, d. h. die Vollstreckung ist bis zu einer etwaigen anderweitigen Entscheidung, wie aus einem rechtskräftigen Urteil möglich.

---

[88]) Vgl. z. B. § 53 Abs. 3 GewGG. vom 29. Juli 1890 u. 30. Juni 1901.
[89]) Vgl. Anordnung vom 15. Nov. 1915, RGBl. S. 769.
[90]) Vgl. Anordnung für das Verfahren beim Reichsschiedsgericht für Kriegswirtschaft vom 21. Juli 1915 § 19 Abs. 2, RGBl. S. 473.

i) Kosten und Gebühren.

Bei den kriegswirtschaftlichen Schiedsgerichten werden die allgemeinen Gebühren nicht erhoben.[91])

Unter den Kosten sind zu unterscheiden die Kosten des Schiedsgerichts, d. h. die Auslagen für die Mitglieder und das Kanzleipersonal, die Auslagen der Parteien und die Auslagen für das Beweisverfahren.

Die Mitglieder der Schiedsgerichte erhalten Tagegelder und Reisekosten; beim Reichsschiedsgericht für Kriegswirtschaft erhalten sie bei Dienstverrichtungen außerhalb ihres Wohnsitzes aus Reichsmitteln Tagegelder und Reisekosten nach den Sätzen für vortragende Räte der obersten Reichsbehörden. In Bayern erhalten beispielsweise die auswärtigen Mitglieder der Schiedsgerichte für Höchstpreiswirkungen und für Futtermittel und zuckerhaltige Futtermittel Tagegelder und Reisekosten nach den Sätzen, die für Geschworene gelten.[92])

Die Auslagen der Parteien werden in Anlehnung an die Vorschriften der ZPO. festgesetzt. Ob Rechtsanwaltskosten ersetzt werden, ist aus den Verfahrensvorschriften nicht ersichtlich. Sie gehören zu den baren Auslagen des Verfahrens; nachdem es dem Schiedsgericht anheimgegeben ist, über deren Tragung Beschluß zu fassen, so muß es auch in der Lage sein, die Kosten der notwendigen rechtsanwaltschaftlichen Vertretung dem Unterliegenden aufzuerlegen.

Das Gleiche gilt von den Auslagen im Beweisverfahren. Über die Höhe der Gebühren für Zeugen und Sachverständige ist beim Schiedsgericht für Höchstpreiswirkungen und beim Schiedsgericht für Preisgrenzen von Web-, Wirk-, Strick- und Schuhwaren sowie beim Schiedsgericht für die Schuhindustrie bestimmt, daß sie sich nach Maßgabe der Gebührenordnung für Zeugen und Sachverständige (RGBl. 1898 S. 689, 1914 S. 214) berechnen. Wo, wie beispielsweise beim Reichsschiedsgericht für Kriegswirtschaft, eine nähere Bezugnahme auf die Höhe der Gebühren für Zeugen und Sachverständige fehlt, sind ebenfalls diese Sätze zur Anwendung zu bringen.

k) Rechtswirkungen des Schiedsspruchs.

Wir haben wiederholt angedeutet, daß bei dem Charakter der kriegswirtschaftlichen Schiedsgerichte als Sondergerichte eine Nachprüfung des Schiedsspruchs nach den Normen der §§ 1025 ff. der ZPO. unzulässig ist. Die Entscheidungen der Schiedsgerichte sind unmittelbar mit der Verkündung rechtskräftig. Sprechen die Schiedssprüche

---

[91]) Vgl. Bek. über das Verfahren vor dem nach Art. 3 § 5 der Bek. über die Errichtung von Herstellungs- und Vertriebsgesellschaften in der Schuhindustrie vom 17. März 1917 eingesetzten Schiedsgerichte § 12; ferner AusfBest. vom 30. März 1916 § 14; anders dagegen beim Reichsschiedsgericht für Kriegswirtschaft, wo die ausdrückliche Feststellung, daß Gebühren nicht erhoben werden, fehlt.

[92]) Vgl. Anordnung für das Verfahren vor dem Reichsschiedsgericht für Kriegswirtschaft vom 22. Juli 1915 § 20, RGBl. S. 473; ferner JMBl. 1916 Nr. 274.

Verurteilungen aus, so hat nunmehr der Kläger einen Titel, auf Grund dessen er zur Vollstreckung schreiten kann. Geht der Schiedsspruch dagegen auf eine Rechtsänderung, so tritt schon mit der Verkündung diese Änderung ein. Auch für die Schiedssprüche gilt der § 322 der ZPO., wonach Urteile der Rechtskraft nur insoweit fähig sind, als über den durch die Klage oder Widerklage erhobenen Anspruch entschieden ist. Nicht entscheidet das Schiedsgericht rechtskräftig bzw. endgültig über die Vorgänge und Zustände, die zu dem Spruche geführt haben. Dagegen kann gesagt werden, daß der Schiedsspruch auch zwischen den Personen wirke, welche nach dem Eintritt der Rechtsabhängigkeit Rechtsnachfolger der Parteien geworden sind oder den Besitz der im Streit befangenen Sache in solcher Weise erlangt haben, daß eine der Parteien oder ihr Rechtsnachfolger mittelbarer Besitzer geworden ist.[93]) Im allgemeinen gelten für den Schiedsspruch die gleichen rechtlichen Wirkungen, wie die des Urteils eines ordentlichen Gerichts.[94])

§ 6. Rechtsäußerungen.

1. Allgemeines.

Rechtsäußerungen sind juristische Tatsachen und Rechtsgeschäfte. Als juristische Tatsachen betrachten wir Ereignisse, die eine Rechtsfolge nach sich ziehen. Solche Ereignisse können sein entweder natürliche oder zufällige Geschehnisse oder Handlungen vor Personen. Rechtsgeschäfte sind Willenserklärungen verkehrsfähiger Personen, die auf die Herstellung bestimmter juristischen Tatbestände gerichtet sind.[1])

2. Die juristischen Tatsachen.

Das Kriegswirtschaftsrecht hat die Zahl der Fälle, in denen sich entweder an von außen her eingreifende Ereignisse der höheren Gewalt oder an Handlungen, die nicht zugleich Willenserklärungen sind, Rechtsfolgen anknüpfen, bedeutend vermehrt. Eine fast unerschöpfliche Rechtsquelle bietet hier die Reichsgetreideordnung für die Ernte 1917 vom 21. Juni 1917. So sagt § 1: „Folgende im Reiche angebauten Früchte, allein oder mit anderen Früchten gemengt, werden mit der Trennung vom Boden für den Kommunalverband beschlagnahmt, in dessen Bezirk sie gewachsen sind.“ Für den Beginn der Beschlagnahme ist lediglich die Tatsache der Trennung vom Boden maßgebend. Dabei ist es gleichgültig, wie die Trennung geschieht. Mag nun ein Unwetter die Halme entwurzeln oder die Trennung durch ordnungsgemäßes Abmähen geschehen, immer ist es der äußere Vorgang, der ein neues Rechtsverhältnis schafft.

---

[93]) Vgl. ZPO. § 325 Abs. 1; Hellwig, System des deutschen Zivilprozeßrechts, 1. Teil S. 814.

[94]) Vgl. Hellwig, System des deutschen Zivilprozeßrechts, 2. Teil S. 119 ff.

[1]) Vgl. Endemann, Lehrbuch des bürgerlichen Rechts, 8. Aufl. 1. Bd. S. 258 ff.

Ebenfalls durch äußere Vorgänge wird das durch die Beschlagnahme beschränkte Eigentumsrecht zum Teil wieder hergestellt: denn mit dem Ausdreschen wird das Stroh, mit dem Ausmahlen die Kleie frei. Wie eng hier der Gesetzgeber die Rechtsfolge mit dem Rechtsvorgang verknüpft, zeigt sich in dem Gebrauch des Wörtchens „mit". Eigentlich sind Stroh und Kleie Erzeugnisse des Ausdreschens bzw. Ausmahlens, vor dem Ausdreschen bzw. Ausmahlen bestehen sie überhaupt nicht, es könnte deshalb auch vorher nicht von ihrer Freiheit gesprochen werden. Es würde genügen, wenn der Gesetzgeber sagen würde, Stroh und Kleie sind frei. Der Zeitpunkt des Beginns der Freiheit wäre dann ebensowenig zweifelhaft, wie bei dem jetzigen Wortlaut der Verordnung.

Die Reichsgetreideordnung fährt fort: „Werden beschlagnahmte Vorräte mit Zustimmung des Kommunalverbandes in den Bezirk eines anderen Kommunalverbandes gebracht, so tritt dieser mit der Ankunft der Vorräte in seinen Bezirk hinsichtlich der Rechte und Pflichten aus der Beschlagnahme an die Stelle des bisherigen Kommunalverbandes."[2]) Auch hier ist es ohne Belang, auf welche Weise die Ortsveränderung bewirkt wurde. Mag es sich um gestohlenes oder rechtlich erworbenes Getreide handeln, zu der Beschlagnahme berechtigt ist immer der Kommunalverband des Lagerungsortes.

Die Beschlagnahme endet mit einer zugelassenen Verwendung.[3]) Auch hier ist der tatsächliche Vorgang entscheidend. Nicht genügt beispielsweise, daß der Selbstversorger eine gewisse Getreidemenge beiseite gestellt hat, in der Absicht, sie für seine Familie zu verwenden. Vielmehr ist erforderlich, daß die Verwendung tatsächlich begonnen hat, z. B. durch Bereitung von Backware.

Außerhalb der Reichsgetreideordnung finden sich viele inhaltlich übereinstimmende Vorschriften. Auch Tabak wird mit der Trennung vom Boden beschlagnahmt. Auch hier gilt, daß die Beschlagnahme mit der zugelassenen Verwendung endigt.[4])

Man denke nur an das Absatzmonopol der Zentraleinkaufsgesellschaft m. b. H. in Berlin für eingeführte Nahrungsmittel![5]) Die Einfuhr ist in erster Linie ein tatsächlicher Vorgang, bei dem es ohne Belang ist, wer ihn herbeigeführt hat und wie er herbeigeführt wurde.

Besonders interessant sind die Fälle, in denen äußere Vorgänge bestimmten Waren eine bestimmte Eigenschaft verleihen. So unterscheidet z. B. die Verordnung über Höchstpreise für Äpfel vom 7. Oktober 1916[6]) zwischen geschüttelten Äpfeln und Falläpfeln einerseits und gepflückten Äpfeln andererseits. Der Höchstpreis für erstere ist niedriger wie der für letztere. Der natürliche Vorgang des Herabfallens äußert so für den Besitzer einschneidende Rechtsfolgen.

---

[2]) Vgl. Reichsgetreideordnung § 3 Abs. 2.

[3]) Vgl. Reichsgetreideordnung § 11 Abs. 1, RGBl. S. 511.

[4]) Vgl. Bek. über Rohtabak vom 10. Okt. 1916 § 2 Abs. 2, § 3 Abs. 3, RGBl. S. 1145 u. 1146.

[5]) Vgl. z. B. Bek. über die Einfuhr von Käse vom 11. März 1916, RGBl. S. 159.

[6]) Vgl. RGBl. S. 1143.

3. Rechtsgeschäfte.

a) Die einseitigen Rechtsgeschäfte.

Das einseitige Rechtsgeschäft des öffentlichen Rechts ist die Verfügung, das einseitige Rechtsgeschäft des Privatrechts die Mitteilung. Von beiden wird in der Kriegswirtschaft ein ausgedehnter Gebrauch gemacht.

Die Verfügung ist das Instrument der Verwaltungsbehörde, zum Zwecke, „die gesetzlichen Anordnungen, zu deren Vollziehung von Haus aus eine Mitwirkung der Behörde erforderlich ist, in bestimmte individuell abgegrenzte öffentliche Pflichten oder Ansprüche der Bürger gegen Staat oder Gemeinde auszuprägen“.[7]) Wenn Otto Mayer die Verfügung als einen Verwaltungsakt bezeichnet, der dem Untertan gegenüber im Einzelfall bestimmt, was für ihn Rechtens sein soll,[8]) so ist dies nur mit dem Beifügen für die Kriegswirtschaft richtig, daß Einzelfall nicht „der Fall gegen den einzelnen Bürger“ bedeutet, sondern mehr „Gleichartigkeit des Falles“. Denn gerade das Kriegswirtschaftsrecht hat an die Stelle der Einzelverfügung die Gesamtverfügung gesetzt. So sagt z. B. § 44 der Reichsgetreideordnung: „Die Anordnung, durch die enteignet wird, kann an alle Besitzer des Bezirks oder eines Teiles des Bezirks gerichtet werden.“[9])

Man unterscheidet bekanntlich zwischen Gestaltungsverfügungen und Vollziehungsverfügungen: die Bedeutung beider für das Kriegswirtschaftsrecht ist gleich groß.

Die Gestaltungsverfügungen gehen vor allem von denjenigen Organen aus, die wir oben als rechtsgestaltende bezeichnet haben, vor allem den Wirtschaftsstellen und den Kommunalverbänden. Über den Begriff der Gestaltungsverfügungen gehen die Meinungen weit auseinander. Diese Meinungen hier näher zu erörtern erscheint nicht angängig. Uns sind Gestaltungsverfügungen alle die Anordnungen der zuständigen Stellen, die Recht schaffen, mögen sie nun ein spezielles Rechtsverhältnis zwischen Behörde und Bürger schaffen, wie z. B. der Ausspruch, daß enteignet werde, oder mögen sie erste allgemeine Grundlagen für eine speziellere Maßnahme geben, wie z. B. die Anordnungen eines Kommunalverbandes über die Brotbereitung. In letzterem Sinne deckt sich teilweise der Begriff der Gestaltungsverfügung mit dem der Verordnung.

Die möglichen Arten der Gestaltungsverfügungen innerhalb des Kriegswirtschaftsrechts aufführen, hieße das ganze Kriegswirtschaftsrecht systematisch darstellen. Es gibt kaum einen Zweig des Kriegswirtschaftsrechts, auf dem nicht rechtsgestaltende Verfügungen notwendig wären. Hierher gehören Verfügungen der Kommunalverbände, die einzelnen Mehlhändlern die Mehlverteilung, einzelnen Bäckern die

---

[7]) Vgl. Fleiner, Institutionen des deutschen Verwaltungsrechts, 3. Aufl. S. 176.

[8]) Vgl. Otto Mayer, Deutsches Verwaltungsrecht, Bd. 1 S. 95.

[9]) Vgl. RGBl. 1917 S. 521.

Zwiebackbäckerei, anderen wieder die Weißbäckerei übertragen.[10]) Hierher gehören ferner die Verfügungen der zuständigen Stellen, wonach einzelne Bürger die Erlaubnis zum Betriebe des Lebensmittelhandels erhalten. Auch die Ausgabe des Bezugscheines ist eine rechtsgestaltende Verfügung.

Die Vollziehungsverfügungen konstatieren lediglich das bestehende Recht oder ziehen Folgerungen aus einem Rechtsverhältnis, ohne dieses umzugestalten. So ist z. B. eine Vollziehungsverfügung die Anweisung an den Lebensmittelhändler, zu dem festgesetzten Höchstpreis zu verkaufen, widrigenfalls sein Geschäft geschlossen würde. Die Vollziehungsverfügungen obliegen hauptsächlich der Polizei. Wo, wie in Preußen, die Polizei allgemein die Vollmacht hat, die öffentliche Ruhe, Sicherheit und Ordnung zu schützen, ist für die Anwendung der Vollziehungsverfügung weiter Spielraum gelassen.[11]) Die Vollziehungsverfügungen sind im allgemeinen Einzelverfügungen, obwohl sie es nicht notwendig zu sein brauchen. Ob die Verwaltungsabteilung der Reichssackstelle von einem einzelnen zugelassenen Sackhändler den Staatsangehörigkeitsnachweis verlangt oder von allen ihr unterstellten Sackhändlern gleichzeitig, ist für die Rechtsnatur der Verfügung bedeutungslos. In beiden Fällen *vollzieht* sie nur ihre eigene Verordnung.

Eine Verfügung ist nur rechtsbeständig, wenn sie in der vorgeschriebenen Form erlassen ist. Im allgemeinen ist die Form, in der eine Verfügung zu ergehen hat, landesrechtlich vorgeschrieben. Für die allgemeinen Verfügungen der Reichsbehörden, worunter auch die Reichswirtschaftsstellen zu rechnen sind, ist Publikation im Deutschen Reichsanzeiger vorgeschrieben. Bei Verfügungen, die nur einen Einzelnen angehen, muß zum mindesten die Schriftlichkeit gewahrt werden.[12])

Trotzdem hat die Kriegswirtschaft gewohnheitsmäßig eine größere Formlosigkeit, wie sie im Frieden denkbar gewesen wäre, zugelassen. Heute genügt im allgemeinen eine solche Form, die geeignet ist, die Verfügung den Beteiligten zur Kenntnis zu bringen. Wenn beispielsweise der Kommunalverband Ludwigshafen mit Blaustift geschriebene Plakate auf dem Marktplatze anheften läßt, worin verfügt ist, daß Obst nur noch gegen Vorzeigen der Lebensmittelausweiskarte abgegeben werden darf, so dürfte diese Verfügung für die Marktbesucher und für die auf dem Markt tätigen Verkäufer rechtsverbindlich sein. Allgemeine Rechtsgültigkeit hat natürlich eine auf diese Weise bekanntgegebene Verfügung nicht.

Während bei allgemeinen Verfügungen die Zivilbehörde regelmäßig an die bestehenden Vorschriften über ortsübliche Bekannt-

---

[10]) Vgl. Reichsgetreideordnung für die Ernte 1917 § 60, RGBl. S. 525; vgl. hierzu z. B. die Bek. des Magistrats der Stadt Frankfurt a. M. vom 24. Nov. 1916.

[11]) Vgl. *Fleiner*, Institutionen des deutschen Verwaltungsrechts, 3. Aufl. S. 361.

[12]) Vgl. ebenda S. 181.

machung gebunden ist, hat der Militärbefehlshaber hier vollständige Selbständigkeit und Unabhängigkeit. Wie der Militärbefehlshaber seine auf Grund des § 9 des preußischen Belagerungszustandsgesetzes bzw. Art. 4 des bayerischen Kriegszustandsgesetzes erlassenen Anordnungen zur Kenntnis der Beteiligten bringen will, ist ganz gleichgültig. Er kann die Verfügung mündlich oder schriftlich durch Vermittlung der Gemeindebehörde, der Polizei oder durch die Post bekanntgeben. Wenn die Anordnung sich an eine Personenmehrheit richtet, so genügt in kleinen Orten auch Ausruf durch den Ortsdiener, Verlesen auf einem öffentlichen Platz oder von der Kanzel herab. Es kommt jedoch, wie schon angedeutet, immer darauf an, an wen sich die Verordnung richtet. Nur im Zusammenhang damit kann beurteilt werden, ob die Bekanntgabe rechtsverbindlich erfolgt ist.[13])

Verfügungen sind die Hauptformen der Willenserklärungen der Obrigkeit gegenüber Gewaltunterworfenen. Wenn wir eingangs dieses Abschnitts gesagt haben, daß die Willenserklärung zwischen Gleichberechtigten im wesentlichen in der Form der Mitteilung geschehe, so müssen wir nunmehr hinzufügen, daß es außerordentlich schwer ist, die Grenzlinien zwischen Verfügung und Mitteilung zu finden. Besonders das Kriegswirtschaftsrecht hat Rechtsbeziehungen zwischen Wirtschaftsstellen und den Angehörigen einzelner Berufszweige geschaffen, die mehr oder weniger öffentlichrechtlicher Natur sind, bei denen aber ein Schriftwechsel in privatrechtlicher Form geschieht. Ein Beispiel: Futtermittel dürfen nur durch die Bezugsvereinigung der deutschen Landwirte G. m. b. H. in Berlin abgesetzt werden. Die Eigentümer von Futtermitteln haben sie auf Verlangen der Bezugsvereinigung käuflich zu überlassen und auf deren Abruf zu verladen. Die Bezugsvereinigung ist eine Gesellschaft des Handelsrechts. Die Eigentümer von Futtermitteln sind meist Privatpersonen. Jedoch ist das Rechtsverhältnis zwischen beiden vollständig durch öffentlichrechtliche Normen geregelt. Die Bezugsvereinigung tritt dem Eigentümer als Inhaberin des Absatzmonopols, also als Besitzerin besonderer obrigkeitlicher Macht entgegen. Trotzdem hält sie ihr Geschäftsgebaren ganz innerhalb der im Handelsverkehr üblichen Form. Der Eigentümer teilt beispielsweise mit: „Ich melde hiermit 300 Ztr. Futtermittel an“, worauf die Bezugsvereinigung in einem äußerlich und inhaltlich

---

[13]) Vgl. Beibl. zum bayer. JMBl. 1915 S. 80 u. 139; ferner den in Conrad, Das Gesetz über den Belagerungszustand, 1916, auf S. 59 ausgesprochenen Grundsatz: Die Wirksamkeit eines Verbots i. S. des § 9 b ist unabhängig von der Beobachtung irgendwelcher Formvorschriften, sei es hinsichtlich der Bekanntgabe, sei es hinsichtlich der Bezugnahme auf das BelZustG. oder Strafandrohung in § 9 b, sei es hinsichtlich der Unterschrift des Militärbefehlshabers oder der Zeitangabe. Vgl. ferner die bei Conrad S. 59 ff. angegebenen Urteile des RG. vom 15. März 1915, 1. Juni 1915, 10. Dez. 1915, 10. Febr. 1916, 29. Juni 1915, 8. Nov. 1915, 8. Febr. 1916 und 8. Sept. 1915. Auf die Streitfragen, ob die auf Grund des § 9 b BelZustG. erlassene Anordnung eine Verwaltungsvorschrift ist oder Bestandteil des Strafgesetzes, kann hier nicht näher eingegangen werden; vgl. hierzu Strupp, Deutsches Kriegszustandsrecht, 1916, S. 106 ff.

dem kaufmännischen Stile angepaßten Schreiben das Überlassungsverlangen ausspricht.[14]) Es handelt sich hier um einen obrigkeitlichen Akt in Form der privatrechtlichen Mitteilung.

Die Mitteilung ist überhaupt die übliche Form der Willenserklärungen der Kriegsgesellschaften geworden. Mit der handelsrechtlichen Form des obrigkeitlichen Organs ist auch die handelsrechtliche Form des Schriftwechsels eingekehrt. Bei einzelnen Reichsstellen hat der kaufmännische Betrieb solchen Einfluß gewonnen, daß selbst die Verwaltungsabteilungen dieser Stellen ihre Verfügungen in die weniger strenge Form der Mitteilung kleiden.[15])

b) Die zweiseitigen Rechtsgeschäfte.

Zweiseitige Rechtsgeschäfte sind Verträge. Sie beruhen auf der Willenseinigung zweier gegenüberstehender Parteien; für die Kriegswirtschaft kommen hauptsächlich Verträge des öffentlichen Rechts in Frage, das sind Verträge, die die Rechtsbeziehungen zwischen staatlichen Organen und dem Bürger ordnen. Es wurde lange darüber gestritten, ob die Form des Vertrags anwendbar sei zur Regelung von Rechtsverhältnissen zwischen dem Herrscher Staat und seinen Untertanen.[16]) Man erblickte im Vertrag eine Form des Privatrechts, er sei ein Privatrechtstitel, und so nur zwischen Gleichgeordneten möglich. Es ist das Verdienst Fleiners, darauf hingewiesen zu haben, daß der Vertrag dem öffentlichen Recht nicht minder angehöre wie dem Privatrecht. Die Entwicklung der Kriegswirtschaft hat ihm Recht gegeben. Hundertfältig erleben wir heute öffentlichrechtliche Verträge. Wenn der Kommunalverband die in seinem Bezirk lagernden Getreidevorräte erwirbt, um sie der Reichsgetreidestelle zur Verfügung zu stellen, so schließt er keine Kaufverträge ab im Sinne des Bürgerlichen Gesetzbuches; es sind Verträge eigener Art, in denen Bestandteile des privatrechtlichen Kaufvertrags, z. B. die Bestimmungen über den Gefahrübergang, enthalten sein mögen, die aber doch in der Hauptsache unter dem Einfluß der Zwangsgewalt gehen, von der der Bürger im Weigerungsfalle bedroht ist. Wenn der Kommunalverband an den Getreidebesitzer mit der Forderung zum Vertragsabschluß herantritt, so steht ihm das psychologische Mittel der bevorstehenden Enteignung zur Seite. Das Gleiche ist der Fall, wenn die Bezugsvereinigung der deutschen Landwirte G. m. b. H. den Eigentümer von Futtermitteln ersucht, sie der Bezugsvereinigung „käuflich" zu überlassen. Falls der zweiseitige Vertrag nicht zustande kommt, so droht dem Bürger die einseitige Verfügung, die die Obrigkeit vielleicht rascher zum Ziele führt. Euphenistisch sagt § 4 der Verordnung vom 5. Oktober 1916 „käuflich". Was der Eigentümer mit der Bezugsvereinigung vereinbart, ist jedoch

---

[14]) S. Anhang Nr. 3.
[15]) S. Anhang Nr. 4.
[16]) Vgl. Fleiner, Institutionen des deutschen Verwaltungsrechts, 3. Aufl. S. 200.

kein Kauf, denn die wesentlichen Vertragsbestimmungen wie z. B. die über Preis, Gefahrübergang, Kaufpreisverzinsung u. dgl. sind durch Verordnung geregelt und sind so der freien Bestimmung der Parteien entzogen; es ist noch nicht einmal ein privatrechtlicher Vertrag; denn die Bezugsvereinigung regelt durch diese Umschreibung nur ein Verhältnis, das sie gerade so gut durch Ausübung ihrer Machtstellung im Wege der Verfügung hätte erreichen können. Der Charakter des öffentlichen Vertrags wird nicht dadurch ein anderer, daß in einigen Fällen für die Entscheidung von Streitfragen die Zivilgerichte zuständig sind; denn es gibt genug öffentlichrechtliche Verhältnisse, die, falls sie strittig sind, vor dem ordentlichen Gerichte zur Entscheidung gelangen; ich erinnere beispielsweise an den Gehaltsanspruch des Beamten. In den meisten Fällen ist jedoch dem eigentümlichen Rechtsverhältnis zwischen Wirtschaftsstellen und Untertanen durch die Einschiebung eines Sondergerichts Rechnung getragen.[17])

Die Grenzen des öffentlichrechtlichen Vertrags sind nicht leicht zu bestimmen. Wenn sein Wesen darin gefunden wird, daß an die Stelle der freien Bestimmung im Weigerungsfall der Zwang tritt, ist die Grenze da festzulegen, wo der Zwang endet. Das Verhältnis zwischen den Zwangssyndikaten und ihren Mitgliedern ist ein öffentlichrechtliches; denn alle Pflichten der Mitglieder wie Beitragspflicht, Überlassungspflicht usw. sind geschützt durch die Zwangsandrohung. Wie ist es nun bei den Mitgliedern des Rhein.-Westfälischen Kohlensyndikats, das nur auf freiwilligem Zusammenschluß beruht? Es ist bekannt, daß die Regierung gedroht hat, den zwangsweisen Zusammenschluß herbeizuführen, wenn der freiwillige nicht zustande käme. Aber diese Androhung der Regierung bewirkt nicht einen derartig unmittelbaren Zwang, daß davon auch die Beziehungen zwischen dem Syndikat und seinen freiwilligen Mitgliedern mit rechtlicher Folge getroffen würden. Trotzdem gibt dieser Fall zu denken Anlaß.

Wenn das Öffentlichrechtliche des Vertragsverhältnisses darin erblickt wird, daß sich obrigkeitliche Gewalt und abhängige Person gegenüberstehen, muß die Grenzlinie dort gezogen werden, wo die Gleichheit der Rechtsstellung zu überwiegen beginnt. Ein Beispiel: Die Beziehungen der Sackhändler zur Reichssackstelle G. m. b. H. sind öffentlichrechtlicher Natur. Durch die auf Verordnung beruhenden Ausführungsbestimmungen der Verwaltungsabteilung der Reichssackstelle wurden auch die Rechtsverhältnisse der Sackhändler untereinander eingehend geregelt. Ihre Beziehungen bestimmen sich völlig nach öffentlichrechtlichen Normen. Trotzdem können die Verträge, die sie miteinander auf Grund dieser Normen betätigen, nicht als öffentlichrechtliche Verträge betrachtet werden. Sackgroßhändler und Sackaufkäufer stehen sich so sehr als Gleichberechtigte und Gleichgebundene gegenüber, daß von einem Abhängigkeits- oder Überordnungsverhältnis schlechterdings nicht die Rede sein kann. Die Verträge, die sie miteinander abschließen, sind durch das Gesetz eingeengte Privatverträge.

[17]) Vgl. oben § 6.

Von den Verträgen als den zweiseitigen Rechtsgeschäften sind wohl zu unterscheiden diejenigen einseitigen Verfügungen, die mit Zustimmung des betroffenen Bürgers ergehen. Sie scheinen nach außen als Verträge, sind aber in Wirklichkeit einseitige, jederzeit widerrufliche Verfügungen. Hierher gehören beispielsweise die vielen Zulassungen, die auf Antrag der Beteiligten verfügt werden. Die Zulassung steht meist auf Grund Verordnung einer bestimmten Stelle zu z. B. der Ortspolizeibehörde, die gar nicht in der Lage ist, im Wege des Vertrags die Zulassung auszusprechen. Der um die Zulassung Nachsuchende stellt damit keinen Vertragsantrag, dem die Behörde dann zustimmt, sondern er sucht nur die Behörde in Bewegung zu setzen, damit sie selbst eine Verfügung treffe. Trotzdem die Zustimmung des Antragstellers eine wesentliche Voraussetzung, ja ein Bestandteil des Rechtsgeschäftes ist, bleibt dieses eine einseitige Verfügung.[18])

---

[18]) Vgl. Fleiner, Institutionen des deutschen Verwaltungsrechts, 3. Aufl. S. 184.

Besonderer Teil.

I. Abschnitt:

Die Erzeugung.

§ 7. Die Rechtspersönlichkeit des Erzeugers.

Wie so viele volkswirtschaftliche Begriffe, wurde auch der Begriff des Erzeugers durch Aufnahme in zahlreiche Sätze des Kriegswirtschaftsrechts ein Rechtsbegriff. Wir sprechen von Erzeugerhöchstpreisen im Gegensatz zu Großhandels- oder Kleinhandelshöchstpreisen und bedenken dabei selten, daß es im Einzelfall gar nicht so leicht ist, festzustellen, wer Erzeuger ist oder nicht. Häufig ist das Wort Erzeuger nur als die ungenauere Bezeichnung eines anderen Begriffes gewählt. Wenn wir z. B. lesen:[1]) „Bei Milch, die zu Erzeugnissen verarbeitet wird, für die nachstehend Höchstpreis festgesetzt ist, darf der Preis für 1000 Liter oder 1000 Kilogramm beim Verkauf durch den Erzeuger Mk. 175.— nicht übersteigen", so fällt uns auf, daß hier das Wort „erzeugen" nicht gleich richtig gebraucht ist. Während Käse und andere Produkte, die unmittelbar aus einer menschlichen Tätigkeit hervorgehen, noch als Erzeugnisse angesprochen werden können, ist dies bei der Milch nicht der Fall. Erzeuger steht hier an der Stelle des Wortes Viehzüchter oder Tierhalter.

Auslegung des Begriffs Erzeuger ist vor allem auch bei den Erwerbszweigen schwierig, wo der Produzent nicht gewöhnt ist, direkt mit dem Abnehmer in Verbindung zu treten. So spielt beispielsweise beim Weinhandel der Kommissionär eine bedeutende Rolle. Man wird bei der Regelung der Preisverhältnisse im Weinhandel auf diese Eigentümlichkeit zu achten haben. Es finden sich in der kriegswirtschaftlichen Gesetzgebung viele Fälle, in denen gerade dem Erzeuger besondere Pflichten aufgebürdet sind. Dabei wechseln im Einzelnen die Bezeichnungen. Nach der Bekanntmachung der Kriegsgesellschaft für Teichfischverwertung vom 3. August 1916 dürfen die einzelnen Produzenten nur an bestimmte Abnehmer liefern.[2]) Die Hersteller von Verbrauchszucker dürfen Verbrauchszucker nur nach den Weisungen der Reichszuckerstelle oder nur gegen Bezugsscheine abgeben.[3]) Der Verfasser der Zuckerverordnung hat aber dieses schlichte und eindeutige

---

[1]) Vgl. § 1 der Bek. des stellv. G.-K. I. bayer. A.-K. vom 30. Okt. 1915 Nr. 135187 in Kriegsanordnungen des stellv. Generalkommandos I. bayer. Armeekorps 1917 S. 43.

[2]) Vgl. Güthe-Schlegelberger, Kriegsbuch, Bd. 4 S. 358 Abs. 2.

[3]) Vgl. VO. über den Verkehr mit Zucker im Betriebsjahr 1916/17 vom 14. Sept. 1916 § 12, RGBl. S. 1036.

Wort nicht durchgängig gewählt, um damit den Erzeuger zu bezeichnen, vielmehr wechselt er zwischen Hersteller, Fabriken und Zuckerfabriken.[4])

Die Erzeuger haben aber auf der anderen Seite auch besondere Rechte. So können Grundbesitzer die Beurlaubung von Mannschaften zur Frühjahrsbestellung durchsetzen,[5]) wobei aber doch nur an solche Grundbesitzer zu denken ist, die wirklich ihr Feld bestellen, also Erzeuger sind. Die Erzeuger von Kriegsbedarfsartikeln, das sind vor allem die Angehörigen der Kriegsindustrie, sind bekanntlich durch § 2 des Gesetzes über den vaterländischen Hilfsdienst besonders hervorgehoben.[6])

§ 8. Das Herstellungsverbot.

a) Das persönliche Herstellungsverbot.

Das Friedensrecht kennt die Beschränkung der Herstellertätigkeit hauptsächlich in der Form des Polizeiverbots mit Erlaubnisvorbehalt.[1]) Während aber das Polizeiverbot im Friedensrecht mehr eine Überwachungsmaßregel ist und gerade die auf Grund des Verbots erteilte Ausnahmeerlaubnis die Regel bildet, dient das kriegswirtschaftliche Polizeiverbot zur wirklichen Beschränkung der Herstellertätigkeit. Die Zwecke des friedenswirtschaftlichen und kriegswirtschaftlichen Polizeiverbots sind auch ganz verschieden. Ersteres bezweckt mit der Überwachung in den meisten Fällen eine indirekte Förderung, so beispielsweise mit der Konzession von Schauspielunternehmungen oder mit der Erteilung der Approbation an Ärzte, letzteres dagegen eine tatsächliche Erschwerung, ja Ausschließung bestimmter Erwerbstätigkeit.

Was nun die Erzeugertätigkeit betrifft, so müssen wir sie fast von dem eben Gesagten ausnehmen, denn gerade die Erzeugung aller Arten von nützlichen Gegenständen, insbesondere von Nahrungsmitteln, ist mehr als je gewünscht. Wir finden daher nur wenige Beispiele des persönlichen Herstellungsverbots. Eines der wenigen findet sich in der Bekanntmachung über die Überwachung des Verkehrs mit Seemuscheln, durch die eine Überwachungsstelle für Seemuscheln errichtet wurde. Es heißt dort: „Der Erlaubnis der Überwachungsstelle bedarf, wer Seemuschelkonserven herstellt." Während die Friedensgesetzgebung im allgemeinen die Gründe aufzählt, die die Versagung der Polizeierlaubnis gestatten, ist die Kriegsgesetzgebung zurückhaltender; sie überläßt es mehr der Überwachungsstelle, sich selbst Grundsätze aufzustellen, nach denen sie die Erlaubnis erteilen will. Jedenfalls hat der Bürger kein Recht darauf, eine Ausnahme von dem Herstellungsverbot zu erhalten.

---

[4]) Vgl. ebenda §§ 7 u. 9.

[5]) Vgl. Bek. über die Beurlaubung von Mannschaften zur Frühjahrsbestellung vom 22. Febr. 1916, GKB. I. bayer. A.-K. Nr. 25365.

[6]) Vgl. Herrmann, Gesetz über den vaterländischen Hilfsdienst, 1917, S. 32.

[1]) Vgl. Otto Mayer, Deutsches Verwaltungsrecht, Bd. 1 § 21.

b) Das zeitliche Herstellungsverbot.

Die hier einschlägigen Rechtssätze sind zwingenden Rechts. Sie dulden keine Durchbrechung. Die Bereitung von Backwaren in gewerblichen Betrieben ist in der Zeit von 7 Uhr abends bis 7 Uhr morgens untersagt.[2]) Zweck dieser Bestimmung ist, den Brotverbrauch einzuschränken, indem man dem Publikum die Möglichkeit nahm, früh morgens frisches Gebäck kaufen zu können.

Äpfel und Birnen durften vom Beginn der Ernte 1916 bis zum 16. September 1916 / 10. Oktober 1916 nicht gekeltert werden.[3]) Hier war Zweck der Bestimmung, einen möglichst großen Teil der Obsternte unmittelbar der menschlichen Ernährung zuzuführen. Wenn dieser Zweck erreicht werden sollte, mußte das Verbot energisch durchgeführt werden.

c) Das sachliche Herstellungsverbot.

Um dem gegenwärtigen Bedarf der Bevölkerung größere Mengen Nahrungsmittel zur Verfügung zu stellen, wurden bestimmte gewerbsmäßige Herstellungen, bei denen Lebensmittel verarbeitet werden, gänzlich untersagt, so beispielsweise die Herstellung von Pflaumenmus aus frischen und gedörrten Pflaumen,[4]) oder Fleischkonserven, die durch Erhitzung haltbar gemacht werden.[5])

Zwischendurch bemerken wir auch Polizeiverbote, die ähnlich wie diejenigen des Friedensrechts bestimmt sind, das Publikum zu schützen und die reelle Erzeugung zu fördern. So ist ganz verboten die Herstellung fetthaltiger Zubereitungen, ausgenommen Margarine und Kunstspeisefett, nachdem zu viele minderwertige Produkte auf den Markt geworfen worden sind.

Auch das echte Polizeiverbot mit Erlaubnisvorbehalt kehrt in diesem Zusammenhang wieder: Schuhsohlen, die nicht ausschließlich aus Leder oder Holz in einem Stück bestehen, Sohlenschoner und Sohlenbewehrungen, zu deren Herstellung Leder verwandt wird, sowie Ledrersatzstoffe, die zur Herstellung oder Ausbesserung von Schuhwaren oder Schuhwarenbestandteilen Verwendung finden können, dürfen nur mit Zustimmung der Ersatzsohlengesellschaft m. b. H. in Berlin gewerbsmäßig hergestellt werden.[6])

Die Herstellung ist demnach verboten, falls nicht eine besondere oder mehr oder weniger allgemeine Ausnahmeerlaubnis erteilt wird. Diese Erlaubnis wurde mit Bekanntmachung vom 27. Januar 1917

---

[2]) Vgl. Bek. über die Bereitung von Backwaren vom 26. Mai 1916 § 9, RGBl. S. 423.

[3]) Vgl. Bek. der Reichsstelle für Gemüse und Obst vom 2. Sept. 1916, RAnz. Nr. 208.

[4]) Vgl. Bek. der Reichsstelle für Gemüse und Obst vom 30. Sept. 1916, RAnz. Nr. 282.

[5]) Vgl. Bek. über die Beschränkung der Herstellung von Fleischkonserven und Wurstwaren vom 21. Jan. 1916, RGBl. S. 75.

[6]) Vgl. Bek. über den Verkehr mit Schuhsohlen, Sohlenschonern, Sohlenbewehrungen und Ledrersatzstoffen vom 4. Jan. 1917, in Verbindung mit den AusfBest. hierzu vom 4. Jan. 1917, RGBl. S. 7—10.

erteilt, jedoch nur für die in Arbeit befindlichen Waren.[7]) Auch hier wieder besteht der Unterschied zum Friedensrecht, daß der Bürger keinen weitergehenden Anspruch auf Ausnahmeerlaubnis hat, wenn gewisse Voraussetzungen erfüllt sind. Die Ersatzsohlengesellschaft m. b. H. entscheidet nach ihrem Ermessen.

Ein sachliches Herstellungsverbot liegt auch in der Festsetzung einer Höchstmenge, die hergestellt werden darf, die andererseits aber auch nicht überschritten werden darf. So beispielsweise, wenn die Zeitungsverleger eine um 18% geringere Zeitungsfläche bedrucken dürfen.[8])

§ 9. Das Verarbeitungsgebot und -Verbot.

Schon einige Monate nach Kriegsausbruch wurden zur Streckung bestimmter Nahrungsmittel und gewerblicher Rohstoffe Verarbeitungsgebote und -Verbote erlassen.

Am 5. Januar 1915 erschien die Bundesratsverordnung, die bestimmte, daß zur Bereitung von Brot ungemischtes Weizenmehl, Weizen- und Roggenauszugsmehle nicht verwendet werden dürfen.[1]) Gleichzeitig wurde geboten, daß Weizenbrot nur in einer Mischung verwendet werden dürfe, die dreißig Gewichtsteile Roggenmehl unter hundert Teilen des Gesamtgewichts enhält.

Ähnliche allgemeine Eingriffe waren im Frieden nur auf Grund des § 5 des Nahrungsmittelgesetzes gestattet. Darnach können mit Zustimmung des Bundesrats zum Schutze der Gesundheit durch kaiserliche Verordnung Vorschriften erlassen werden, welche bestimmte Arten der Herstellung von Nahrungs- und Genußmitteln verbieten.[2])

Auf Grund des Nahrungsmittelgesetzes sind sehr wenige Verarbeitungsverbote ergangen.

In einzelnen Bundesstaaten ist den obersten Polizeibehörden die Befugnis erteilt, für bestimmte Bezirke Verordnungen über die Zubereitungen von Nahrungsmitteln zu erlassen, so beispielsweise in Bayern durch Art. 75 des Polizeistrafgesetzbuches. Inhaltlich sind die Verordnungen des Bundesrates, die Verarbeitungsverbote und -Gebote zum Gegenstand haben, nichts anderes wie verallgemeinerte Polizeigebote. Die Zahl der hierher gehörenden Rechtssätze ist überaus groß. Hier nur einige Beispiele:

§ 1 der Bekanntmachung über die Bereitung von Kuchen: „In gewerblichen Betrieben, insbesondere in Bäckereien, Konditoreien, Keks-, Zwieback- und Kuchenfabriken aller Art, in Gast-, Schank- und Speisewirtschaften, Stadtküchen und Erfrischungsräumen, sowie in Vereinsräumen dürfen zur Bereitung

---

[7]) Vgl. Bek. der Ersatzsohlengesellschaft mbH. vom 27. Januar 1917, RAnz. Nr. 24 § 1.

[8]) Vgl. Bek. über Druckpapier; Güthe-Schlegelberger, Kriegsbuch, Bd. 4 S. 634.

[1]) Vgl. RGBl. S. 204 § 2.

[2]) Vgl. NahrMittelG. vom 14. Mai 1879, RGBl. S. 145.

1. von Kuchenteig keine Eier oder Eierkonserven und auf 500 g Mehl oder mehlartige Stoffe nicht mehr als 100 g Fett und 100 g Zucker,
2. von Tortenmasse auf 500 g Mehl oder mehlartige Stoffe nicht mehr als 150 g Eier oder Eierkonserven, 150 g Fett und 150 g Zucker,
3. von Rohmasse für Makronen auf 500 g Mandeln nicht mehr als 150 g Zucker und von Makronen auf 500 g Rohmasse nicht mehr als 500 g Zucker

verwendet werden. Die Verwendung von Backpulver als Triebmittel ist gestattet, die Verwendung von Hefe ist verboten."

§ 2 der Bekanntmachung über Herstellung von Süßigkeiten und Schokolade vom 16. Dezember 1916:

„Milch und Sahne jeder Art, sowie Fett dürfen zur gewerbsmäßigen Herstellung von Süßigkeiten nicht verwendet werden."[3])

§ 10. Die Herstellungspflicht.

Bei dem Mangel an Nahrungsmitteln konnte es dem Staate nicht gleichgültig bleiben, ob und wieweit aus den vorhandenen Rohstoffen Nahrungsmittel und Kriegsbedarfsartikel gewonnen werden. Neben dem Gebot, wie hergestellt wird, steht das Gebot, daß hergestellt wird. So heißt es in der Zuckerverordnung:[1]) „Die Verbrauchszuckerfabriken sind verpflichtet, den ihnen zugewiesenen Rohzucker abzunehmen, zu bezahlen und auf Verbrauchszucker zu verarbeiten."

Die Produktion ist hier zur gesetzlichen Pflicht gemacht.

Am einschneidendsten dürften wohl in dieser Beziehung die Bestimmungen der Reichsgetreideordnung sein. Den landwirtschaftlichen Unternehmern ist hier zur Pflicht gemacht, „zu ernten". Es wird ihnen vorgeschrieben, wie, wann und wo sie zu ernten haben; über alle Einzelheiten des Ausdreschens bestehen Bestimmungen.[2])

Einen psychologischen Zwang bedeutet es, wenn die Bekanntmachungen über die Sicherung der Ackerbestellung droht: „Soweit der Nutzungsberechtigte die Bestellung nicht übernimmt oder die Möglichkeit der Bestellung nicht glaubhaft macht, oder die Aufforderung zur Bestellung unbeantwortet läßt, oder wenn er nicht erreicht werden kann, ist die untere Verwaltungsbehörde befugt, die Nutzung des Grundstücks mit Zubehör ganz oder zum Teil dem Berechtigten zu entziehen, oder dem Kommunalverband zu übertragen."[3])

Der Produktionszwang hat sich selbst auf Gebiete gewagt, in denen man wohl im Frieden ein staatliches Eingreifen für unmöglich gehalten hätte. Ich denke dabei an den Produktionszwang für Eier.

---

[3]) Vgl. ferner Güthe-Schlegelberger, Kriegsbuch, Bd. 4 S. 299 (Kunsthonig), S. 381 (Milch), S. 481 (Tierkörper), S. 523 (tierische und pflanzliche Öle und Fette).

[1]) Vgl. Bek. über den Verkehr mit Zucker im Betriebsjahr 1916/17 vom 14. Sept. 1916 § 9, RGBl. S. 1040.

[2]) Vgl. Reichsgetreideordnung für die Ernte 1917 § 4, RGBl. S. 509.

[3]) Vgl. Bek. über die Sicherung der Ackerbestellung vom 31. März 1915, RGBl. S. 210 § 2.

Nach der Bekanntmachung der bayerischen Lebensmittelstelle vom 17. Mai 1917[4]) wird von der Eierversorgungsstelle den Kommunalverbänden ein sogenanntes Monatsliefer-Soll auferlegt. Dieses Soll wird auf die einzelnen Gemeinden und von diesen wieder auf die einzelnen Geflügelhalter umgelegt.

§ 11. Privatrechtliche Wirkungen der Herstellungsverbote und -Gebote.

Die strafrechtlichen Tatbestände, die in diesem Zusammenhang in Betracht kommen, sind im allgemeinen einfach. Sie eingehend zu besprechen, besteht kein Anlaß.

Anders ist es mit den privatrechtlichen Wirkungen der Herstellungsverbote und -Gebote. Sie können sich nach verschiedenen Richtungen hin äußern.

Wo es sich um das absolute Verbot der Herstellung bestimmter Waren handelt, tritt Nichtigkeit derjenigen Rechtsgeschäfte ein, die auf die Herstellung dieser bestimmten Waren ausgehen.[1]) Dagegen sind im allgemeinen nicht nichtig diejenigen Rechtsgeschäfte, die sich auf die Überlassung und den Verkauf verbotswidrig hergestellter Waren beziehen, es sei denn, daß die Überlassung und der Verkauf selbständig Gegenstand eines Verbotsgesetzes sind.

Bei Lieferungsverträgen, die sich auf Gegenstände beziehen, die nicht mehr hergestellt werden dürfen, bewirkt das Verbot eine vom Lieferant nicht zu vertretende Unmöglichkeit der Leistung.[2]) Ist der Gegenstand an sich noch herstellbar, aber nicht mehr in der Art und aus den Materialien wie er bestellt wurde, so kommt es in erster Linie auf den zu erforschenden Willen der Vertragsschließenden an, ob der Lieferer vom Vertrag zurücktreten oder der Besteller auf Erfüllung beharren kann.[3]) In einzelnen Fällen bestimmt das Gesetz selbst, inwieweit laufende Verträge erfüllt werden dürfen.[4])

Im Verhältnis zwischen Dienstherrn und Dienstverpflichteten spielen die Herstellungs- und Verarbeitungsgebote dann eine Rolle, wenn der Dienstherr dem Dienstverpflichteten den Auftrag gibt, verbotswidrige Herstellungen und Verarbeitungen vorzunehmen oder der Dienstverpflichtete im Gewerbebetrieb des Dienstherrn aus eigenen Stücken die Ge- und Verbote übertritt.

Im ersteren Falle besteht für den Dienstverpflichteten, im zweiten Falle für den Dienstherrn ein wichtiger Grund zur sofortigen Kündigung; so kann beispielsweise der Bäckergeselle fristlos kündigen, dem zugemutet wird, während der Nachtstunden Brot zu bereiten.

---

[4]) Vgl. BayStaatsZ. 1917 Nr. 119.

[1]) Vgl. BGB. § 134.

[2]) Vgl. BGB. § 275.

[3]) Vgl. BGB. § 133.

[4]) Vgl. § 1 der Bek. der Ersatzsohlengesellschaft mbH.; Güthe-Schlegelberger, Kriegsbuch, Bd. 4 S. 775.

II. Abschnitt:

Der Verbrauch.

§ 12. Die Rechtsstellung des Verbrauchers.

a) Allgemeines.

Der Mangel an Rohprodukten, insbesondere an Nahrungsmitteln, ließ frühzeitig als wichtig erscheinen, den Verbrauch allgemein zu beschränken und die vorhandenen Vorräte gerecht zu verteilen. Notwendig war die Verteilung in den Fällen, in denen die Rohprodukte beschlagnahmt, enteignet und einer Zentralstelle zugeführt wurden.

Rein äußerlich sei bemerkt, daß die meisten kriegswirtschaftlichen Verordnungen, die eine Beschlagnahme und Zentralisierung von Vorräten aussprechen, einen besonderen Abschnitt enthalten, der als „Verbrauchsregelung" bezeichnet ist.[1])

Objekt der Verbrauchsregelung ist der Verbraucher. Es ist gewiß keine Spielerei, wenn im folgenden versucht wird, das Wort Verbraucher näher zu beschreiben. Knüpfen sich doch an den Umstand, daß jemand Verbraucher ist oder einer besonderen Art von Verbrauchern angehört, bestimmte Rechtsfolgen, die auf die Ernährung der Personen, ihre Gesundheit, ja Tod oder Leben Einfluß haben. Die gemeinnützigen Rechtsauskunftsstellen der großen Städte werden bezeugen können, wie sehr der Verbrauch Rechtssache ist, wie häufig sie von Verbrauchern um Auskunft angegangen werden, über das, was ihnen von Gesetzes und Rechts wegen zusteht.

Verbraucher im Sinne der Kriegsverordnungen sind alle diejenigen, die eine Ware ihrem letzten Bestimmungszweck zuführen. Es scheiden also aus diejenigen, welche die Ware herstellen, sie zu anderen Erzeugnissen verarbeiten und mit der Ware oder den daraus hergestellten Erzeugnissen handeln. Damit soll jedoch nicht gesagt sein, daß die Hersteller, Verarbeiter und Händler nicht auch zu den Verbrauchern gewisser Waren gehören können. So ist der Bäcker zugleich Verbraucher von Brot und Mehl, der Kleiderhändler Verbraucher von Kleidungsstücken. Sie sind mit Beziehung auf den eigenen Bedarf den gleichen Vorschriften unterworfen wie jeder andere Bürger. Anders ist es vielfach bei den Produzenten. Genau genommen müßten natürlich auch sie, soweit sie eigenen Bedarf decken, unter die allgemeine Verbrauchsregelung fallen. Da es jedoch technisch recht schwierig wäre, zuerst ihnen die sämtlichen Produkte abzunehmen und alsdann Teile davon zurückzugeben, so hat man den einfacheren Weg gewählt, ihnen von vornherein einen Teil der Eigenproduktion zu belassen.

b) Die Selbstversorger.

Selbstversorger sind diejenigen Verbraucher, denen gestattet ist, den zustehenden Bedarf der eigenen Produktion zu entnehmen. So

---

[1]) Vgl. z. B. Reichsgetreideordnung für die Ernte 1917, RGBl. S. 524; vgl. VO. über Eier vom 12. August 1916, RGBl. S. 928.

bestimmte die erste Beschlagnahmeverordnung über Brotgetreide und Mehl:[2]) „Trotz der Beschlagnahme dürfen Unternehmer landwirtschaftlicher Betriebe zur Ernährung der Angehörigen ihrer Wirtschaft einschließlich des Gesindes auf den Kopf und Monat 9 Kilo Brotgetreide verwenden; statt eines Kilo Brotgetreide können 800 Gramm Mehl verwendet werden." Alle Beschlagnahmeverordnungen über Brotgetreide enthalten ähnliche Ausnahmebestimmungen für die Selbstversorger. Gegenwärtig gilt zusammenfassend § 7 der Reichsgetreideordnung 1917:[3]) „Trotz der Beschlagnahme dürfen Unternehmer landwirtschaftlicher Betriebe aus ihren selbstgebauten Früchten die vom Bundesrat festgesetzten Mengen zur Ernährung der Selbstversorger, zur Fütterung des im Betriebe gehaltenen Viehes und zur Bestellung der zum Betriebe gehörenden Grundstücke verwenden." Die Menge ist, soviel bekannt, für Brotgetreide immer noch die ursprüngliche: 9 Kilo Brot oder 7200 Gramm Mehl. Dies ist jedoch nicht so zu verstehen, daß, wenn aus einem Kilogramm zur Selbstversorgung bestimmten Getreide mehr vermahlen wird, gleichwohl nur 800 Gramm verwendet werden dürfen.

Der Unternehmer darf natürlich mit dem ihm zugesprochenen Getreide auch die Veränderungen vornehmen, die notwendig sind, um es für die menschliche Ernährung oder zur Fütterung nutzbar zu machen.[4]) Er darf z. B. das Getreide mahlen lassen oder aus ihm Gries herstellen lassen. Er darf es in die Mühle bringen und von der Mühle wieder abholen. Dagegen darf er von dem ihm zugesprochenen Produkt an andere Verbraucher nichts abgeben, insbesondere darf er den Müller nicht durch Überlassung eines Teiles des Getreides entlohnen, denn das Getreide ist trotz der Verarbeitungserlaubnis bis zum Augenblick des Verbrauchs beschlagnahmt.[5])

Die Gestattung der Selbstversorgung öffnet zugleich dem Unterschleif Tür und Tor. Es sind daher für die Selbstversorger besondere Aufsichtsmaßregeln erforderlich. So dürfen sie Früchte zu Mehl, Schrot, Gries, Grütze, Graupen und Flocken und ähnliche Erzeugnisse im eigenen oder fremden Betrieb nur verarbeiten, wenn sie besondere Erlaubnisscheine (Mahlkarten) haben. Die Verarbeitung der Früchte zu Mehl und Schrot darf seitens der Kommunalverbände nur zur Schaffung eines Vorrats von höchstens zwei Monaten gestattet werden. Die Unternehmer dürfen nur in ganz bestimmten Betrieben ihr Brotgetreide verarbeiten lassen. Bei einem Wechsel des Betriebes bedarf es der vorherigen Zustimmung des Kommunalverbandes.[6])

Als Selbstversorger gelten im Sinne der Reichsgetreideordnung der Unternehmer des landwirtschaftlichen Betriebes, die Angehörigen

---

[2]) Vgl. RGBl. 1915 S. 36 § 4 Abs. 4.

[3]) Vgl. Reichsgetreideordnung 1917 S. 510 § 7 Abs. 1.

[4]) Vgl. Oppenheimer-Dorn, Die Bundesratsverordnungen über Brotgetreide und Mehl usw., 1916, 1. Teil S. 17.

[5]) Vgl. RG. in LZ. 1915 S. 1445, 1518; 1916 S. 312; ferner SächsArch. 1916 S. 38; BayObLG. in LZ. 1915 S. 1459; DJZ. 1915 S. 1105.

[6]) Vgl. Reichsgetreideordnung für die Ernte 1917 § 63 S. 526.

seiner Wirtschaft, einschließlich des Gesindes, sowie Naturalberechtigte, insbesondere Altenteiler und Arbeiter, soweit sie kraft ihrer Berechtigung oder als Lohn Früchte der in Frage kommenden Art oder daraus hergestellte Erzeugnisse zu beanspruchen haben. Die Rechtsprechung hat schon verschiedentlich die Aufgabe gehabt, einzelne dieser Begriffe näher zu erläutern. So gehören nicht zu den Angehörigen Kriegsgefangene, die landwirtschaftlichen Betrieben unter Verpflegungsverpflichtung zugewiesen sind.[7]) Nach den preußischen Ausführungsbestimmungen gelten bei landwirtschaftlichen Betrieben die im Eigentum einer gemeinnützigen Anstalt (Irrenanstalten, Krankenhäuser, Waisenhäuser u. dgl.) stehen und mit deren Betrieben verbunden sind, auch das Personal und die Pfleglinge der Anstalt als Angehörige der Wirtschaft. Nicht zu den Angehörigen gehören die Insassen eines Gasthauses, Hotelgäste und ähnliche nicht im Familien- oder Haushaltungsverband des Unternehmers lebende Personen.

Nach den Angaben Oppenheimers gibt es im Deutschen Reich ungefähr 17 Millionen Selbstversorger im Sinne der Reichsgetreideordnung.[8]) Diese Zahl möge zeigen, für wie viele Menschen dieser kriegswirtschaftliche Begriff bedeutsam ist.

Begriff und Rechte des Selbstverbrauchers im Verkehr mit Fleisch sind gänzlich verschieden von denen des Selbstverbrauchers im Verkehr mit Getreide. Während der Selbstverbraucher nach der Getreideordnung von der allgemeinen Verbrauchsregelung ausgenommen ist, ist der Selbstverbraucher von Fleisch in die allgemeine Verbrauchsregelung eingeteilt. Daher äußern sich die Rechte des letzteren nicht so sehr in der Zurückhaltung des selbst gewonnenen Produkts, als in der Anrechnung auf die allgemeine Verteilungsmenge. Die Selbstversorger können das aus Hausschlachtungen oder durch Ausübung der Jagd gewonnene Fleisch im eigenen Haushalte verwenden. In diesem Fall hat der Selbstversorger, der bereits Fleischkarten erhalten hat, eine entsprechende Anzahl zurückzugeben. Hat der Selbstversorger Vorräte, die über den Zeitraum hinaus genügen, für den bereits Fleischkarten ausgegeben sind, so erhält er für die künftige Zeit nur so viele Fleischkarten, als ihm nach Abzug der Vorräte noch zustehen. Hierbei wird ihm ein Vorzugsrecht eingeräumt; so wird beispielsweise das Schlachtviehfleisch nur mit drei Fünfteilen des Schlachtgewichts angerechnet. Ja, Selbstversorgern, die ihren Bedarf an Schweinefleisch durch Hausschlachtung decken, wird bei dem ersten Schwein, das sie innerhalb eines jeden Jahres schlachten, das Schlachtgewicht nur zur Hälfte angerechnet.[9])

Auch der Begriff des Selbstversorgers ist in der Fleischverordnung ein ganz anderer wie in der Reichsgetreideordnung. Nach ersterer sind

---

[7]) Vgl. RG. IV. Urt. vom 1. Febr. 1916 in Recht 1916 S. 138; nicht gehören hierher Familienmitglieder, die sich vorübergehend bei den Unternehmern aufhalten.

[8]) Vgl. Oppenheimer-Dorn, Die Bundesratsverordnungen über Brotgetreide und Mehl usw., 1. Teil, 1916, S. 20.

[9]) Vgl. VO. über die Regelung des Fleischverbrauchs vom 21. August 1916 § 10 Abs. 3, RGBl. S. 944.

nicht allein die Unternehmer landwirtschaftlicher Betriebe, vor allem die Viehzüchter Selbstversorger, sondern „Jeder, der durch Hausschlachtung oder Ausübung der Jagd Fleisch zum Verbrauch im eigenen Haushalte gewinnt“. Hierbei ist als Hausschlachtung auch die im Schlachthaus vorgenommene Privatschlachtung anzusehen. Mehrere Personen, die für den eigenen Verbrauch gemeinsam Schweine mästen, werden ebenfalls als Selbstversorger angesehen. Als Selbstversorger können ferner angesehen werden Krankenhäuser und ähnliche Anstalten, die Schweine ausschließlich zur Versorgung der von ihnen zu verköstigenden Personen, sowie gewerbliche Betriebe, die Schweine ausschließlich zur Versorgung ihrer Angestellten und ihren Arbeitern mästen.[10]) Hinsichtlich des Verbrauchs werden den Selbstversorgern gleichgeachtet deren Wirtschaftsangehörige, einschließlich des Gesindes, sowie Naturalberechtigte, insbesondere Altenteiler und Arbeiter, soweit sie kraft ihrer Berechtigung oder als Lohn Fleisch zu beanspruchen haben. Die weitestgehenden Vorrechte genießt der Selbstverbraucher nach der Milchverordnung.[11]) Es heißt in § 3 dieser Verordnung ganz allgemein: „Selbstversorgern ist der Bedarf an Milch zu belassen.“ Ähnliches ist auch in § 14 der Bekanntmachung über Speisefette ausgesprochen.[12]) Sofern von dem zuständigen Kommunalverband die Bedarfsmenge nicht festgesetzt ist, bleibt es dem Selbstversorger überlassen, zu bestimmen, wieviel er für den Eigenbedarf zurückhalten will. Es gibt noch Kommunalverbände im Deutschen Reich, in denen die Bedarfsmenge nicht festgesetzt ist, daraus erklärt sich auch der „Milchreichtum“ einzelner Gegenden.

Über den Begriff des Selbstversorgers sagt die Milchverordnung kurz: „Selbstversorger sind die Kuhhalter nebst ihren Haushalts- und Wirtschaftsangehörigen.“[13]) Auf das Wort Angehörige ist hier der Nachdruck zu legen, denn nach dem ganzen Zweck der Verordnung dürfen fremde Gäste, die sich nur vorübergehend bei einem Kuhhalter aufhalten, nicht als Selbstversorger betrachtet werden. Nur diejenigen, welche wirklich die Wirschaft betreiben, mit anderen Worten die Subjekte der Wirtschaft, nicht die Objekte, genießen den Schutz des Selbstversorgers.

c) Die Vorzugsberechtigten.

Wir bemerkten, daß schon die Selbstversorger mehr oder weniger Vorzugsberechtigte sind, indem ihnen ein größerer Teil der Erzeugnisse gewährleistet wird, wie er nach der allgemeinen Versorgung dem gewöhnlichen Verbraucher zusteht. Der Unternehmer eines landwirtschaftlichen Betriebs hat nicht nur tatsächlich, sondern auch von Rechts wegen mehr Brotgetreide oder Mehl, ähnlich hat der Viehhalter mehr Fleisch und der Kuhhalter mehr Milch wie der Verbraucher

---

[10]) Vgl. ebenda § 9 Abs. 2, RGBl. S. 943.

[11]) Vgl. Bek. über die Bewirtschaftung von Milch und den Verkehr mit Milch vom 3. Okt. 1916, RGBl. S. 1100.

[12]) Vgl. Bek. über Speisefette vom 20. Juli 1916, RGBl. S. 757.

[13]) Vgl. Bek. vom 3. Okt. 1916 § 3, RGBl. S. 1100.

im allgemeinen. Die Selbstversorger sind sonach echte Vorzugsberechtigte, sie sind es aber nur deshalb, weil ihre Besserstellung aus technischen Gründen notwendig war oder aus wirtschaftspolitischen Gründen zweckmäßig erschien.

Gerechterweise sollte nur der mit größeren Mengen von Lebensmitteln oder Waren bedacht werden, bei dem ein anerkanntes größeres Bedürfnis besteht. Dies ist beispielsweise der Fall bei den Schwer- und Schwerstarbeitern. Sie werden auch tatsächlich hinsichtlich der Zuweisung von Nahrungsmitteln als Vorzugsberechtigte behandelt. Die Bekanntmachung über Kartoffeln vom 14. August 1916 bestimmt, daß der Schwerarbeiter eine tägliche Zulage bis 1 Pfund Kartoffeln erhält.[14]) Die Kommunalverbände haben nach § 58 der Reichsgetreideordnung die Befugnis, die zuzuteilende Brotmenge für einzelne Bevölkerungsklassen, die einen größeren Bedarf haben, höher festzusetzen. Auf Grund dieser Ermächtigung hat die Stadt Berlin Zusatzbrotkarten für die Inhaber von Brotkarten beschlossen, die zur körperlich schwerarbeitenden erwerbstätigen Bevölkerung gehören.[15]) Die Stadt Frankfurt unterscheidet bei der Brotzuweisung zwischen Schwer- und Schwerstarbeiter.

Im einzelnen ist oft gar nicht so leicht zu bestimmen, wer als Schwer- oder Schwerstarbeiter anzusehen ist. Die Zentralstellen haben jedenfalls keine genügenden Erläuterungen zu diesen Begriffen herausgegeben. Im allgemeinen bleibt es den Kommunalverbänden überlassen, welche Arten von Arbeitern sie unter die Schwer- oder Schwerstarbeiter rechnen wollen. Auf diese Weise ist es gekommen, daß der Begriff Schwerarbeiter nicht nur örtlich verschieden ist,[16]) sondern auch für die einzelnen Verteilungswaren verschiedenen Inhalt hat.

---

[14]) Vgl. RGBl. S. 1165 § 1.

[15]) Vgl. VO. des Magistrats Berlin vom 15. Juni 1915, die auf Grund der dem § 58 der Reichsgetreideordnung für die Ernte 1917 entsprechenden §§ 34 u. 36 der Bek. vom 25. Jan. 1915 erlassen wurde; Güthe-Schlegelberger, Kriegsbuch, Bd. 1 S. 615.

[16]) So werden in Berlin für Schwerarbeiter angesehen oder ihnen gleichbehandelt:

1. Personen, die tagsüber außerhalb ihrer Wohnung beschäftigt sind und während dieser Zeit keine Möglichkeit haben, sich andere Nahrungsmittel als Brot hinreichend zu verschaffen;
2. Personen, die innerhalb der Zeit von 8 Uhr abends bis 6 Uhr morgens mindestens 6 Stunden zu arbeiten haben;
3. Personen, die in Tag- und Nachtschichten arbeiten, sofern auf die Kalenderwoche mindestens drei Nachtschichten entfallen;
4. Personen bis zum vollendeten 21. Lebensjahr, die in gewerblichen Betrieben beschäftigt werden und für die ein Arbeitsbuch ausgestellt ist;
5. Häupter von Familien, in denen mehr als die Hälfte der Mitglieder tagsüber außerhalb des Hauses beschäftigt sind.

In Frankfurt a. M. gelten als Schwerstarbeiter:

1. Bergarbeiter unter Tage, einschließlich der mittleren und unteren Grubenbeamten (Fahrhäuser, Steiger, Fahr-, Wetter- und Obersteiger), soweit sie unter Tage beschäftigt sind;
2. die an den Koksöfen (Arbeiter in Gasanstalten sind wie Arbeiter an Koksöfen zu behandeln), Eisenerzrostöfen und in Brikettfabriken be-

Schwer- und Schwerstarbeiter sind aber nicht die einzigen Arten der Vorzugsberechtigten. Man denke nur an die Kranken.

Nach der Bekanntmachung des Frankfurter Magistrats vom 22. Oktober 1916[17]) erhalten Zusatzbrotscheine:

1. Kinder im Alter von 6 bis einschließlich 9 Jahren,
2. Jugendliche im Alter von 16 und 17 Jahren,
3. schwangere Frauen in den letzten drei Monaten vor der Entbindung.

---

schäftigten Arbeiter, soweit sie der Einwirkung der Gase, des Rauches und der Hitze der Öfen unmittelbar ausgesetzt sind;

3. Feuerarbeiter in der Eisenindustrie, insbesondere
   a) von den Arbeitern an den Hochöfen: Erz- und Koksfahrer, Gichter, Schmelzer, Schlackenarbeiter und sonstige Ofenarbeiter, sowie Gießbettmacher und Arbeiter bei den Winderhitzern;
   b) von den Arbeitern in den Stahlwerken: Arbeiter an Generatoren, Konvertern, Martinöfen, Tiegel- und Elektrostahlöfen; ferner Gießgruben- und Wärmegrubenarbeiter, Kranführer in Ofen- und Gießhallen und über den Wärmgruben;
   c) von den Arbeitern in Walz-, Hammer- und Preßwerken: Walzer und Arbeiter an Schweiß-, Wärm- und Glühöfen, Arbeiter an Hämmern, Pressen, sowie Arbeiter an Sägen, Scheren, Richtmaschinen, soweit sie an warmem Metall arbeiten;
   d) von den Arbeitern in Eisen- und Stahlgießereien solche, die unter großer Hitze oder schädlichen Gasen besonders zu leiden haben;
4. Arbeiter in der Waffen- und Munitionsindustrie, die den unter 3 aufgeführten Arbeiterkategorien entsprechen, insbesondere Arbeiter an Pressen, Wärm- und Glühöfen, sowie in der Härterei und Vergüterei;
5. Arbeiter in Zink-, Kupfer-, Aluminium- und sonstigen Metallhütten und Metallgießereien, soweit ihre Arbeit der Arbeit unter 3 aufgeführten Arbeitergruppen gleicht; Ofenarbeiter in Zinkweißfabriken;
6. in Kalk- und Dolomitbrennereien, Zementfabriken, in der Tonwarenindustrie (Porzellan-, Steinzeug-, Steingutfabriken, Ziegeleien und Fabriken feuerfester Produkte, einschließlich Asbestglühereien) und in Glashütten, soweit diese Industrien für den Kriegsbedarf arbeiten: Arbeiter, die unter großer Hitze oder schädlichen Gasen besonders zu leiden haben;
7. in der Maschinen-, Metall- und Kleineisenindustrie, sowie in Eisenbahnwerkstätten, Brückenbauanstalten und Seeschiffwerften, soweit diese Industrien für den Kriegsbedarf arbeiten und soweit ihre Arbeiter nicht schon unter die aufgeführten Gruppen fallen: Ofen- und Hammerleute, Schmiede, Kesselschmiede, Warmnieter und Beizer für schwere Gegenstände;
8. von den Arbeitern der chemischen und Sprengstoffindustrie solche, die unter großer Hitze, schädlichen Gasen oder giftigen Stoffen besonders zu leiden haben;
9. Kesselheizer im Bergbau und in den vorgenannten Industrien mit Ausnahme solcher Heizer, die eine Gasfeuerung oder eine Feuerung mit mechanischer Beschickung bedienen. Die Rostreiniger und Aschenzieher der letzteren Anlagen fallen nicht unter diese Ausnahme;
10. Arbeiter im Bergbau und in den vorgenannten Industrien, die an sich nicht unter die aufgeführten Gruppen fallen, aber regelmäßig in Tag- und Nachtschicht arbeiten, für die Zeit, in der sie Nachtschichten leisten. Wird in drei Schichten gearbeitet, so gilt nur eine Schicht als Nachtschicht;
11. Lokomotivführer und Heizer auf Dampflokomotiven, Maschinen- und Heizerpersonal der See- und Binnenschiffahrt.

[17]) Vgl. VO. der städt. Behörden zu Frankfurt a. M. über die Lebensmittelversorgung, 1916, 2. Nachtrag S. 21.

Je nach dem Gegenstand, der zu verteilen ist, sind naturgemäß auch die Kreise der Vorzugsberechtigten verschieden. Bei Seife muß es andere Vorzugsberechtigte geben, wie bei Milch.

Vollmilchberechtigte sind beispielsweise

a) Kinder bis zum vollendeten 16. Lebensjahr,
b) stillende Frauen,
c) schwangere Frauen in den letzten drei Monaten vor der Entbindung,
d) Kranke, auf Grund amtlich vorgeschriebener Bescheinigung.[18])

Bei der Seifenverteilung stehen an der Spitze diejenigen Personen, deren Beruf eine besonders peinliche Reinlichkeit erfordert; in zweiter Linie kommen erst die, deren Beruf eine besonders starke Beschmutzung mit sich bringt. So sind nach den Ausführungsbestimmungen zur Seifenverordnung[19]) vorzugsberechtigt

1. a) Ärzte, Personen, die berufsmäßig mit Krankheitserregern arbeiten, Zahnärzte, Tierärzte, Zahntechniker, Hebammen und Krankenpfleger,
   b) mit ansteckender Krankheit sowie Tuberkulose jeder Art behaftete Personen,
   c) Krankenhäuser,
2. Arbeiter, die in gewerblichen Betrieben vor dem Feuer oder mit der Kohlenbewegung beschäftigt sind, Schornsteinfeger und Kesselreiniger,
3. Kinder bis zu 18 Monaten.

§ 13. Die Verteilung der Vorräte auf die Verbraucher.

a) Allgemeines.

Wenn oben gesagt wurde, daß es bei dem Mangel an Nahrungsmitteln und bestimmten anderen Erzeugnissen notwendig sei, die vorhandenen Vorräte gerecht zu verteilen, muß hier ergänzend hinzugefügt werden, daß die gerechte Verteilung die allgemeine Fassung der Vorräte voraussetzt. Nur bei den Produkten, die durch eine allgemeine Beschlagnahme Zentralwirtschaftsstellen zur Verfügung stehen, ist eine gerechte Verteilung möglich. Wir konnten aus dem vorigen Paragraphen ersehen, daß gerechte Verteilung nicht gleichbedeutend ist mit gleichmäßiger Verteilung. Hätten wir eine gleichmäßige Verteilung, die jeden Angehörigen der Volksgemeinschaft in gleicher Weise berücksichtigen wollte, so könnte das Verteilungssystem mit höchst einfachen Formen sich begnügen. Man bräuchte nur zu bestimmen, daß auf jeden Kopf eine bestimmte Warenmenge entfalle.

---

[18]) Vgl. Bek. über die Bewirtschaftung von Milch und den Verkehr mit Milch vom 3. Okt. 1916 § 4, RGBl. S. 1100.

[19]) Vgl. AusfBest. zur VO. über den Verkehr mit Seife, Seifenpulver und anderen fetthaltigen Waschmitteln vom 18. April 1916, 21. Juli 1916, 28. August 1916, 14. Dez. 1916; Güthe-Schlegelberger, Kriegsbuch, Bd. 4 S. 531.

Wir sahen aber, daß eine Verteilung nach Köpfen ungleich wirkt, daher tatsächlich ungerecht ist und so nicht im Interesse des Volksganzen liegt. Man knüpfte daher das Bezugsrecht der Verteilungswaren an den Besitz bestimmter Legitimationspapiere oder an die Zugehörigkeit zu einem Kreis bestimmter Vorzugsberechtigter, Bezugschein- bzw. Kontingentierungsystem.

b) Der Bezugschein.

Der Bezugschein ist zunächst Verteilungsmittel. Dies war in der Kriegswirtschaft seine erste und wichtigste Aufgabe. Später wurde er auch Beschränkungsmittel, denn es gab eine Menge Produkte, die nicht vollständig von Zentralstellen erfaßt werden konnten und wollten, von denen man aber wußte, daß sie den allgemeinen Bedarf bei freier Veräußerlichkeit zu decken nicht in der Lage waren. Wir denken hier vor allem an den Bezugschein für Kleidungsstücke und Schuhwaren.

Bezugscheine sind Legitimationspapiere, das heißt, sie sind nur Ausweisscheine, keine Verpflichtungsscheine. Wie der Student in seinem Legitimationsschein ein Papier besitzt, das an sich keine Rechte gewährt, sondern erst durch Versprechen dritter Personen, z. B. einer Museumsdirektion, rechtserhebliche Bedeutung bekommt, so wird auch der Inhaber einer Brotkarte nicht schon dadurch Träger eines Anspruchs auf Brot, sondern erst durch die entsprechende vertragliche Bindung eines Dritten; so ist denn auch der Bezugsschein nicht vergleichbar mit einem Theaterbillet, oder einer Eisenbahnfahrkarte, die beide dem rechtmäßigen Besitzer einen bestimmten Anspruch geben, er ist auch kein Inhaberpapier im Sinne der §§ 793 und 908 BGB., da ihm jedes Leistungsversprechen fehlt. Er ist ferner keine Urkunde im Sinne des § 807 BGB., da sich aus ihm nicht ergibt, daß der Aussteller dem Inhaber zu einer Leistung verpflichtet sein will.[1]) Die Bekanntmachung des Frankfurter Magistrats vom 25. Februar 1915[2]) sagt richtig: Die Brotscheine sind lediglich Ausweise und keine Zahlungsmittel.[3]) Wie wenig sich der Ausgeber einer Brotkarte zu einer bestimmten Leistung verpflichtet hat, zeigt die häufige einseitige Änderung der auf die Karte entfallenden Brotmengen. So wurden in Frankfurt am Main bis zum 3. April 1917 gegen einen Brotschein 850 Gramm Schwarzbrot oder 600 Gramm Weizenbrot oder 600 Gramm Zwieback verausgabt. Nach dieser Zeit entfielen auf einen

---

[1]) Vgl. Recht und Wirtschaft, 1915, S. 18: „Die Brotkarte ist ein öffentlichrechtlicher Erlaubnisschein, der nur von der in der Urkunde namentlich bezeichneten Person (so bei den Leipziger Ausweiskarten) oder von demjenigen gebraucht werden darf, dem die Brotkarte im Wege der ordnungsmäßigen Verteilung übergeben worden ist“ (Berliner Ausweis).

[2]) Vgl. VO. der städt. Behörden zu Frankfurt a. M. über die Lebensmittelversorgung, 1916, S. 43 § 4 Abs. 2.

[3]) Vgl. auch VO. der städt. Behörden zu Frankfurt a. M. über die Lebensmittelversorgung, im Nachtrag S. 39.

Brotschein nur noch 600 Gramm Schwarzbrot oder 500 Gramm Weizenbrot oder 450 Gramm Zwieback.[4])

Für die Rechtsnatur des Bezugscheines ist ohne Belang, ob auf ihm eine bestimmte Warenmenge angegeben ist oder nicht, er verleiht ja keinen Anspruch auf Empfang der Menge. Nur insoweit wird die Mengeangabe auf den Bezugschein bedeutsam, als sie mit der vorhandenen und tatsächlich zur Ausgabe gelangenden Verteilungsmenge übereinstimmt. Ob und welche Menge verteilt wird, bestimmt sich häufig nicht nach der Angabe auf dem Bezugschein, sondern nach den tatsächlichen Verhältnissen und den darauf fußenden Verordnungen.

Der Bezugschein ist eine bewegliche Sache. Es ist an ihm Diebstahl im Sinne des § 242 StGB. und Unterschlagung im Sinne des § 246 StGB. möglich. Der Bezugschein ist ferner eine öffentliche Urkunde im Sinne des § 267 StGB.[5]) Er ist meist von einer öffentlichen Behörde, zum mindesten von deren Organen innerhalb der Grenzen ihrer Amtsbefugnisse ausgestellt, um den Beweis zu erbringen, daß derjenige, zu dessen Gunsten er ausgestellt wurde, zur Entnahme von Waren z. B. Brot und Mehl berechtigt ist. Wo die Bezugscheine besondere lösbare Abschnitte enthalten, sind diese Abschnitte selbst öffentliche Urkunden, wenn sie zusammen mit dem eigentlichen Bezugschein gebraucht, d. h. vorgelegt werden; sind sie von dem Bezugschein getrennt, so haben sie häufig keine Gültigkeit und keine Beweiskraft. Allerdings ist hier zwischen der gegenwärtigen Zeit und der ersten Ausgabe der Bezugsmarken zu unterscheiden. Allmählich hat sich der Handel, das Gewerbe und das große Publikum daran gewöhnt, in den Abschnitten der eigentlichen Scheine selbständige Ausweispapiere zu sehen. Selten wird heute der Überlieferer einer Fleischmarke nach der Stammkarte gefragt. Die Verfälschung der Abschnitte erscheint daher genau so wie die Verfälschung der Stammkarte als Urkundenfälschung. Letztere bleibt auch eine öffentliche Urkunde, wenn ihre Gültigkeit davon abhängig ist, daß der berechtigte Besitzer seinen Namen einträgt. Auch die Verfälschung dieses Namens ist ein Verstoß gegen § 267 und nicht gegen § 269 StGB.[6])

Voraussetzung der Ausgabe eines Bezugscheines ist, daß der ihn in Anspruch Nehmende als Verbraucher anerkannt ist. Es wurde schon angedeutet, daß in einigen Fällen eine qualifizierte Verbrauchereigenschaft gefordert wird, vor allem bei den Vorzugsberechtigten. Im allgemeinen wird beim Verbraucher das Bedürfnis nach Ware der auf dem Bezugsschein genannten Art vermutet. In besonderen Fällen wird jedoch die Bedürfnisfrage nachgeprüft, so bei der Abgabe von Kleidungsstücken und Schuhwaren. Auf dem hierfür ausgegebenen

---

[4]) Vgl. VO. der städt. Behörden zu Frankfurt a. M. über die Lebensmittelversorgung, 1916, S. 43.

[5]) Vgl. hierzu die Auslassungen Neukamps in Recht und Wirtschaft, 1915, S. 118.

[6]) Anders RGSt. Bd. 28 S. 42 und Güthe-Schlegelberger, Kriegsbuch, Bd. 1 S. 596.

Bezugschein wird von der Gemeindebehörde ausdrücklich die Notwendigkeit der Anschaffung bescheinigt.[7])

Der Bezugschein ist im allgemeinen nicht übertragbar. Er wird immer einer bestimmten Person, einer bestimmten Familie oder einer bestimmten Firma ausgestellt. Auch hier ist die Gewohnheit vielfach über das Gesetzesrecht hinausgegangen, indem die Übertragbarkeit bzw. die Berechtigung des Vorzeigers im allgemeinen nicht nachgeprüft wird. Das örtliche und zeitliche Geltungsgebiet der Bezugscheine ist meistens begrenzt, so gelten die Brotkarten nur für den Kommunalverband, für den sie ausgegeben sind.[8]) Reichsreisebrotkarten[9]) und Reichsfleischmarken[10]) gelten im ganzen Reichsgebiet. Sie sind aber, was bemerkt zu werden verdient, trotzdem nicht übertragbar. Das Gleiche gilt für die Bezugscheine der Reichsbekleidungsstelle.[11])

Die zeitliche Geltungsdauer der Bezugsscheine ist meist auf ihnen selbst vermerkt. Es ist nicht immer gesagt, daß mit Ablauf dieser Zeit die Berechtigung des Inhabers erlischt. Die Kommunalverbände, die beispielsweise bei Brot und Mehl die Markenausgabe selbständig regeln, können auch nach eigenem Ermessen bestimmen, wie lange Zeit über den Verfalltag hinaus die Marken angenommen werden dürfen. So ist beispielsweise für Frankfurt bestimmt, daß für die Bäcker, Kolonialwarenhändler und andere Geschäfte die Brotmarken vier Wochen nach dem Schlußtage ihre Gültigkeit verlieren.[12]) Demnach bleibt es den Bäckern usw., die mit der Verrechnungsstelle des Magistrats noch nicht abgerechnet haben, anheimgegeben, auch nach dem eigentlichen Verfalltag die Marken vom Publikum anzunehmen. Anders ist es beim Bezugsschein der Reichsbekleidungsstelle; er verliert nach Ablauf eines Monats vom Tag der Ausfertigung an seine Gültigkeit. Jeder Händler, der ihn nachträglich noch annimmt, macht sich strafbar.[13])

c) Das Kontingent.

Das Wort als solches kommt in sehr verschiedener Bedeutung vor. Die Reichsgesetzgebung der Friedenszeit kannte beispielsweise

---

[7]) Vgl. Bek. über die Regelung des Verkehrs mit Web-, Wirk- und Strickwaren für die bürgerliche Bevölkerung vom 10. Juni 1916 § 11, RGBl. S. 645.

[8]) Vgl. z. B. VO. des Frankfurter Magistrats vom 25. Febr. 1915, Anzeigeblatt Nr. 18.

[9]) Vgl. Bek. der Reichsgetreidestelle über die Einführung von Reichsreisebrotmarken vom 14. Sept. 1916, insbesondere § 8 Abs. 2 in Güthe-Schlegelberger, Kriegsbuch, Bd. 4 S. 128.

[10]) Vgl. Bek. über die Ausgestaltung der Fleischkarte und die Festsetzung der Verbrauchshöchstmenge an Fleisch und Fleischwaren vom 21. Aug. 1916, RGBl. S. 945.

[11]) Vgl. Bek. über die Regelung des Verkehrs mit Web-, Wirk- und Strickwaren für die bürgerliche Bevölkerung vom 10. Juni 1916 § 12, RGBl. S. 464.

[12]) Vgl. VO. der städt. Behörden zu Frankfurt a. M. über die Lebensmittelversorgung, 1916, S. 48.

[13]) Vgl. Bek. über die Regelung des Verkehrs mit Web-, Wirk- und Strickwaren usw. § 13.

Heereskontingente und Branntweinkontingente. In beiden Fällen bedeutet Kontingent so viel wie „zusammengefaßte Menge". Dem Begriff Kontingent liegt meist etwas Gegensätzliches inne, nämlich gegenüber der Menge, die nicht „zusammengefaßt" ist, also dem Kontingent nicht angehört. Die Kontingentmenge ist immer eine bestimmte, sie kann jedoch entweder absolut oder relativ bestimmt sein. Ist letzteres der Fall, so tritt das Unterscheidende des Begriffs besonders deutlich hervor.

In der Kriegswirtschaft wird das Wort Kontingent in zwei verschiedenen Bedeutungen gebraucht, je nachdem es sich um Verteilungswaren handelt oder nicht, die kontingentiert werden sollen. In ersterem Falle ist Kontingent die einem oder mehreren Betrieben freigegebene Menge von Verteilungswaren, in letzterem Falle ist Kontingent die an Hand von Vergleichsziffern relativ beschränkte Verbrauchsmenge. Zu der ersteren Art gehört beispielsweise das Gerstenkontingent. § 7 der Verordnung über Gerste aus der Ernte 1916 sieht vor,[14]) daß trotz der Beschlagnahme Unternehmer landwirtschaftlicher Betriebe aus ihren Vorräten Gerste für Betriebe mit Kontingent auf Gerstenbezugschein liefern können. Ergänzend bestimmt § 20, daß es der Bekanntmachung des Reichskanzlers vorbehalten bleibt, welche Betriebe Gerste verarbeiten oder verarbeiten lassen dürfen und in welchen Mengen.[15]) Auf Grund dieser Bestimmung haben Gerstenkontingente erhalten: Graupenmühlen, Malz- und Gerstenkaffeefabriken, Preßhefefabriken, Brauereien, Malzextraktfabriken, Kartoffelspiritusbrennereien (landwirtschaftliche Kartoffelbrennereien) und solche Kornbrennereien, die im gleichen Betriebsjahr Kartoffeln oder Rüben verarbeitet haben.[16]) Die Festsetzung der Kontingente erfolgte für das Jahr 1916 durch die Reichsfuttermittelstelle oder in deren Auftrag durch die Steuerbehörde. Für die Brauereien bestimmen sich die Gerstenkontingente wieder nach den Malzkontingenten unter Zugrundelegung eines Umrechnungsverhältnisses von 100 : 75. Die Höhe der Malzkontingente ist durch Verordnung vom 7. Oktober 1916 auf 48 von 100 der Malzmenge festgesetzt, die die Brauereien in den Jahren 1912 und 1913 durchschnittlich verwendet haben.

Auch die Haferverordnung[17]) sieht vor, daß Unternehmer landwirtschaftlicher Betriebe Hafer an solche Stellen liefern, die durch Erlaubnisschein zum Ankauf von Hafer berechtigt sind. Die zur Verarbeitung freigegebene Menge Hafer ist kontingentiert. Für die Zuteilung eines Kontingents kommen lediglich die Nährmittelfabriken

---

[14]) Vgl. Oppenheimer-Dorn, Die Bundesratsverordnungen über Brotgetreide und Mehl usw., II. Teil, 1906, S. 7.

[15]) Vgl. ebenda S. 78. Dorn nennt Gerstenkontingent die Befugnis, innerhalb einer bestimmten Zeitgrenze eine bestimmte Höchstmenge inländischer Gerste zu verarbeiten und verarbeiten zu lassen, vgl. Anm. 1 zu § 20.

[16]) Vgl. Oppenheimer-Dorn, Die Bundesratsverordnungen über Brotgetreide und Mehl, 1916, II. Teil, S. 80.

[17]) Vgl. VO. über Hafer aus der Ernte 1916 vom 6. Juli 1916 und 24. Juli 1916 §§ 6 f., RGBl. S. 676 u. 811.

in Betracht. Die Höhe des Kontingents bestimmt sich nach deren Leistungsfähigkeit.[18])

Träger des zugeteilten Kontingents ist das Betriebsunternehmen als solches, der Gewerbebetrieb, der selbständig und unabhängig von dem Eigentum an den Betriebsgrundstücken ist.[19])

Zur Ausübung der Rechte ist mithin der jeweilige Inhaber des Betriebs für die Dauer der Rechte am Betriebe berufen.[20]) Die Kontingente sind grundsätzlich nicht übertragbar und daher auch nicht pfändbar. Eine beschränkte Übertragbarkeit ist den Malzkontingenten der Bierbrauereien zugestanden. Nach § 4 der Verordnung vom 7. Oktober 1916[21]) können Bierbrauereien ihre Malzkontingente ganz oder teilweise auf eine andere Brauerei innerhalb des nämlichen Brausteuergebiets zu deren eigenen Verwendung übertragen. Die Schranken der Übertragbarkeit bestimmen zugleich die Grenzen der Pfändbarkeit. Die Zwangsvollstreckung kann nur derart durchgeführt werden, daß die Verwertung in der für die Übertragung vorgeschriebenen Weise erfolgt. Die Pfändung setzt voraus, daß der Gläubiger die Genehmigung der Veräußerungsbedingungen durch die Vermittelungsstelle bei Stellung seines Antrages nachweist.[22]) Es kann vom Gericht nur die Veräußerung an eine zum Erwerbe berechtigte Brauerei angeordnet werden.

Die Zuteilung des Kontingents gibt keinen Anspruch auf Verschaffung der entsprechenden Gersten- oder Hafermenge. Zur Durchführung des Erwerbs dienen für Gerste die Bezugscheine, für Hafer die Erlaubnisscheine.[23]) Die Rechtsnatur dieser Scheine ist genau die gleiche wie diejenige der unter b) besprochenen.

Die Kontingente, die lediglich die Beschränkung des Verbrauchs, nicht aber die Zuteilung der von dem freien Verkehr entzogenen Waren bezwecken, sind in der Kriegswirtschaft von geringerer Bedeutung. Es gehören hierher die Beschränkung des Durchschnittsbrandes der Brennereien[24]) und die Beschränkung der gewerbsmäßigen Herstellung von Obstbranntwein.[25]) Auch die Bestimmung, daß gewerbliche Betriebe, die fabrikmäßig Wurstwaren herstellen, monatlich nicht mehr als ein Drittel derjenigen Fleischmengen zu Wurstwaren verarbeiten dürfen, als sie im Monatsdurchschnitt der Zeit vom 1. Oktober 1915 bis

---

[18]) Vgl. Oppenheimer-Dorn, II. Teil, 1916, S. 159.

[19]) Vgl. RGZ. Bd. 83 S. 60.

[20]) Gegebenenfalls auch der Konkursverwalter.

[21]) Vgl. VO. über die Malz- und Gerstenkontingente der Bierbrauereien, sowie den Malzhandel vom 7. Okt. 1916, RGBl. S. 1137.

[22]) Vgl. Koppe in Stat. Mitteilungen des deutschen Brauerbundes, 1916, S. 88; Schiedermair in BayZ. 1915 S. 382; Dietrich, ebenso 1916 S. 66.

[23]) Vgl. VO. über Gerste aus der Ernte 1916 vom 6. Juli 1916 § 7; VO. über Hafer aus der Ernte 1916 vom 6. Juli 1916 § 17 Abs. 5.

[24]) Vgl. Bek. über die Regelung der wirtschaftlichen Betriebsverhältnisse der Branntweinbrennereien und der Betriebsauflagevergütung für das Betriebsjahr 1915/16 vom 7. Okt. 1915.

[25]) Vgl. Bek. der Reichsstelle für Gemüse und Obst vom 2. Sept. 1916 § 2; Güthe-Schlegelberger, Kriegsbuch, Bd. 4 S. 250.

31. Dezember 1915 verarbeitet haben, enthält eine Beschränkung in unserem Sinne, obwohl sie sich weniger gegen den Verbrauch als gegen die Herstellung richtet.

III. Abschnitt:

Der Verkehr.

§ 14. Die Verkehrsfähigkeit.

a) Allgemeines.

Die Bezeichnung Verkehrsfähigkeit wird häufig gleichbedeutend gebraucht mit dem Wort Geschäftsfähigkeit.[1]) Man denkt hierbei an das Wort Verkehr im weitesten Sinne, insbesondere an den Rechtsverkehr im bürgerlichen Leben.

Wenn wir das Wort Verkehr gebrauchen, so geschieht dies in einem engeren Sinne. Uns ist Verkehr der Inbegriff von Handlungen und Einrichtungen, die die Verbindung der Menschen bezwecken. Was die Ver- und Übermittlung von Gegenständen und Waren anlangt, dürfte Verkehrsfähigkeit gleichbedeutend sein mit Handelsfähigkeit.

Die Handelsfähigkeit hat im Verlauf der kriegswirtschaftlichen Entwickelung erhebliche Beschränkungen erfahren.

Der Handel ist der Verkehrsvermittler zwischen Erzeuger und Verbraucher. In einer Zeit, wo die Erzeugung staatlich erfaßt, der Verbraucher staatlich beschränkt wird, bleibt für diese Vermittlertätigkeit wenig Raum. Wo sie aber platzgreift, darf sie nicht den Aufgaben der gesamten Kriegswirtschaft zuwiderhandeln. Welches diese Aufgaben sind, haben wir bereits oben dargelegt: Versorgung der Bevölkerung und des Heeres mit den notwendigen Rohstoffen und Nahrungsmitteln.

Diese Versorgung wird gefährdet, wenn Personen an der Vermittelungstätigkeit teilnehmen, die mehr die gegenwärtige schwierige Lage zu eigenem Gewinn ausnützen, als innerhalb ihres Wirkungskreises den Aufgaben der Kriegswirtschaft dienen wollen. Mit Recht hat man daher jedem, der während der Dauer des Krieges Handel mit wichtigen Bedarfsgegenständen treiben will, zur Aufgabe gemacht, daß er sich eine Prüfung über seine persönlichen und wirtschaftlichen Verhältnisse gefallen lasse, und im übrigen den Handel verboten.

b) Das Handelsverbot mit Erlaubnisvorbehalt.

Die erste kriegswirtschaftliche Einschränkung der Handelsfähigkeit brachte die Verordnung des Reichskanzlers über den Handel mit Lebens- und Futtermitteln und zur Bekämpfung des Kettenhandels vom 24. Juni 1916 / 29. Juni 1916.[2]) Ehe Inhalt und Aufbau

---

[1]) Endemann, Lehrbuch des bürgerl. Rechts, 8. Aufl. I. Bd. S. 122.
[2]) Vgl. RGBl. S. 581 u. 861ff.

dieser Verordnung besprochen werden, mag erwähnt sein, daß in enger Anlehnung an ihren Wortlaut zwei weitere Verordnungen erschienen sind, von denen die eine den Handel mit Sämereien,[3]) die andere den Handel mit Tabakwaren[4]) von einer vorherigen Prüfung der Verhältnisse des Handelswilligen abhängig macht.

Wer also für die Folge einen Antrag auf besondere Erlaubniserteilung stellt, dem ist der Handel mit Lebens- oder Futtermitteln, Sämereien und Tabakwaren verboten.

Die Begriffe Lebensmittel, Futtermittel und Tabakwaren bieten in der Praxis der Auslegung nicht geringe Schwierigkeiten. In der Friedensgesetzgebung ist der Begriff Lebensmittel nur vereinzelt vorgekommen.[5]) Das Strafgesetzbuch spricht in § 370 Ziffer 5 von „Nahrungs- oder Genußmittel". Derselben Ausdrucksweise bedient sich das Gesetz, betreffend den Verkehr mit Nahrungsmitteln, Genußmitteln und Gebrauchsgegenständen vom 14. Mai 1879. In der Friedensrechtsprechung herrscht die Auffassung vor, daß unter „Nahrungsmitteln" alle Gegenstände fallen, die der Ernährung dienen, „Genußmittel" hingegen diejenigen sind, welche zwar dem Körper zugeführt und genossen werden, aber nicht zur Ernährung bestimmt sind. Der Begriff Lebensmittel befindet sich im Strafgesetzbuch in § 325 (Vertragsbruch hinsichtlich Lieferungsverträge mit Behörden über Lebensmittel zur Abwendung oder Beseitigung eines Notstandes). Die überwiegende Ansicht geht dahin, daß hier unter Lebensmittel nur Nahrungsmittel zu verstehen sind.

Jedenfalls ist der Begriff Lebensmittel dehnbar. Aus diesem Grunde haben die Stellen, welche die Erlaubnis zum Handel erteilen, von den Landeszentralbehörden Anweisung erhalten, in Zweifelsfällen Auskunft zu geben, ob eine Ware als Lebensmittel anzusehen ist. Die erteilte Auskunft schützt den Empfänger vor strafrechtlicher Verfolgung, wenn er es, gestützt auf die Auskunft, unterlassen hat, die Erteilung der Erlaubnis zum Handel mit Lebens- oder Futtermitteln einzuholen.

§ 2 der Verordnung bestimmt, daß als Lebens- oder Futtermittel auch diejenigen Erzeugnisse zu gelten haben, aus denen Lebens- oder Futtermittel hergestellt werden. Zwischen notwendigen und nicht notwendigen Lebens- oder Futtermitteln wird kein Unterschied gemacht. Es genügt im allgemeinen, daß die Waren zur Verpflegung oder Speisenzubereitung verwendet werden. Nach Falk[6]) unterliegt auch der Handel mit solchen Lebensmitteln, die mehr oder weniger als Genußmittel anzusehen sind, wie z. B. Kaviar, Austern, Schaumwein,

---

[3]) Vgl. VO. des Reichskanzlers über den Handel mit Sämereien vom 15. Nov. 1916, RGBl. S. 1277 ff.

[4]) Vgl. VO. über den Handel mit Tabakwaren vom 28. Juni 1917, RGBl. S. 563 ff.

[5]) Vgl. hierzu die Eingabe der Handelskammer Berlin an den Handelsminister vom 12. Juni 1916; Güthe-Schlegelberger, Kriegsbuch, Bd. 3 S. 214.

[6]) Vgl. Falk, Bekämpfung des Kettenhandels, in Beiträgen zur Kriegswirtschaft, 1916, 3. Heft S. 38 ff.

Kaffee usw. der Erlaubnis. Der Vertrieb der sog. diätetischen Nährmittel (Somatose, Sanatogen, Hämatogen, Hepton, Pepsin, Lebertran usw.) ist gleichfalls genehmigungspflichtig. Hierher gehören auch die Mittel, die Lebensmitteln zugesetzt werden (Zitronensäure, Suppenwürfeln, Puddingpulver, Salz, Gewürze usw.), ferner die mannigfachen Arten der Ersatzmittel (Salatwürze, Kaffeersatz, Kunsthonig usw.).

Nachdem der Handel mit Tabakwaren durch die Verordnung vom 24. Juni 1916 / 29. Juni 1916 nicht getroffen worden war, bedurfte es der erwähnten Verordnung vom 28. Juni 1917. Hiernach ist genehmigungspflichtig der Handel mit Zigarren, Zigaretten, Rauch-, Kau- und Schnupftabak.

In persönlicher Hinsicht erstreckt sich die Erlaubnispflicht nicht nur auf die Eigenhändler, sondern auch auf die Kommissionäre, Agenten und Makler aller Art, einschließlich der Gelegenheitsvermittler, soweit sie an dem Handel mit genehmigungspflichtigen Waren beteiligt sind. Angestellte (Handlungsgehilfen und Gewerbegehilfen) bedürfen neben ihrem Arbeitgeber einer besonderen Erlaubnis nicht. Dagegen ist der Provisionsreisende genehmigungspflichtig, wenn er auf eigene Rechnung Reisen macht. Bei Gesellschaften des bürgerlichen Rechts bedarf jeder der Beteiligten der Genehmigung. Anders dagegen bei juristischen Personen: im Gegensatz zu Falk[7]) müssen wir anerkennen, daß auch diese der Erlaubnis bedürfen und ihnen auch umgekehrt die Erlaubnis erteilt werden kann. Daraus folgt, daß der Vertreter der juristischen Person für sich selbst keine besondere Erlaubnis braucht, so wenig wie sonst irgend ein Angestellter der Firma.

Aber nicht nur die reinen Zwischenhändler bedürfen der Erlaubnis, d. h. solche, die die Ware ohne Be- oder Verarbeitung weitergeben, sondern auch alle Arten von Herstellern und Fabrikanten, die Rohstoffe zu Lebens- oder Futtermitteln verarbeiten, um sie demnächst in den Handel zu bringen, so z. B. Konserven- und Kunsthonigfabrikanten, Brauereien und andere Arten von Nähr- und Futtermittelfabriken. Die Fabrikation an sich ist allerdings nicht genehmigungspflichtig, wohl aber der Absatz der hergestellten Lebens- und Futtermittel. Nach der Tabaksverordnung ist hingegen der Verkauf selbsthergestellter Tabakwaren nicht genehmigungspflichtig.[8]) Die gleiche Vergünstigung genießen nach der Lebensmittelverordnung nur die Land- und Forstwirte, die selbstgewonnene Erzeugnisse des Garten- und Obstbaues, der Geflügel- und Bienenzucht, der Jagd und der Fischerei verkaufen.[9])

Nicht genehmigungspflichtig sind ferner sowohl nach der Lebensmittel- und Futtermittelverordnung wie nach der Tabakverordnung die Kleinhandelsbetriebe, in denen Lebens- und Futtermittel oder Tabak-

---

[7]) Vgl. Falk, Die Bekämpfung des Kettenhandels, in Beiträgen zur Kriegswirtschaft, 1916, 3. Heft S. 39.

[8]) Vgl. Bek. über den Handel mit Tabakwaren vom 28. Juni 1917 § 2.

[9]) Vgl. VO. des Reichskanzlers über den Handel mit Lebensmitteln usw. vom 24. Juni und 29. Juli 1916 § 1 Ziff. 1.

waren nur unmittelbar an den Verbraucher abgegeben werden.[10]) Der Begriff Kleinhandelsbetrieb ist hier im Sinne von Detailhandel zu verstehen, d. h. Vertrieb an letzte Verbraucher. Unter diesen Begriff fallen Ladengeschäfte der verschiedensten Art, vom Krämer bis zum größten Warenhaus. Bei Lebens- und Futtermitteln erstreckt sich anders wie bei Tabakwaren die Genehmigungspflicht nicht auf den Gewerbebetrieb im Umherziehen.[11]) Man nahm an, daß bei Ausgabe des Wandergewerbescheines eine genügende Kontrolle des betreffenden Händlers stattfinde. Eine ähnliche Erwägung war maßgebend für die besondere Behandlung der Händler, die nach anderen während des Krieges erlassenen Vorschriften eine Erlaubnis zum Handel mit Lebens- und Futtermitteln erhalten haben,[12]) so z. B. auf Grund der Bekanntmachung über Saatkartoffeln vom 6. Januar 1915.

Die Erlaubnis zum Handel kann zeitlich, örtlich und sachlich beschränkt werden.[13]) Die zeitliche Beschränkung kommt am wenigsten in Frage. Wegen der örtlichen und sachlichen Beschränkung wird sich die Stelle, die zur Erteilung der Erlaubnis zuständig ist, im allgemeinen an den Geschäftsbetrieb des Händlers, wie er in Friedenszeiten war, halten.

Die Erlaubnis kann versagt werden, wenn Bedenken wirtschaftlicher oder persönlicher Natur entgegenstehen oder wenn der Antragsteller vor dem 1. August 1914 mit Lebens- oder Futtermitteln und vor dem 1. August 1916 mit Tabakwaren nicht gehandelt hat.[14]) Diese Bestimmungen lassen der Zulassungsstelle für die Entscheidung der Frage, welche Gründe für die Versagung und Entziehung der Erlaubnis, sowie für die Untersagung eines Handels in Frage kommen, weiten Spielraum. Aus den preußischen Ausführungsbestimmungen[15]) sei hier folgendes erwähnt: „Für die richtige Durchführung des Verfahrens ist hervorzuheben, daß mit der Versagung oder der Ausschließung ein persönlicher Makel nicht verbunden zu sein braucht. Neben den Versagungsgründen, die in der Person des Unternehmers in der Beschaffenheit der Unternehmung liegt, — z. B. Unzulässigkeit, Mangel an Sachkenntnissen, Mangel an den für einen ordnungsmäßigen Handelsbetrieb erforderlichen Einrichtungen oder dem nötigen Betriebskapital — kann die Versagung der Zulassung oder die fernere Nichtzulassung eines Betriebes auch auf Bedenken volkswirtschaftlicher Art gegründet werden. Solche können unter den gegenwärtigen Verhältnissen namentlich auch darauf hergeleitet werden, daß für den in Rede stehenden Handelsbetrieb kein Bedürfnis vorliegt. Erweist

---

[10]) Vgl. VO. vom 24. Juni und 29. Juli 1916 § 1 Ziff. 2; VO. über den Handel mit Tabakwaren vom 28. Juni 1917 § 1 Abs. 2.

[11]) Vgl. VO. vom 24. Juni und 29. Juli 1916 § 10 Abs. 1.

[12]) Vgl. VO. vom 24. Juni und 29. Juli 1916 § 1 Ziff. 3.

[13]) Vgl. Lebens- und Futtermittelverordnung § 3; Tabakverordnung vom 28. Juni 1917 § 2.

[14]) Vgl. VO. vom 24. Juni 1916 und 29. Juni 1916 § 3 Abs. 2; VO. vom 28. Juni 1915 § 4.

[15]) Vgl. preuß. AusfBest. vom 29. Juni 1916; Güthe-Schlegelberger, Kriegsbuch, Bd. 3 S. 211.

sich die Einschränkung der Zahl der Händler als nötig, so sind in erster Linie die Personen auszuschließen, die erst nach dem 1. August 1914 (bzw. 1. August 1916) den Handel mit Lebens- oder Futtermitteln (Tabakwaren) aufgenommen haben."

Zur Erteilung und Entziehung der Erlaubnis sind durch die Landeszentralbehörden besondere Stellen errichtet worden. Über ihre Zusammensetzung bestimmt die Lebens- und Futtermittelverordnung, daß den Vorsitz ein Beamter zu führen hat und daß ihr Vertreter des Handels angehören müssen, vor deren Bestellung die amtlichen Handelsvertretungen gehört werden sollen. Die Tabakverordnung enthält keine näheren Bestimmungen über die Zusammensetzung der Zulassungsstellen.

Eine besondere Regelung hat der Handel mit den Produkten erfahren, die einer allgemeinen Beschlagnahme unterliegen oder sonstwie von einer Zentralstelle erfaßt werden. Hierher gehört vor allem das Saatgut von Buchweizen, Hirse, Hülsenfrüchte, Wicken und Lupinen. Zum Handel mit diesen Erzeugnissen bedarf es der Erfüllung zweier Voraussetzungen. Zunächst muß das Saatgut von der Reichshülsenfruchtstelle bzw. der Bezugsvereinigung der deutschen Landwirte freigegeben sein, sodann muß der Handelswillige als Saatstelle von den Landeszentralbehörden bezeichnet oder von einer Saatstelle zugelassen sein.[16]) Zur weiteren Sicherung dient die Vorschrift, daß die Veräußerung, der Erwerb und die Lieferung von Saatgut nur gegen Saatkarte erlaubt ist.[17])

Alle Zulassungsstellen[18]) können die Erlaubniserteilung von Bedingungen abhängig machen. Bedingungen dieser Art können sein: die Verpflichtung, Bücher zu führen, über Herkunft und Verbleib der Ware, Einkaufs- und Verkaufspreise Auskunft zu geben, Preislisten nicht herauszugeben u. ä. Die Bekanntmachung über Saatgut bestimmt von vornherein: „Die zugelassenen Händler haben über jeden An- und Verkauf von Saatgut ordnungsgemäß Bücher zu führen."[19])

Von diesen Beschränkungen der Handelsbetätigung bis zur Herabdrückung des Händlers in eine beamtenähnliche Stellung mit genau umschriebenen Rechten und Pflichten ist nur ein Schritt. Diesen Schritt hat man beispielsweise bei der Regelung des Sackhandels getan. Die Reichssackstelle hat vier Arten von Sackhändler geschaffen: Aufkäufer, Sackhändler, Sackgroßhändler und Spezialgroßhändler. Mit Ausnahme der Aufkäufer, die den Sackhändlern unterstellt sind, hat jeder, der einer Händlergruppe angehören will, besondere Voraussetzungen zu erfüllen. So muß der Sackhändler sich schon vor dem Kriege am jetzigen Ort seiner gewerblichen Niederlassung mit dem

[16]) Vgl. Bek. über Saatgut von Buchweizen und Hirsen, Hülsenfrüchten, Wicken und Rupinen vom 5. Jan. 1917 §§ 1 u. 2, RGBl. S. 14.

[17]) Vgl. ebenda § 5.

[18]) Vgl. Bek. über Saatgut usw. vom 6. Jan. 1917 § 2; VO. des Reichskanzlers vom 24. Juni und 29. Juli 1916 § 3; Bek. über den Handel mit Tabakwaren vom 28. Juni 1917 § 2.

[19]) Vgl. Bek. über Saatgut vom 6. Jan. 1917 § 2 Abs. 3.

Handel mit Säcken, die im eigenen Lager sortiert wurden, befaßt haben. Der Sackhändler muß schon vor dem Kriege mindestens 10 Aufkäufer beschäftigt und mit einer Sackgroßhandlung in Geschäftsbeziehungen gestanden haben. Er muß im Besitz von Räumlichkeiten und Einrichtungen sein, die es ihm ermöglichen, die Säcke zu prüfen und teilweise auszubessern. Der Sackgroßhändler muß schon vor dem Kriege

a) handelsgerichtlich eingetragen gewesen sein,
b) sich mit dem Handel in gebrauchten Säcken aller Art befaßt haben,
c) solche auf eigenem Lager sortiert und ausgebessert haben,
d) mindestens 20 Leute im Sackbetrieb beschäftigt haben.

Er muß zur Sortierung und Reparatur der Säcke geeignete Lagerräume von mindestens 1000 qm besitzen und mindestens 30 Leute beschäftigen. Er muß ferner im August 1916 der Reichssackstelle einen Bestand von mindestens 50 000 Säcken gemeldet haben.

Die Spezialgroßhändler müssen außer den für die Sackgroßhändler genannten Bedingungen nachweisen, daß sie

a) mindestens 2000 qm geeignete Lagerräume besitzen,
b) 75 Leute für gebrauchte Säcke beschäftigen,
c) mindestens 250 000 Stück Säcke im August 1916 der Reichssackstelle gemeldet haben.

Das Beispiel des Sackhandels will zeigen, wie sehr die kriegswirtschaftliche Entwicklung das Recht auf freie Handelsbetätigung eingeengt hat,[20]) wie sehr die Handelsfähigkeit beschränkt wurde. Und nicht allein, daß die Zulassung als Sackhändler von bestimmten, schwer zu erfüllenden Voraussetzungen abhängig ist, auch die Betätigung nach der erfolgten Zulassung ist bis in alle Einzelheiten behördlich geregelt.[21]) Es sei nur das eine hervorgehoben, daß die einzelnen Gruppen der Sackhändler feste Gebühren beziehen. Schon das Wort Gebühr innerhalb des Handels zeigt die Richtung, nach der die kriegswirtschaftliche Entwicklung geht.

c) Die gesteigerte Handelsfähigkeit.

Unter gesteigerter Handelsfähigkeit verstehen wir die Handelsfähigkeit, die infolge Gesetz und Verordnung über die normale hinausragt. Die hauptsächlichste Form, in der diese Bevorzugung Einzelner gegenüber allen Übrigen vorkommt, ist das Monopol. Wenn wir bereits oben von den Monopolgesellschaften sprachen, so geschah es, um sie als neue eigenartige Rechtsträger, als juristische Personen besonderer Art kennen zu lernen. Hier aber interessiert uns weniger die Form wie der Inhalt: die gesteigerte Handelsfähigkeit, die diesen Gesellschaften verliehen ist.

Die beiden wichtigsten Monopolgesellschaften der Kriegswirtschaft dürften sein die Zentraleinkaufsgenossenschaft und die Bezugsvereinigung der deutschen Landwirte G. m. b. H. Die Zentraleinkaufs-

---

[20]) Vgl. die Bek. der Reichssackstelle vom 5. Okt. 1916; Güthe-Schlegelberger, Kriegsbuch, Bd. 4 S. 615.

[21]) Vgl. ebenda S. 617.

genossenschaft hat das Recht, zu verlangen, daß alle vom Ausland eingeführten Mengen von Roggen, Weizen, Gerste, Hafer, Mais, Hülsenfrüchten und Buchweizen, ferner alle Produkte und Abfälle dieser Erzeugnisse, die durch Vermahlen, Schälen oder Schroten gewonnen werden, an sie abgeliefert werden.[22]) Sie hat Anspruch auf alle vom Ausland eingeführte Butter,[23]) Margarine, Heringe, Salzfische, Klippfische und Fischroggen. Sie besitzt das Einfuhrmonopol für Schweineschmalz, Käse, Vieh, Fleisch, Fleischwaren, Wild, Kaninchen, Geflügel, frische Fische, Eier, kondensierte Milch und Milchpulver.[24])

Die Bezugsvereinigung der deutschen Landwirte hat das Handelsmonopol für Futtermittel, für zuckerhaltige Futtermittel,[25]) insbesondere auch auf Kleie, soweit sie beim Ausmahlen des beschlagnahmten Getreides gewonnen wird.

Es könnten noch unzählige Rechtsträger genannt werden, die alle in mehr oder weniger großem Umfange eine Vorzugsstellung, eine Monopolstellung einnehmen.

Es will nicht verkannt werden, daß das außerordentliche Maß von Rechten, das Einzelnen gegeben wurde, für die Betreffenden auch Pflichten zur Folge hatte. Die Hauptpflichten der Monopolgesellschaften lassen sich in die beiden Worte zusammenfassen: Abnahmezwang und Erklärungspflicht.

Erklärungspflicht ist die Pflicht der Monopolgesellschaft auf Antrag des Eigentümers von Waren, die der Gesellschaft zustehen, innerhalb einer bestimmten Frist sich zu erklären, ob und welche Mengen der Ware sie abnehmen will. So hat die Bezugsvereinigung der deutschen Landwirte dem Eigentümer von zuckerhaltigen Futtermitteln binnen 14 Tagen nach Eingang des Antrags auf Übernahme zu erklären, welche bestimmt zu bezeichnenden Mengen sie übernehmen will.[26]) Die Reichssackstelle, Geschäftsabteilung G. m. b. H. hat sich binnen zehn Tagen nach Empfang der Anzeige zu erklären, ob sie die Säcke ganz oder teilweise übernehmen will.[27]) Die Zentraleinkaufsgesellschaft hat sich unverzüglich nach Empfang der Anzeige von der Einfuhr von Eiern zu erklären, ob sie die Eier übernehmen will.[28]) Die Folgen der Nichterklärung sind verschiedene, jedoch immer für die Monopolgesellschaft nachteilige. Nach Ablauf der Erklärungsfrist ist die in Frage kommende Ware meist für den Handel frei[29]) und somit für die Gesellschaft verloren.

---

[22]) Vgl. Bek. betr. die Einfuhr von Getreiden, Hülsenfrüchten usw. vom 11. Sept. 1915, RGBl. S. 659.

[23]) Vgl. Bek. über die Einfuhr von Butter aus dem Ausland vom 15. Nov. 1915, RAnz. 1915 S. 271.

[24]) Vgl. Güthe-Schlegelberger, Kriegsbuch, Bd. 4 S. 49 ff., 50 ff., 54 ff., 56 ff., 62 ff.

[25]) Vgl. VO. über zuckerhaltige Futtermittel vom 5. Okt. 1916 § 2, RGBl. S. 1194; VO. über Futtermittel vom 5. Okt. 1916 § 2, RGBl. S. 1108.

[26]) Vgl. VO. über zuckerhaltige Futtermittel vom 5. Okt. 1916.

[27]) Vgl. VO. über Säcke vom 27. Juli 1916, RGBl. S. 834 § 18.

[28]) Vgl. AusfBest. zur BRVO. vom 18. April 1916 über die Einfuhr von Eiern; Güthe-Schlegelberger, Bd. 4 S. 55 § 4.

[29]) So z. B. VO. über Futtermittel vom 5. Okt. 1916 § 6 Abs. 2.

Abnahmezwang ist die auf Verordnung gegründete Verpflichtung der Monopolgesellschaft, die ihr zustehenden Waren abzunehmen. So sagt § 5 der Verordnung über zuckerhaltige Futtermittel: „Alle Mengen, die dem Absatz durch die Bezugsvereinigung vorbehalten sind, müssen von ihr abgenommen werden",[30]) oder § 3 der Verordnung über Ölfrüchte und daraus gewonnene Produkte: „Der Kriegsausschuß hat die Ölfrüchte, die ihm zu liefern sind, abzunehmen."[31])

Auch die Verletzung der Abnahmepflicht hat für die Monopolgesellschaft nachteilige Folgen. So heißt es in der Futtermittelverordnung: „Erfolgt die Abnahme nicht binnen vier Wochen nach dem Zeitpunkt, von dem ab der Eigentümer sich zur Lieferung erklärt hat, so ist der Kaufpreis binnen weiteren 14 Tagen zu entrichten und vom Ablauf der Annahmefrist ab mit 1 vom 100 über den jeweiligen Reichsbankdiskont zu verzinsen. Mit dem Zeitpunkt, an dem die Verzinsung beginnt, geht die Gefahr des zufälligen Verderbens oder der zufälligen Wertverminderung auf die Bezugsvereinigung über. Für die Aufbewahrung, pflegliche Behandlung erhält der Eigentümer vom Zeitpunkt des Gefahrübergangs ab eine besondere Vergütung."[32]) Ähnlich sind die Folgen der Verletzung der Abnahmepflicht auch bei anderen Erzeugnissen, die den Gegenstand einer besonderen Handelsberechtigung bilden.

§ 15. Die Offenlegung des Verkehrs.

a) Die Auskunftspflicht.

Vor der Erfassung und Verteilung der Erzeugnisse ist notwendig, daß die Stelle, welche sie erfassen und verteilen soll, weiß, welche Mengen vorhanden sind, wer sie besitzt und wo sie lagern. Die Kenntnis über diese wissenswerten Dinge erlangt die zuständige Stelle durch Befragung derjenigen Personen, bei denen sie Vorräte vermutet.

Der Kreis derjenigen, die auf Befragung zur Auskunft verpflichtet sind, ist fest bestimmt. Nach der Bekanntmachung über Auskunftspflicht vom 12. Juli 1917 gehören hierher

1. Personen, die Gegenstände, über die Auskunft verlangt wird, in Gewahrsam haben oder gehabt haben oder auf Lieferung solcher Gegenstände Anspruch haben,
2. landwirtschaftliche und gewerbliche Unternehmer,
3. öffentlichrechtliche Körperschaften und Verbände.

Es muß bemerkt werden, daß die erste kriegswirtschaftliche Verordnung, die für einen größeren Kreis von Personen die Auskunftspflicht begründete, nur solche als auskunftspflichtig erklärte, die die in Frage kommenden Gegenstände aus Anlaß ihres Handelsbetriebs oder sonst des Erwerbs wegen in Gewahrsam haben. Es war dies die Verordnung vom 2. Februar 1915. Schon der Nachtrag vom

---

30) Vgl. RGBl. S. 1115.

31) Vgl. VO. vom 26. Juni 1916, RGBl. S. 842.

32) Vgl. VO. über Futtermittel vom 5. Okt. 1916, RGBl. S. 1108 § 6 Abs. 3.

3. September 1915[1]) erweiterte die Auskunftspflicht auf alle Personen, die die gefragten Gegenstände in Gewahrsam haben. Die Beschränkung, die heute noch hinsichtlich des Kreises der Auskunftspflichtigen besteht, ist unbedeutend und praktisch kaum ein Hindernis.[2])

Die Aufforderung zur Auskunftserteilung kann entweder durch öffentliche Bekanntmachung oder durch Anfrage bei den einzelnen zur Auskunft Verpflichteten erfordert werden. Eine besondere Form braucht in letzterem Falle nicht eingehalten zu werden.

Über den sachlichen Umfang der Auskunftspflicht spricht sich die Verordnung vom 12. Juli 1917 nicht näher aus. Demnach sind die zuständigen Stellen berechtigt, über alle möglichen Verhältnisse wirtschaftlicher Natur Auskunft zu verlangen. Die nunmehr aufgehobene Verordnung vom 2. Februar 1915 hatte bestimmt, daß der zur Auskunft Verpflichtete auf Verlangen Auskunft zu geben habe, welche Vorräte ihm gehören oder welche sich in seinem Gewahrsam befinden, auf die Lieferung welcher Vorräte er Anspruch hat, welche Vorräte er zu liefern verpflichtet ist, wer Vorräte aufbewahrt, die ihm gehören; wem die fremden Vorräte gehören, die er aufbewahrt; wann die Vorräte abgegeben werden können; für welchen Zeitpunkt Lieferungen vereinbart sind und wohin früher angemeldete Vorräte abgegeben sind. Obwohl nunmehr in der neuen Verordnung die Aufzählung weggefallen ist, dürfte doch die Auskunftspflicht sachlich nicht geringer geworden sein.

Zur Sicherung der Richtigkeit der Angaben bestehen Strafandrohungen.[3])

Naturgemäß ist es der Behörde aber weniger darum zu tun, daß der falsche Auskunft Gebende bestraft wird, als vielmehr, daß sie selbst in der Lage ist, die falschen Angaben richtigzustellen und zweifelhafte Angaben nachzukontrollieren. Zu diesem Zweck gibt die Verordnung vom 12. Juli 1917 den zuständigen Stellen das Recht, die Geschäftsbriefe und Geschäftsbücher einzusehen, sowie Betriebseinrichtungen und Räume zu besichtigen und zu untersuchen, in denen Vorräte erzeugt, gelagert und feilgehalten werden oder in denen Gegenstände der gefragten Art zu vermuten sind. Jedoch ist dieses Eindringen der zuständigen Stellen nur statthaft zur Ermittlung richtiger Angaben, also nur statthaft in Verbindung mit einer Bestandsaufnahme oder Vorratserhebung. Nicht gibt § 3 der Bekanntmachung vom 12. Juli 1917 den zuständigen Stellen die Befugnis zur allgemeinen Überwachung. Auch darf nicht die genannte Auskunftspflicht nach der Bekanntmachung vom 12. Juli 1917 zu unsachlichen Anfragen benutzt werden. Sie ist nicht ein Werkzeug des Strafprozesses, sondern ein Mittel zur allgemeinen Erfassung der Vorräte.

---

[1]) Vgl. RGBl. S. 549.

[2]) Vgl. Personen, die niemals den gefragten Gegenstand in Gewahrsam gehabt haben, sind nicht auskunftpflichtig. So wäre z. B. eine allgemeine Vorratserhebung von Brillanten auf Grund der VO. vom 12. Juli 1917 nicht möglich.

[3]) Vgl. Bek. vom 12. Juli 1917, RGBl. S. 604 §§ 5 u. 6.

Letzterem Zwecke dient auch die Vorschrift, daß die Auskunftspflichtigen zugleich verpflichtet sind, die von den zuständigen Stellen vorgeschriebenen Lagerbücher einzurichten und ordnungsgemäß zu führen.[4])

Auf Grund der allgemeinen Bekanntmachungen vom 2. Februar 1915 / 12. Juli 1917 wurden verschiedentlich von den Reichs- und Landeszentralbehörden auch von untergeordneten Stellen Vorratserhebungen veranlaßt. In einzelnen Fällen wurden durch besondere Bundesratsverordnungen besondere Bestandsaufnahmen angeordnet, so z. B. durch Verordnung vom 3. August 1916[5]) die allgemeine Bestandsaufnahme der wichtigsten Nahrungsmittel, oder durch Verordnung vom 1. März 1917[6]) die Erhebung der Vorräte an Kartoffeln. Diese Verordnungen begründeten besondere Auskunftspflichten mit ganz bestimmtem persönlichem und sachlichem Umfang. Außerdem veranlaßten die Militärbefehlshaber verschiedentlich Bestandsanmeldungen auf Grund ihrer allgemeinen Gebotsgewalt.[7])

b) Die Meldepflicht.

Die Meldepflicht unterscheidet sich von der Auskunftspflicht durch durch das besondere Abhängigkeitsverhältnis zwischen dem um Auskunft Ersuchenden und dem zur Auskunft Verpflichteten. Hierher gehören vor allen Dingen die Hersteller von Erzeugnissen, die ihre Rohstoffe von den Zentral-Wirtschaftsstellen erhalten oder die ihre gesamte Produktion an eine Zentralstelle abführen müssen. Zu letzteren gehören beispielsweise die Brenner, die verpflichtet sind, die Bestände an hergestelltem Branntwein der Spirituszentrale zu melden. Eine ähnlich gesteigerte Auskunftspflicht obliegt denjenigen, die Obstkonserven, Obstwein oder Obstbranntwein herstellen oder absetzen, gegenüber der Reichsstelle für Gemüse und Obst bezw. der zuständigen Kriegsgesellschaft.[8])

Die Meldepflicht ist besonders ausgeprägt gegenüber den Einfuhrhändlern, die Waren einführen, deren Absatz nur noch durch Vermittlung der Zentraleinkaufsgesellschaft oder einer ähnlichen Monopolgesellschaft gestattet ist. Der technische Ausdruck heißt „Anzeigepflicht". So bestimmt § 1 der Bekanntmachung über die Einfuhr von Käse vom 11. März 1916:[9]) „Wer aus dem Ausland Käse einführt, ist verpflichtet, der Zentraleinkaufsgesellschaft unverzüglich Anzeige zu erstatten", oder § 2 der Bekanntmachung über die Einfuhr von Kakao: „Wer aus dem Ausland Kakao einführt, ist verpflichtet, den Eingang der Ware im Inland der Kriegskakaogesellschaft unter Angabe

---

[4]) Vgl. VO. vom 12. Juli 1917 § 3 Abs. 2.
[5]) Vgl. RGBl. S. 891.
[6]) Vgl. RGBl. S. 94.
[7]) Vgl. oben § 2 e.
[8]) Vgl. VO. über die Verarbeitung von Obst vom 5. August 1916, RGBl. S. 911 § 4.
[9]) Vgl. RGBl. S. 159.

der Menge, des bezahlten Einkaufspreises und des Aufbewahrungsortes unverzüglich anzuzeigen."[10])

Aber nicht nur die Einfuhrhändler unterliegen der Anzeigepflicht, sondern alle diejenigen Händler, deren engerer Handelszweig von einer Monopolgesellschaft übernommen wurde, so beispielsweise die Futtermittelhändler gemäß § 3 der Verordnung über Futtermittel vom 5. Oktober 1916. Besonders straff ist die Anzeigepflicht bei den Händlern ausgestaltet, die der besonderen Aufsicht einer Zentralstelle unterstehen. So haben die Sackhändler am 10. eines jeden Monats ihren derzeitigen Bestand an Säcken der Reichssackstelle anzuzeigen.[11])

Naturgemäß besteht auch eine bis in alle Einzelheiten gehende Meldepflicht der Gesellschafter gegenüber ihren Zwangssyndikaten.

Die Tatbestände der die Verletzung der Meldepflichten bedrohenden Strafvorschriften sind derartig verschieden, daß sie im einzelnen hier nicht besprochen werden können. Besonders hervorgehoben zu werden verdient jedoch eine Art von Meldungen, die, wenn sie falsch abgegeben werden, keine Strafe nach sich ziehen, das sind die Bedarfsmeldungen. So bestimmt beispielsweise § 8 der Ausführungsbestimmung zur Verordnung über den Verkehr mit Verbrauchszucker:[12]) „Wer Zucker in einem gewerblichen Betrieb verwenden will, hat zur Ermittlung seines Zuckeranteils der Reichszuckerstelle Art und Umfang des Betriebes anzumelden usw." Hierher gehören auch die in verschiedenen Großstädten kürzlich vorgenommenen Erhebungen des Kohlenbedarfs. Die Verletzung der Meldepflicht zieht hier keine Strafe, sondern Ausschluß von der Verteilung nach sich.

§ 16. Die Hemmung des Güterumlaufs.

a) Allgemeines über die Beschlagnahme.

Das gesamte Kriegswirtschaftsrecht ist auf den schon oft genannten Zweck eingestellt, die Versorgung der Bevölkerung und des Heeres mit den notwendigen Bedarfsgegenständen zu sichern. Wir sahen schon wiederholt, daß der Gesetzgeber zur Erreichung dieses Zweckes vor tiefen Eingriffen in die Privatrechtssphäre des Einzelnen nicht zurückgeschreckt ist. Die Erzeugung wurde nach Menge und Art beschränkt oder, wo es notwendig war, erzwungen, der Verbrauch wurde gekürzt und der Versuch gewagt, ein Millionenvolk in einem geregelten Verteilungsverfahren nach Gramm und Pfund zu ernähren. Selbst die weitestgehenden Beschränkungen des Einzelnen erscheinen als nichts Sonderliches in einer Zeit, in der der Staat täglich Blut und Leben von seinen Bürgern fordert.

Und doch! Auf die Eingriffe in die persönliche Freiheit, auf die Anforderungen, die der Staat im Kriegsfalle an unsere Person stellen würde, waren wir schon im Frieden gefaßt. Wer aber hätte schon

---

[10]) Vgl. Bek. über die Einfuhr von Kakao vom 3. März 1916, RGBl. S. 145 § 2.

[11]) Vgl. Bek. über Säcke vom 27. Juli 1916, RGBl. S. 834 § 66.

[12]) Vgl. RGBl. 1916 S. 266.

im Frieden an eine allgemeine Beschlagnahme irgendwelcher Nahrungsmittel oder Rohstoffe gedacht! Wohl niemand. Trotzdem ist die Beschlagnahme der staatliche Eingriff geworden, der, weitergehend wie sonst jede militärische Forderung, alle Bevölkerungskreise betroffen hat. Mit Recht sagt Lehmann: „Während sie bisher noch nicht einmal im Inhaltsverzeichnis mancher bekannter Lehrbücher des bürgerlichen Rechts zu finden war, ist sie über Nacht etwas geworden, von dem jedermann spricht und weiß."

Was bedeutet das Wort Beschlagnahme? Beschlagnahme ist die substantivische Zusammenfassung des Begriffs „In Beschlag nehmen". Bei diesem Begriff ist Beschlag durchaus in seiner eigentlichen Bedeutung als Schilderung des Ergebnisses „des Beschlagens" zu nehmen. Das Beschlagen dient von alters zur besonderen Kennzeichnung der Zurückhaltung (retentio) von Gegenständen; es bedeutet so viel wie aufhalten, mit einem Strick oder Haft festbinden.[1])

Jedenfalls verlangt der Wortbegriff der Beschlagnahme eine tatsächliche Beziehung zwischen dem Beschlagnehmen und dem in Beschlag zu nehmenden Gegenstand.

Der Rechtsbegriff schließt an den Wortbegriff an. Auch hier wird ein tatsächliches Beschlagen des Gegenstands erfordert, nur mit dem Unterschied, daß sich an das Beschlagen oder, wie wir es für die Folge nennen wollen, das Inbeschlagnehmen Rechtsfolgen anschließen. Die Rechtsfolge der Beschlagnahme ist meist die Begründung einer besonderen Verfügungsgewalt des Inbeschlagnehmenden und dementsprechend die Beschränkung der Verfügungsgewalt der an sich berechtigten Person. Beschlagnahmen mit dieser Rechtsfolge kommen im Friedensrecht verschiedentlich vor, obwohl das Wort selbst sehr wenig gebraucht wird. § 137 StGB. droht dem Gefängnisstrafe bis zu einem Jahr oder Geldstrafe bis zu Mk. 1000.— an, der durch zuständige Behörden oder Beamten gepfändete oder in Beschlag genommene Sachen vorsätzlich beiseite schafft, zerstört oder in anderer Weise der Verstreckung ganz oder teilweise entzieht. Beschlagnahme im Sinne dieser Bestimmung ist Begründung eines tatsächlichen gewahrsamähnlichen Verhältnisses zwischen dem Inbeschlagnehmenden und der in Frage kommenden Sache. Sache ist hier gleich wie im BGB. nur der körperliche Gegenstand. Es scheiden also von vornherein aus der Beschlagnahme aus Rechte und Rechtsgesamtheiten. Die Fälle, in denen demnach eine Beschlagnahme im Sinne des § 137 StGB. vorkommt, sind sehr selten. Der Hauptfall ist der der richterlichen Beschlagnahme im Sinne §§ 94 ff. StPO. Wenn auch der Begriff der Beschlagnahme im Sinne der StPO. nicht einheitlich ist, soviel geht aus den maßgebenden Vorschriften hervor, daß sie in der Begründung eines tatsächlichen Besitzverhältnisses zwischen Behörde und Gegenstand besteht.[2]) Des ferneren spricht § 20 ZVG. von einer Beschlagnahme. Die Beschlagnahme umfaßt hier das Grundstück, sowie land- und forstwirtschaftliche

---

[1]) Vgl. Grimm, Deutsches Wörterbuch, Bd. 1, 1854, Sp. 1537.
[2]) Vgl. Löwe, StPO., Anm. zu § 94.

Erzeugnisse des Grundstücks und ausnahmsweise auch die Forderung aus einer Versicherung solcher Erzeugnisse, soweit die Erzeugnisse noch mit dem Boden verbunden oder soweit sie Zubehör des Grundstücks sind. Die Beschlagnahme wird wirksam mit dem Zeitpunkt, in welchem der Beschluß, durch den die Zwangsversteigerung angeordnet ist, dem Schuldner zugestellt wird; also keine tatsächliche Inbesitznahme, sondern als Ersatz die einfache Zustellung. Wo sonst noch im Friedensrecht die Beschlagnahme vorkommt, mag sie nun als solche ausdrücklich bezeichnet sein,[3]) oder dem Wesen nach es sein,[4]) überall ist die Betätigung und Äußerung eines besonderen Besitzergreifungswillens verlangt und zwar genügt zur Inkenntnissetzung der Betroffenen nicht eine Gesamtäußerung in dem Sinne, daß für eine Mehrheit von Betroffenen ein gemeinsamer Beschlagnahmeakt erfolgt, sondern es ist für jeden Betroffenen eine Einzeläußerung notwendig. Wohl ist auch nach Friedensrecht denkbar, daß die Anordnung einer Beschlagnahme für mehrere Betroffene, so z. B. für mehrere Grundstückseigentümer in einem richterlichen Akt erfolgt. Aber zum Vollzug der Beschlagnahme bedarf es so vieler Einzelzustellungen, also Einzelhandlungen, als Betroffene vorhanden sind. Die Kriegsbeschlagnahme unterscheidet sich rein äußerlich von der Friedensbeschlagnahme durch Wegfall des Erfordernisses der Effektivität, d. h. der tatsächlichen Inbesitznahme und durch Ersatz des Einzelvollzugs durch Gesamtvollzug. Bei der Kriegsbeschlagnahme fehlt also jeder, wenn auch symbolischer Besitzergreifungsakt. Anordnung und Vollzug der Beschlagnahme fallen meist zusammen; die öffentliche Bekanntgabe der Verordnung, in der die Beschlagnahme ausgesprochen ist, läßt sie zugleich wirksam werden.

Bei den ungeheuren Mengen, bei den Millionen von Besitzern, die für die Beschlagnahme einzelner Erzeugnisse in Betracht kamen, war die Einzelverfügung von vornherein zu schwerfällig. Die Kriegsbeschlagnahme begnügt sich mit der öffentlichen Bekanntmachung als summarischem Vollziehungsakt und läßt die Wirksamkeit beginnen, ohne daß den einzelnen Beteiligten ein besonderes Exemplar der öffentlichen Bekanntmachung zugestellt würde, oder weitergehend deren Kenntnis der Beschlagnahmeverfügung vorausgesetzt wird. Die Beschlagnahmeverordnungen sind nicht empfangsbedürftige Verwaltungsakte,[5]) sie werden wirksam, falls sie Reichsverordnungen sind und den Tag ihres Inkrafttretens nicht selbst bestimmen, mit dem 14. Tage nach dem Ablauf des Tages, an welchem das betreffende Stück des Reichsgesetzblattes in Berlin ausgegeben worden ist.[6]) Sind die Beschlagnahmeverordnungen Landesgesetze, d. s. in den meisten Fällen in dieser Hinsicht auch die Verordnungen der Militärbefehlshaber, so bestimmt sich der Tag des Inkrafttretens nach den speziellen landesrechtlichen Normen.[7])

---

[3]) Vgl. ZPO. § 865, StPO. §§ 325, 480, 93.

[4]) Vgl. ZPO. §§ 935, 938, 916.

[5]) Vgl. Kormann, System der rechtsgeschäftlichen Staatsakte, S. 197.

[6]) Vgl. Reichsverfassung Art. 2.

[7]) Vgl. so z. B. für Bayern der 2. Tag nach dem Tag der Bekanntgabe der VO.

b) Der Inhalt der Beschlagnahme.

Die Beschlagnahme ist kein Recht und kein Rechtsinstitut, wohl aber ein Rechtsbegriff. Sie bezeichnet einen rechtlichen Schwebezustand,[8]) der in ein endgültiges Rechtsverhältnis umgewandelt sein will. Wenn wir unter Beschlagnahme im Sinne des Kriegsrechts nicht nur die äußerliche Anordnung und Vollziehung, sondern auch die Verfügungsbeschränkung selbst verstehen, so rechtfertigt es sich nicht, von „Wirkungen" der Kriegsbeschlagnahme zu sprechen. Was gemeiniglich als Wirkungen der Beschlagnahme bezeichnet wird, ist vielmehr der materielle Inhalt der Beschlagnahme selbst. So unterscheidet fälschlicherweise Lehmann[9]) zwischen der eigentlichen Beschlagnahme als der Begründung eines öffentlichrechtlichen Gewaltsverhältnisses und der privatrechtlichen Verfügungsbeschränkung als Wirkung. Weder zeitlich noch rein begrifflich läßt sich eine solche Unterscheidung rechtfertigen. Fallen zwei Tatsachen in ihrer Entstehung haarscharf zusammen, so kann man unmöglich sagen, daß die eine die Wirkung der anderen ist. Und dies ist hier der Fall. Es läßt sich bei der Kriegsbeschlagnahme auch nicht der geringste Augenblick denken, wo Vollzug der Beschlagnahme, Begründung des öffentlichrechtlichen Gewaltsverhältnisses und privatrechtliche Verfügungsbeschränkung nicht zusammenfallen. Lehmann widerspricht sich selbst, wenn er (auf S. 13) die Verfügungsbeschränkung in ihrem Entstehen zeitlich mit der Begründung der entsprechenden Rechtsgewalt einer behördlichen Stelle zusammenfallen läßt und (auf S. 30) erstere als Folgeerscheinung der letzteren hinstellt.

Überhaupt gibt Lehmann der Begründung eines öffentlichrechtlichen Gewaltverhältnisses eine größere Bedeutung als ihr nach Lage der Dinge zukommt. Zunächst gibt es zahlreiche Beschlagnahmeverfügungen, durch die überhaupt kein derartiges öffentlichrechtliches Gewaltverhältnis auch nur im entferntesten begründet wird. Ich erinnere beispielsweise an die wichtige Verfügung der bayer. Generalkommandos vom 20. Juni 1917 betreffend Beschlagnahme und Bestandserhebung von Stab-, Form- und Moniereisen.[10]) In dieser Beschlagnahmeverfügung ist keine Rede davon, daß irgendeine Stelle ein besonderes Gewaltverhältnis gegenüber den Besitzern von Eisen übertragen bekomme. Eine ganz unschuldige Meldepflicht, ferner eine Buchführungs- und Auskunftspflicht bilden den einzigen Inhalt dieser Beschlagnahme. Das Wort Enteignung kommt in der ganzen Verordnung nicht vor. Ähnlich ist es mit der Beschlagnahmeverfügung der bayerischen Generalkommandos vom 20. Juni 1917 über die Beschlagnahme von Einrichtungsgegenständen aus Kupfer und Kupferlegierungen.[11]) Auch hier ist keine Stelle genannt, zu deren Gunsten die Beschlagnahme wirkte; von einem öffentlichrechtlichen Gewaltsverhältnis ist in der ganzen Verordnung keine Rede. Wenn also die Begründung eines öffentlich-

---

[8]) Vgl. Lehmann, Die Kriegsbeschlagnahme usw., 1916, S. 30 I.
[9]) Vgl. ebenda 2, a.
[10]) Vgl. BayStaatsAnz. 1917 Nr. 141.
[11]) Vgl. BayStaatsAnz. Nr. 140.

rechtlichen Gewaltsverhältnisses dem Begriff der Kriegsbeschlagnahme nicht inhärent ist, so bleibt als wesentliches Begriffsmerkmal lediglich die Verfügungsbeschränkung übrig.

Was ist nun Verfügungsbeschränkung im Sinne der Kriegsbeschlagnahme?

Um diese Frage beantworten zu können, müssen wir etwas eingehender die Fälle der Kriegsbeschlagnahme betrachten. Für unsere Betrachtung scheiden alle die Fälle aus, die nicht als kriegswirtschaftliche Maßnahmen zu betrachten sind, d. h. alle Maßnahmen, die nicht die Versorgung der Bevölkerung und des Heeres mit den notwendigen Bedarfsgegenständen betreffen. Es scheiden also beispielsweise aus alle Verfügungsbeschränkungen feindlicher Ausländer, die Verfügungsbeschränkungen der Inländer, soweit sie als Vergeltungsmaßnahmen gedacht sind, ferner die Verfügungsbeschränkungen, die den durch den Krieg in Not geratenen Hausbesitzern und Hypothekenschuldnern auferlegt werden.[12])

Überblicken wir die eigentlichen Beschlagnahmeverordnungen, so beziehen sie sich alle auf Gegenstände. Die Beschlagnahme geht immer auf eine Beschränkung der dinglichen Rechte an diesen Gegenständen. Sie beschränkt den Satz „daß der Eigentümer mit seiner Sache nach Belieben verfahren kann".[13]) Wir unterscheiden bekanntlich zwischen privatrechtlichen Eigentumsbeschränkungen und öffentlichrechtlichen Eigentumsbeschränkungen.[14]) Erstere sind die dem Begriff des Eigentums innewohnenden Begrenzungen der Verfügungsmacht, auf die der Eigentümer verzichten kann. Letztere sind durch Gesetz oder gesetzmäßige Verordnung begründete Beschränkungen, über die der Eigentümer nicht verfügen kann. Die Verfügungsbeschränkung der Kriegsbeschlagnahme gehört zu den öffentlichrechtlichen Eigentumsbeschränkungen.

In den einzelnen Beschlagnahmeverordnungen ist das Maß der Beschränkung verschieden. Die weitestgehenden Verordnungen, beispielsweise die Reichsgetreideordnung für die Ernte 1917[15]) und die Verordnung über Sicherstellung von Kriegsbedarf,[16]) bestimmten als Wirkung der Beschlagnahme, daß die Vornahme von Veränderungen an den von ihr berührten Gegenständen verboten ist und rechtsgeschäftliche Verfügungen über sie nichtig sind. Den rechtsgeschäftlichen Verfügungen stehen nach beiden Verordnungen Verfügungen gleich, die im Wege der Zwangsvollstreckung oder Arrestvollziehung erfolgen. Die Reichsgetreideordnung bestimmt weiter noch, daß auch Rechtsgeschäfte, durch die eine Verpflichtung zu Verfügungen genannter Arten begründet werden, nichtig sind.

Die besondere Bestimmung der Reichsgetreideordnung zeigt, daß man im Zweifel war, ob auch Verpflichtungsgeschäfte, die auf ver-

---

[12]) Vgl. anders Lehmann, Die Kriegsbeschlagnahme usw., S. 13ff.
[13]) Vgl. BGB. § 903.
[14]) Vgl. BGB. Kommentar der Reichsgerichtsräte Anm. 3 zu § 903.
[15]) Vgl. RGBl. S. 508.
[16]) Vgl. RGBl. 1916 S. 376.

botswidrige Verfügungen gehen, durch das Verfügungsverbot schon genügend getroffen sind. Lehmann hat die Frage in seinem Aufsatz „Die Sicherstellung von Kriegsbedarf und das Verfahren vor dem Reichsschiedsgericht für Kriegsbedarf"[17]) bejaht. Wir möchten dieser Auffassung zustimmen. Denn es kann keinen Unterschied machen, ob ein Rechtsgeschäft unmittelbar gegen das Gesetz verstößt, oder ob es nur den Zweck hat, ein zweites Rechtsgeschäft, das seinerseits als Verstoß aufzufassen ist, herbeizuführen. Die Nichtigkeit nach § 4 der Verordnung über die Sicherstellung von Kriegsbedarf erfaßt also, ohne daß dies besonders in dieser Bestimmung zum Ausdruck käme, die zugrundeliegenden Verpflichtungsgeschäfte.

Wichtig ist, daß die Verfügungsbeschränkung sich auch auf tatsächliche Veränderungen bezieht, selbst wenn diese gar keine Rechtsfolgen haben. Zu den tatsächlichen Veränderungen gehören auch Ortsänderungen. Wir können nicht Oppenheimer[18]) zustimmen, wenn er sagt, daß das, was unter Veränderungen an den beschlagnahmten Vorräten zu verstehen sei, sich aus den Strafvorschriften ergebe, so beispielsweise bei der Reichsgetreideordnung aus § 79. Wenn Veränderungen nicht vorgenommen werden dürfen, so sind alle Veränderungen verboten, auch die, deren Vornahme nicht unter Strafe gestellt ist. § 3 der Reichsgetreideordnung ist eben in strafrechtlicher Hinsicht eine lex imperfecta.

Nun noch ein Beispiel über Beschlagnahme mit weniger weitgehenden Verfügungsbeschränkungen. So sagt die Bekanntmachung der bayerischen Generalkommandos vom 15. Juni 1917 über Beschlagnahme und Bestandserhebung für elektrische Maschinen, Transformatoren und Apparate: „Trotz der Beschlagnahme sind die Benutzung der Gegenstände zum bestimmungsmäßigen Gebrauch, sowie alle Veränderungen gestattet, welche zur Erhaltung der Gegenstände in gebrauchsfähigem Zustand erforderlich sind, z. B. Ausbesserungen."[19])

Die denkbar geringste Verfügungsbeschränkung enthält die Bekanntmachung der bayerischen Generalkommandos vom 20. Juni 1917 über Beschlagnahme von Stab-, Form- und Moniereisen. Es heißt dort in § 3: „Trotz der Beschlagnahme ist allgemein die Verwendung von Stab-, Form- und Moniereisen und die Verfügung darüber gestattet, sofern es sich nicht um Neu-, Erweiterungs- und Umbauten von Bauwerken handelt.[20])

Keine Beschlagnahme ist die Begründung eines ausschließlichen Absatzrechtes einer kriegswirtschaftlichen Organisation.[21]) Wir haben oben gesagt, daß sich die Beschlagnahme immer an bestimmte Gegenstände hält und daß durch die Beschlagnahme in erster Linie das Eigentumsrecht bzw. die Verfügungsmacht des Besitzers getroffen wird.

---

[17]) Vgl. Recht und Wirtschaft, 1915, S. 234.

[18]) Vgl. Oppenheimer-Dorn, Die Bundesratsverordnung über Brotgetreide und Mehl usw., 1916, I. Teil S. 9.

[19]) Vgl. BayStaatsAnz. Nr. 137.

[20]) Vgl. BayStaatsAnz. Nr. 141.

[21]) Vgl. anders Lehmann, Die Kriegsbeschlagnahme usw., S. 17ff.

Die Begründung von Absatzmonopolen ist aber nicht in erster Linie eine sachenrechtliche Beschränkung, sondern eine personenrechtliche. Die Hauptsache ist doch die Einschränkung der Verkehrsfähigkeit, des freien Betätigungsrechtes des Bürgers. Als Wirkung dieser Einschränkung ist gewiß auch eine Verfügungsbeschränkung hinsichtlich bestimmter Erzeugnisse anzuerkennen. Diese Verfügungsbeschränkung ist aber das sekundäre. Sie ist eine der zahlreichen notwendigen Konsequenzen, die sich aus der Monopolbildung ergeben. Niemals wurde die Begründung einer Absatzpflicht im Verlauf der Monopolbildung als Beschlagnahme bezeichnet. Sie kann aus den angeführten Gründen auch nicht mit der eigentlichen Kriegsbeschlagnahme auf eine Stufe gestellt werden.[22])

c) Die Wirkungen der Beschlagnahme.

Ein großer Teil dessen, was Lehmann als Beschlagnahmewirkungen bezeichnet,[23]) muß hier ausscheiden, nachdem wir die Verfügungsbeschränkung als den wesentlichen Inhalt der Beschlagnahme erkannt haben.

Da es sich bei der Beschlagnahme um einen Schwebezustand handelt, muß Vorsorge getroffen sein, daß die beschlagnahmten Waren während dieses Schwebezustandes nicht verderben und keine Veränderung erleiden, die sie für den Beschlagnahmezweck unbrauchbar machen. Aus diesem Grund wird in den meisten Beschlagnahmeverordnungen dem Eigentümer bzw. Besitzer zugleich eine Anzeigepflicht auferlegt, die es der Beschlagnahmebehörde ermöglicht, Menge und Art der zur Verfügung stehenden Gegenstände kennen zu lernen. Deshalb lauten zahlreiche Beschlagnahmeverordnungen zugleich auf Bestandserhebungen.[24])

In den meisten Fällen ist auch den Meldepflichtigen eine positive Obhutpflicht auferlegt. Neben den Strafandrohungen für solche, „die beschlagnahmte Gegenstände beiseiteschaffen, beschädigen, zerstören, verwenden, verbrauchen usw.",[25]) stehen Verpflichtungen, „die zur Erhaltung der Vorräte erforderlichen Maßnahmen zu treffen"[26]) oder „die beschlagnahmten Gegenstände bis zum Ablauf einer noch zu bestimmenden Frist oder bis zu einer gestatteten Verarbeitung oder Verfügung zu verwahren und pfleglich zu behandeln".[27]) Über das Maß der hier zu beobachtenden Pflichten entscheiden im allgemeinen Kaufmannsbrauch oder Verkehrsübung. Obwohl die Obhutpflicht keine privatrechtliche Vertragspflicht ist, so dürften doch auf ihre Erfüllung

---

[22]) Vgl. oben § 14.

[23]) Vgl. Lehmann, Die Kriegsbeschlagnahme usw. S. 30 ff.

[24]) So z. B. Bek. der bayer. G.-K. vom 15. Juli 1917 betr. Beschlagnahme und Bestandserhebung für elektr. Maschinen usw., BayStaatsAnz. Nr. 137.

[25]) Vgl. z. B. Reichsgetreideordnung § 79.

[26]) Vgl. Reichsgetreideordnung § 4 Abs. 2.

[27]) Vgl. z. B. Bek. über zuckerhaltige Futtermittel vom 5. Okt. 1916, RGBl. S. 1114 § 4.

die Anschauungen des Privatrechtsverkehrs einwirken. Der Kaufmann, der an sachgemäße und „pflegliche" Behandlung seiner Waren gewöhnt ist, wird durch die Beschlagnahme kein anderer. Man wird von ihm verlangen können, daß er bei Erfüllung seiner öffentlichen Pflicht die Grundsätze des ordentlichen Kaufmanns wahrt. So erachtet es Dorn auch als Pflicht des Kaufmanns, die Vorräte in handelsüblicher Weise zu versichern. Bei Brotgetreide gehört zur ordnungsmäßigen Erhaltung auch z. B. die zeitweise Umschaufelung.[28])

Von den geschilderten unmittelbaren Wirkungen der Beschlagnahme, die man geradesogut mit als Inhalt der Beschlagnahme betrachten könnte, sind wohl zu unterscheiden die entfernteren Wirkungen, vor allem die Einwirkungen der Beschlagnahme auf Rechtsverhältnisse, die zwischen den Verfügungsberechtigten und Dritten bestehen.

Es wurde schon oben angedeutet, daß neue Lieferungsverträge über beschlagnahmte Gegenstände mit Rücksicht auf BGB. §§ 134, 306 nichtig sind. Dagegen muß Lehmann zugestimmt werden, wenn er einen Vertrag für den Fall zuläßt, daß eine aufschiebende Bedingung über die Freigabe der Ware aufgenommen wird.

Werden bestehende Lieferungsverträge von der Beschlagnahme überrascht, so bewirkt diese Unmöglichkeit der Sachleistung. Bei gegenseitigen Verträgen verliert der Vertragsgegner seinen Anspruch auf Erfüllung, der Eigentümer der Ware aber auch seinen Anspruch auf die Gegenleistung.[29])

Der Anspruch auf Erfüllung geht nicht unter, wenn bei Gattungsschulden nur ein verhältnismäßig geringer Teil der Ware beschlagnahmt wird. Die Entscheidung ist im Einzelfalle oft recht schwierig. Wie ist es z. B. mit der Beschlagnahme von Nadelschnittholz,[30]) die nur ein Drittel der Erzeugung dem Hersteller freigibt? Es dürfte hier der auch von Lehmann vertretene Grundsatz Anwendung zu finden haben, daß der Schuldner, wenn er seine Abnehmer infolge einer teilweisen Beschlagnahme seiner Erzeugung nicht mehr alle zu befriedigen vermag, die Pflicht hat, den freigebliebenen Rest auf die Abnehmer verhältnismäßig zu verteilen.[31])

Hier besteht kein Anlaß, auf die Streitsätze Lehmanns über die Frage einzugehen, ob ein Anspruch des Käufers auf die Enteigungsentschädigung oder den vom Verkäufer erzielten Übernahmepreis gegeben ist. Wir halten das Ergebnis Lehmanns für ziemlich unbefriedigend und möchten es in diesem Falle lieber mit dem Formalisten halten, der zwischen Beschlagnahme und Enteignung unterscheidet und den Kausalzusammenhang zwischen Unmöglichkeit der Erfüllung und Begründung eines Ersatzanspruches verneint.[32]) Nach der herrschenden Rechtsprechung sind die Verfügungs- und Veränderungs-

---

[28]) Vgl. Oppenheimer-Dorn, Die Bundesratsverordnungen über Brotgetreide usw., I. Teil S. 12.

[29]) Vgl. BGB. §§ 275, 323.

[30]) Vgl. BayStaatsAnz. 1917 Nr. 191.

[31]) Vgl. Lehmann, Die Kriegsbeschlagnahme, S. 39.

[32]) Vgl. Lehmann, Die Kriegsbeschlagnahme usw., S. 43.

verbote der Kriegsbeschlagnahme Schutzgesetze im Sinne des § 823 Abs. 2 BGB.[33]).

Nachdem in den meisten Beschlagnahmeverordnungen gesagt ist, daß den rechtsgeschäftlichen Verfügungen Verfügungen gleichstehen, die im Wege der Zwangsvollstreckung oder Arrestvollziehung erfolgen, ergibt sich, daß, wenn die Zwangsvollstreckung bereits begonnen ist, sie eingestellt werden muß, daß eine Wegschaffung der gepfändeten, jedoch von der Kriegsbeschlagnahme ergriffenen Sachen durch den Gerichtsvollzieher unstatthaft, eine Zwangsversteigerung während der Dauer der Beschlagnahme unzulässig ist. Gegen einen unzulässigen Weiterbetrieb der Zwangsvollstreckung kann der Eigentümer und der Beschlagnahmeträger mit der Vollstreckungsbeschwerde nach § 766 ZPO. vorgehen.[34])

Die strafrechtlichen Folgen einer Verletzung der Beschlagnahme können hier nicht eingehend besprochen werden, da die einschlägigen Rechtssätze zu weit auseinander gehen. Während in einzelnen Fällen überhaupt keine Strafandrohungen unter Feststellung besonderer Tatbestände sich in der Verordnung finden,[35]) sind in anderen Fällen die hauptsächlichen Verletzungen, die möglich sind, hervorgehoben und gesondert mit Strafe bedroht. Die ersteren Fälle sind hauptsächlich die Beschlagnahmeverfügungen der Militärbehörden, die sich auf die Verordnung über die Sicherstellung von Kriegsbedarf stützen. Wir finden da häufig eine Strafandrohung lediglich in den einleitenden Worten der Verfügung. So beginnen meist die Verfügungen der Generalkommandos: „Nachstehende Bekanntmachung wird auf Anordnung des Kgl. Kriegsministeriums hiermit zur Kenntnis gebracht mit dem Anfügen, daß, soweit nicht nach allgemeinen Strafgesetzen höhere Strafen verwirkt sind, jede Zuwiderhandlung gegen die Beschlagnahmevorschriften nach § 6 der Bekanntmachung über die Sicherstellung von Kriegsbedarf in der Fassung vom 26. April 1917 bestraft wird."

Dieser Paragraph bedroht zunächst mit Strafe, wer unbefugt einen beschlagnahmten Gegenstand beiseiteschafft, beschädigt, zerstört, verwendet, verkauft oder kauft, oder ein anderes Veräußerungs- oder Erwerbsgeschäft über ihn abschließt.

Der Begriff des Beiseiteschaffens kommt im Friedensrecht verschiedentlich vor. So in Konkursordnung § 209, wo der Schuldner mit Strafe bedroht wird, der Vermögensstücke beiseiteschafft, d. h. sie dauernd oder vorübergehend der Verfügung der Gläubiger entzogen hat. Ein etwas weiterer Begriff wie Beiseiteschaffen ist das Unterdrücken im Sinne des § 274 StPO. Als Beiseiteschaffen ist beispielsweise anzusehen die Vermietung oder Verleihung beschlagnahmter Gegenstände, wenn sie dadurch dem Augenmerk des Beschlagnahmeträgers entgehen sollen.

---

[33]) Vgl. BGB. Kommentar der Reichsgerichtsräte Anm. 14 zu § 823.

[34]) Vgl. Lehmann, Die Kriegsbeschlagnahme, S. 61.

[35]) Vgl. z. B. Verfügung der bayer. G.-K. vom 20. Juni 1917 über Beschlagnahme von Kupfer usw., BayStaatsAnz. Nr. 140.

Der Begriff der Beschädigung ist in den Erläuterungen zu § 303 StGB. hinreichend erörtert; sie ist eine die Brauchbarkeit der Sache beeinträchtigende oder aufhebende Verletzung der Sachsubstanz. Das Zerstören stellt nur ein höheres Maß der Beschädigung dar. Während jedoch nach dem StGB. eine Sachbeschädigung nur an fremdem Eigentum möglich ist, soll die Strafvorschrift des § 6 der Verordnung über die Sicherstellung von Kriegsbedarf gerade die Verletzung des eigenen beschlagnahmten Eigentums treffen.

Die Verwendung beschlagnahmter Gegenstände ist meist nur da verboten, wo Verwendung mehr oder weniger Verbrauch bedeutet. Gerade hier spielt die Widerrechtlichkeit eine besondere Rolle; denn sie ist in vielen Kriegsverordnungen bezüglich der Verwendung durch Ausnahmevorschrift aufgehoben, so beispielsweise in der Bekanntmachung vom 20. Juni 1917 über die Beschlagnahme von Eisen, wo es in § 3 heißt: „Trotz der Beschlagnahme ist allgemein die Verwendung von Stab-, Form- und Moniereisen gestattet“, oder in der Bekanntmachung über die Beschlagnahme von Fässern vom 28. Juni 1917 (RGBl. S. 577), wo gesagt ist: „Der Gebrauch der beschlagnahmten Fässer durch den Verfügungsberechtigten ist im Rahmen einer ordnungsmäßigen Wirtschaft zulässig.“

Unter Verwendung und Gebrauch fällt in solchen Fällen auch die übliche Abnützung und Substanzverringerung. Unter Veräußerungs- und Erwerbsgeschäften sind alle die Geschäfte zu verstehen, die geeignet sind, dem bisherigen Eigentümer oder sonst dinglich Berechtigten die Verfügungsgewalt zu entziehen bzw. dem Neuerwerber zu verschaffen. Nicht als Veräußerungsgeschäfte sind nur beschränkende Geschäfte zu verstehen, so z. B. Verpfändungen, Bestellung einer Dienstbarkeit, Verleihungen usw. Die Verordnung über Sicherstellung von Kriegsbedarf bedroht weiter den mit Strafe, der der Verpflichtung, die beschlagnahmten Gegenstände zu verwahren und pfleglich zu behandeln, zuwiderhandelt, und schließlich denjenigen, der die Verpflichtung verletzt, die im Verfolg der Beschlagnahme enteigneten Gegenstände herauszugeben oder sie auf Verlangen des Erwerbers zu überbringen oder zu versenden.

Zu denjenigen Verordnungen, die besondere Tatbestände strafrechtlicher Natur herausgearbeitet haben, gehört beispielsweise die Reichsgetreideordnung für die Ernte 1917. Sie bedroht weitergehend wie die Verordnung über Sicherstellung von Kriegsbedarf den mit Strafe, der Vorräte aus dem Bezirk des Kommunalverbandes, für den sie beschlagnahmt sind, entfernt und den, der die Vorräte verarbeiten, verarbeiten läßt oder verbraucht (§ 75 RGBl. S. 531). Hierdurch wird also auch der Spediteur und Fuhrhalter getroffen, und zwar nicht nur als Gehilfe bei einem Beiseiteschaffen, sondern als Selbsttäter, ebenso der Müller, der Brotgetreide zu vermahlen annimmt, und der Selbstversorger, der mehr als die festgesetzte Menge verbraucht.

§ 17. Die Überleitung der Güter aus der Privathand in Organisationen der Allgemeinheit.

a) Der Absatzzwang.

Beschlagnahme und Beschränkung der subjektiven Verkehrsfähigkeit sind nur Mittel zum Zweck. Zweck ist, den öffentlichen Wirtschaftsstellen bzw. den Militärbehörden die Vorräte zur Verfügung zu stellen, deren sie zur Versorgung der Bevölkerung bzw. des Heeres mit den wichtigsten Bedarfsgegenständen bedürfen. Beschränkung der Verkehrsfähigkeit und Beschlagnahme hemmen den Güterumlauf, sie haben ein Ruhen des Verkehrs mit den betroffenen Gütern zur Folge. Damit aber, daß die Gegenstände an ihren Eigentümer gebunden sind und diese nicht die Gegenstände (geminderte Verkehrsfähigkeit) und die Gegenstände nicht ihn (Beschlagnahme) los werden können, ist für die öffentlichen Wirtschaftsstellen bzw. die Militärbehörden noch nicht das Wünschenswerte gewonnen. Sie können damit noch immer nicht über die benötigten Gegenstände verfügen und sie denen, die ihrer bedürfen, zuführen. Dazu bedarf es noch weitergehender Eingriffe in das Eigentumsrecht.

Die Enteignung ist zweifellos das wirksamste Mittel, die öffentliche Verfügungsgewalt an die Stelle der privaten zu setzen, aber sie ist zugleich das wenigst schonende und deshalb für den Bürger verletzendste Mittel. Kein Wunder, daß man Mittel und Wege gesucht hat, um die Enteignung herumzukommen und das erstrebte Ziel durch etwas milderes Vorgehen zu erreichen. Man fand ein Mittel im Absatzzwang.

Absatzzwang ist die öffentlichrechtliche Verpflichtung, bestimmte Gegenstände in Form von privatrechtlichen Verträgen an Kriegsorganisationen zu überlassen. Der Nachdruck ist auf das Wort Form zu legen, denn in Wirklichkeit können die Verträge, die zwischen einem Gewaltunterworfenen und der übergeordneten mit öffentlicher Gewalt ausgestatteten Stelle abgeschlossen sind, nicht als privatrechtliche anerkannt werden. Es ist eine contradicto in adjecto, wenn beispielsweise in § 4 der Verordnung über Futtermittel[1]) gesagt wird: „Die Eigentümer von Futtermitteln haben sie der Bezugsvereinigung auf Verlangen käuflich zu überlassen" und gleichzeitig gedroht wird: „Erfolgt die Überlassung nicht freiwillig, so kann das Eigentum durch Anordnung der zuständigen Behörde auf die Bezugsvereinigung übertragen werden". Ein Vertrag, der unter dem Damoklesschwert der Enteignung geschlossen wird, ist kein Kaufvertrag im Sinne des BGB. Es fehlt zunächst die freie Willensbestimmung der Vertragschließenden. Der Vertragsinhalt ist zum größten Teil durch Verordnung bestimmt, so vor allem die Ware und der Preis. Wenn beispielsweise in § 1 der Bekanntmachung über die Einfuhr von Käse[2]) gesagt ist: „Wer nach dem Inkrafttreten der Bekanntmachung Käse aus dem Ausland

---

[1]) Vgl. Bek. vom 5. Okt. 1916, RGBl. S. 1108.
[2]) Vgl. Bek. vom 11. März 1916, RGBl. S. 159.

einführt, hat ihn an die Zentraleinkaufsgesellschaft zu verkaufen", so ist das eine euphemistische Redensart, um den Kontrahierungszwang etwas weniger drückend erscheinen zu lassen. Welche Vertragsbestimmungen sollen der freien Übereinkunft der Vertragschließenden überlassen sein? Die Frage eines etwaigen Verzichts auf den Abschluß kann überhaupt nicht in Betracht kommen, nachdem der Einführende dem anderweitigen Absatzverbot unterliegt. Es kann sich also höchstens noch um den Preis handeln. Aber hier gibt es kein Handeln und Feilschen, sondern der mächtige Vertragsgegner setzt den Übernahmepreis einseitig und endgültig fest.[3]) Überhaupt: wo ist Raum für ein Sichvertragen, nachdem alle „Vertragsvorgänge" in gesetzliche Zwangsvorschriften gekleidet sind. Was man beim Vertrag Angebot nennt, ist hier die verordnungsmäßig verlangte Anzeige. Was beim Vertrag Annahme genannt wird, ist hier die als einseitiges Rechtsgeschäft gestaltete und mit dinglicher Wirkung ausgestattete Übernahmeerklärung.[4])

Es erscheint sonach zweifelhaft, ob diese Willenserklärungen, die in Befolgung gesetzmäßiger Lieferungspflicht abgegeben werden, zusammen einen Vertrag ausmachen, und ob es sich nicht vielmehr um jeweils selbständige, in keinem anderen Verhältnis, als in dem der gleichen gesetzlichen Grundlage zueinander stehende Erklärungen handelt. Das letztere erscheint als das Natürlichere, das erstere bedeutete Verträge ohne Vertragswirkung,[5]) also eine begriffliche Unmöglichkeit.

Der Absatzzwang ist im einzelnen verschieden ausgestaltet. Zur Durchführung der Zentralisierung der Vorräte wird häufig eine Meldepflicht begründet,[6]) auf Grund derer die Abnahmeerklärung der kriegswirtschaftlichen Organisation erfolgt. Erfolgt die Abnahmeerklärung nicht, so wird entweder die Ware frei oder aber die Gefahr des zufälligen Untergangs und der Verschlechterung geht nach einem gewissen Zeitraum auf die kriegswirtschaftliche Organisation über.[7]) In einigen Fällen ist auch bei der nicht ausdrücklichen Abnahmeerklärung die kriegswirtschaftliche Organisation zur Abnahme verpflichtet, wenn der Eigentümer durch eine Bescheinigung der zuständigen Behörde nachweist, daß eine weitere Lagerung ihm nicht möglich ist.

Über die Wirkungen des Absatzzwanges läßt sich im allgemeinen das wiederholen, was über die Wirkungen der Beschlagnahme gesagt wurde.

Besondere Erwähnung verdient die Ablieferung von Gegenständen, die nicht unter einem gesetzmäßigen, sondern mehr unter einem psychologischen Zwang erfolgt. So z. B. die Ablieferung von Gold, von Obstkernen u. ä. Wer derartige Gegenstände abliefert, handelt

---

[3]) Vgl. Bek. vom 11. März 1916 § 5, RGBl. S. 159.

[4]) Vgl. ebenda § 5 Abs. 2.

[5]) Vgl. Lehmann, Die Kriegsbeschlagnahme, S. 37, besonders was er von der Anwendung der Vorschriften des BGB. über die Sachmängelhaftung sagt.

[6]) Vgl. oben § 5 b.

[7]) Vgl. z. B. Bek. über Futtermittel vom 5. Okt. 1916 § 6.

in Erfüllung einer vaterländischen Pflicht. Er handelt unter einem gewissen seelischen Zwang, der in zahlreichen Aufforderungen in Zeitungen oder in Anschlägen an öffentlichen Gebäuden seine Unterlage hat. Wie oft hören wir von Bekannten: „Wir müssen unsere Schmucksachen abliefern.“ Trotzdem ist dies kein Muß im Rechtssinne. Die Ablieferung von Vorräten bewirkt daher keine Befreiung von privatrechtlichen Verpflichtungen.

Eine Zwischenstellung zwischen der freiwilligen Ablieferung nicht beschlagnahmter Gegenstände und der Erfüllung einer Absatzpflicht nimmt die freiwillige Ablieferung beschlagnahmter Gegenstände ein. So wurde z. B. aufgefordert, beschlagnahmte Gasbadeöfen freiwillig abzuliefern, mit dem Zusatz, daß bei der früheren freiwilligen Ablieferung ein höherer Preis vergütet würde wie bei einer späteren Enteignung. Hat nun das städtische Gaswerk, das Gasbadeöfen an Wohnungsinhaber vermietet hat, das Recht, fristlos die Mietverträge zu kündigen, um die Badeöfen abliefern zu können? M. E. ist die Frage zu verneinen, denn die Aufforderung zur freiwilligen Überlassung begründet keine öffentlichrechtliche Pflicht, die Eingriffe in Privatrechtsverhältnisse zwischen dem Betroffenen und Dritten rechtfertigte. Der materielle Schaden, der durch eine spätere Ablieferung entsteht, muß seitens des Gaswerkes hingenommen werden. Erst der unmittelbare Zwang kann die Unterbrechung der Vertragsleistung rechtfertigen.

b) Die Enteignung.

Enteignung ist die zwangsweise unmittelbare Übertragung des Eigentumsrechts vom bisherigen Eigentümer auf einen anderen. Mit dem Absatzzwang teilt sie, wie der Name des letzteren schon sagt, den Begriff des gewaltmäßigen. Sie unterscheidet sich jedoch vom Absatzzwang durch ihre unmittelbare Wirkung. Während der Absatzzwang dem Eigentümer die Pflicht auferlegt, der kriegswirtschaftlichen Organisation das Eigentum zu übertragen, überträgt der Enteignungsakt das Eigentum selbst. Es gibt gewisse Fälle des Absatzzwanges, in denen man von bedingten Enteignungen sprechen kann, so beispielsweise in der schon genannten Bekanntmachung über die Einfuhr von Käse vom 11. März 1916. Hier ist die Übernahmeerklärung zugleich ein Enteignungsakt. Voraussetzung dieser Enteignung ist die pflichtgemäße Anzeige des Eigentümers. Aber solche Fälle des Absatzzwanges sind seltene.

Die Enteignung greift, wie wir schon oben ausgesprochen haben, schroff und rücksichtslos in die Privatrechtssphäre des Einzelnen ein. Man sah schon in der Friedenszeit voraus, daß es im Kriege nicht ohne derartige Eingriffe abgehen könnte, daß immer Fälle eintreten würden, wo die Möglichkeit gegeben sein muß, das Lebensinteresse des Staates gegen private Verstocktheit durchzusetzen. So finden wir denn die Enteignung schon unter dem juristischen Rüstzeug des Krieges im Gesetz betr. Höchstpreise vom 4. August 1914. Dort heißt es: „Weigert sich trotz Aufforderung der zuständigen Behörde ein Besitzer von Gegenständen des täglichen Bedarfs, insbesondere Nahrungs- und Futtermitteln aller Art, sowie rohen Naturerzeugnissen, Heiz- und Leuchtstoffen, sie zu den festgesetzten Höchstpreisen zu verkaufen, so kann die zuständige Behörde sie auf Rechnung und Kosten des Besitzers zu den festgesetzten Höchstpreisen verkaufen."[8])

Wir haben also schon hier die echte Form der Enteignung, d. h. die Überleitung des Eigentumsrechts von Privaten auf den Staat, denn die Behörde, die nicht rechtsfähig ist, handelt hier als Organ des Staates. Wenn es auch im Höchstpreisgesetz heißt, daß die Behörde die Waren auf Rechnung des Besitzers verkauft, so ist damit nur gesagt, daß der Besitzer keine höhere Entschädigung erhalten soll als die Behörde, die im eignen Namen verkauft, einnimmt. Das Höchstpreisgesetz dient unmittelbar kriegswirtschaftlichen Zwecken, insbesondere der Versorgung der Bevölkerung mit wichtigen Bedarfsgegenständen. Den gleichen Zwecken dient die Bekanntmachung gegen übermäßige Preissteigerung vom 23. Juli 1915.[9]) Nach dieser Verordnung können Gegenstände des täglichen Bedarfs, die vom Eigentümer zur Veräußerung erzeugt oder erworben sind, aber zurückgehalten werden, durch Anordnung der Landeszentralbehörde oder der von ihr bezeichneten Behörde auf eine in der Anordnung zu bezeichnenden Person übereignet werden.

Die Anwendungsfälle der Bestimmung sind jedoch immerhin beschränkt, insbesondere beziehen sie sich in der Hauptsache auf die Gegenstände des allgemeinen Bedarfs, nicht aber auf die des besonderen Heeresbedarfes. Die Heeresverwaltungen hatten zum Teil ihr eigenes Recht, zum Teil schafften sie sich es. § 4 des Kriegsleistungsgesetzes[10]) gab dem Militärbefehlshaber die Möglichkeit, in dringenden Fällen direkt von den Leistungspflichtigen zu requirieren. Wo diese Bestimmung nicht ausreichte, konnte sich die Militärbehörde auf Grund ihrer allgemeinen Gebotsgewalt helfen. Einheitliches Recht wurde für die Heeresverwaltung erst durch die Verordnung über die Sicherstellung von Kriegsbedarf geschaffen. Sie ermöglicht, daß das Eigentum an Gegenständen des Kriegsbedarfs und an Gegenständen, die bei der Herstellung oder dem Betriebe von Kriegsbedarfsartikeln zur Verwendung gelangen können, durch Anordnung einer zuständigen Behörde auf eine in der Anordnung zu bezeichnenden Person übertragen werde.

Neben dieser heute wichtigsten Rechtsgrundlage für die Enteignung gibt es noch zahlreiche auf spezielle Gegenstände sich beziehende Verordnungen, die Enteignungen zulassen. Wir erinnern nur an die Reichsgetreideordnung.[11]) Hier enthält ein besonderer Abschnitt eine Reihe von Bestimmungen, die sich auf die Enteignung beziehen.

Die Enteignung ist immer ein Hoheitsakt. Dies zeigt sich schon

---

[8]) Vgl. Kriegs-, Zivil- und Finanzgesetze, herausgegeben von Guttentag, 1. Teil S. 103, vgl. insbes. die Begründung hierzu.

[9]) Vgl. RGBl. S. 476.

[10]) Vgl. KriegsleistungsG. vom 13. Juni 1873.

[11]) Vgl. RGBl. S. 521.

äußerlich dadurch, daß in den weitaus meisten Fällen ein Organ des Staates, eine Behörde die Enteignung verfügt. Sie ist ein einseitiger öffentlichrechtlicher Akt, der für den Erwerber originären Rechtserwerb vermittelt. Daß es sich um eine öffentlichrechtliche Maßnahme handelt, bedarf wohl keiner Begründung. Als einseitiges Rechtsgeschäft wurde die Enteignung bereits in § 6 gekennzeichnet. Die Enteignungsverfügung ist nicht empfangsbedürftig, d. h. sie ist auch wirksam, ohne daß der Betroffene Kenntnis von ihr erhalten hat, wenn nur die vorgeschriebenen Formen eingehalten wurden. Bei der Gesamtenteignung ist öffentliche Bekanntgabe, bei der Einzelenteignung Mitteilung an den Besitzer vorgeschrieben.[12])

Das Eigentum geht in dem Augenblick über, in dem die Anordnung dem Besitzer zugeht oder, falls öffentliche Bekanntmachung erfolgte, mit Ablauf des Tages nach Ausgabe des amtlichen Blattes, in welchem die Anordnung amtlich veröffentlicht wird. Das Eigentum würde also nicht übergehen, wenn beispielsweise eine nichtamtliche Notiz im redaktionellen Teile einer Staatszeitung erscheinen, oder wenn die amtliche Bekanntmachung in einem nichtamtlichen Blatte veröffentlicht würde. Nach der Verordnung über die Sicherstellung von Kriegsbedarf können nur „Gegenstände" enteignet werden. Gegenstände sind nur bewegliche Sachen, nicht dagegen Grundstücke, Forderungen usw.[13]) Dem steht aber nicht entgegen, daß Grundstücke, die als Flugplätze, Fabrikgrundstücke, Truppenübungsplätze von der Militärbehörde benötigt sind, durch besondere auf der allgemeinen Gebotsgewalt des Militärbefehlshabers beruhende Verfügung von diesem in Anspruch genommen werden. Gegen eine Enteignung durch den Militärbefehlshaber wäre einzuwenden, daß einzelne Verfassungsurkunden, so beispielsweise die bayerische,[14]) die Sicherheit des Eigentums gewährleisten und daß die Verfügungsgewalt des Militärbefehlshabers vor der Verfassung Halt zu machen hat.

Inhalt der Enteignung ist die besprochene Eigentumsübertragung.

Um jedoch die tatsächlichen äußeren Verhältnisse mit der Rechtslage in Übereinstimmung zu bringen, bedarf es der Mitwirkung aller Beteiligter, insbesondere der Mitwirkung des Besitzers. Da die kriegswirtschaftliche Enteignung auf raschen Vollzug und baldige Klärung aller Rechtsverhältnisse aus ihrer ganzen Natur herausdrängen muß, ist begreiflich, wenn der Gesetzgeber dem Besitzer der enteigneten Waren eine Reihe von Erfüllungspflichten auferlegt. So ist nach der Verordnung über die Sicherstellung von Kriegsbedarf der Besitzer verpflichtet, die Gegenstände herauszugeben, insbesondere sie auf Verlangen und Kosten des Erwerbers zu überbringen oder zu versenden. Zwischen den Zeilen ist hier zu lesen, daß der Besitzer auch

---

[12]) Vgl. VO. über die Sicherstellung von Kriegsbedarf in der Fassung vom 26. April 1917 § 1 Abs. 2.

[13]) Vgl. Hachenburg, Die Bundesratsverordnung über die Sicherstellung von Kriegsbedarf, in GruchotsBeitr. Bd. 60 S. 70ff.

[14]) Vgl. bayer. Verfassungsurkunde Titel 4 § 8; ferner vgl. Strupp, Deutsches Kriegszustandsrecht S. 150.

alles tun muß, was erforderlich ist, um die Herausgabe, Überbringung oder Versendung zu bewerkstelligen. Er muß die Ware verpacken, sie ordnungsmäßig versichern, sie abwiegen lassen und womöglich Barauslagen machen.

Nach der Reichsgetreideordnung hat der Besitzer die Vorräte, die bei ihm enteignet worden sind, zu verwahren und pfleglich zu behandeln, bis der Erwerber sie in seinen Gewahrsam übernimmt; er kann hierfür eine angemessene Vergütung verlangen.[15]) Über die Obhut und Verwahrungspflicht gilt das oben in § 16 Gesagte. Die Futtermittelverordnung[16]) betont ausdrücklich: „Der Eigentümer hat die Mengen bis zur Abnahme aufzubewahren, pfleglich zu behandeln und in handelsüblicher Weise zu versichern." In den Bekanntmachungen, welche der Zentraleinkaufsgesellschaft oder anderen Kriegsgesellschaften Einfuhrmonopole übertragen, ist häufig vom Eigentümer verlangt, daß er die Ware bis zur Abnahme mit der Sorgfalt eines ordentlichen Kaufmannes behandle.[17]) Der Handelsbrauch im Privatrechtsverkehr ist auch hier wieder der Maßstab für den Umfang einer öffentlich-rechtlichen Pflicht.

Eine sonderbare, praktisch wohl wenig bedeutsame Bestimmung trifft die Verordnung über die Sicherstellung von Kriegsbedarf, indem sie den Widerruf der Übertragungsanordnung für zulässig erklärt. Voraussetzung ist die Zustimmung des früheren und des neuen Eigentümers. Der Widerruf wird gegenüber dem früheren Besitzer erklärt; dieser gilt zugunsten des Reichsfiskus als Eigentümer, es sei denn, daß der enteignenden Behörde bekannt ist, daß ihm das Eigentum nicht zusteht. Nachdem die Enteignung Eigentum frei von Lasten vermittelt, war notwendig, bei einem etwaigen Widerruf die früheren Lasten dem Eigentümer zu überbürden. Dies geschieht in der Weise, daß das Eigentum wieder so hergestellt wird, „als wäre die Übertragungsanordnung nicht erfolgt".[18])

Die wichtigste Wirkung der Enteignung ist die Verpflichtung des neuen Eigentümers zur Leistung einer Entschädigung. Die Verordnung über die Sicherstellung von Kriegsbedarf spricht von einem Übernahmepreis, der bar zu bezahlen ist. Die Futtermittelverordnung bestimmt, daß die Bezugsvereinigung dem Verkäufer einen angemessenen Preis zu zahlen hat.[19]) Ähnliches spricht die Reichsgetreideordnung aus.

Was ist nun der angemessene Preis? Hierfür gibt uns die Verordnung über die Sicherstellung von Kriegsbedarf sichere Anhaltspunkte, die so sehr von allgemeiner Bedeutung sind, daß sie ohne

---

[15]) Vgl. Reichsgetreideordnung für die Ernte 1917 § 46, RGBl. S. 522.

[16]) Vgl. VO. vom 5. Okt. 1916, RGBl. S. 1108 § 6.

[17]) Vgl. z. B. AusfBest. zur BRVO. vom 16. April 1916 über die Einfuhr von Eiern, RGBl. S. 300, 530, 938 § 3; vgl. AusfBest. zur BRVO. über die Einfuhr von Zigaretten, Rohtabak, RGBl. S. 317 § 2; AusfBest. zur VO. über die Einfuhr von Walnüssen und Haselnüssen, RGBl. S. 1000 § 2; Bek. über die Einfuhr von Obst und Gemüse vom 13. Sept. 1916 § 4; Bek. über die Einfuhr von frischen Fischen vom 13. Nov. 1916, RGBl. S. 1265 § 4.

[18]) Vgl. § 1 Abs. 4 der VO. vom 26. April 1917, RGBl. S. 376.

[19]) Vgl. VO. vom 5. Okt. 1916, RGBl. S. 1108 § 6.

weiteres in allen Enteignungsfällen Anerkennung finden dürften. Der Übernahmepreis ist hier der Friedenspreis zuzüglich eines nach den Verhältnissen des Einzelfalles angemessenen Gewinnes. Die Verordnung über die Sicherstellung von Kriegsbedarf denkt hierbei natürlich nur an Gegenstände, die schon vor Kriegsausbruch erworben oder erzeugt wurden. Sie sagt selbst: „Bei den nach dem 31. Juli 1914 aus dem Ausland eingeführten Gegenständen ist an Stelle des Friedenspreises der Einstandspreis des Einführenden zu berücksichtigen.“ Zweck dieser Bestimmung ist doch den Eigentümer vor Verlust zu schützen. Legt man diese Zweckbestimmung bei Entscheidung eines ähnlichen Falles zugrunde, nämlich desjenigen, daß die Ware nach dem 31. Juli 1914 erworben oder hergestellt wurde zu einem Preis, der den Friedenspreis erheblich überragt, so dürfte zweifellos dieser erhöhte Gestehungspreis zugrunde zu legen sein. Natürlich darf die Erhöhung des Gestehungspreises nicht durch unlautere Machenschaften wie z. B. durch Kettenhandel oder Zurückhaltung erfolgt sein.

Zu dem Gestehungspreis, in dem auch ein angemessener Teil der gesamten Betriebskosten eingerechnet werden darf, kommt nun ein angemessener Gewinn. Unter angemessenem Gewinn ist nicht schlechthin der Friedensgewinn zu verstehen, das ist der Gewinn, der bei gleicher Art und Menge im Frieden genommen wurde. Vielmehr darf der Gewinn prozentual im Verhältnis zum Werte des enteigneten Gegenstands berechnet werden. Ist ein Gegenstand, der im Frieden 30 Pfg. kostete, heute Mk. 3.— wert, so darf ohne Zweifel auch von den Mk. 3.— ein 15prozentiger Gewinn genommen werden, wenn dieser schon im Frieden üblich war. Die Verordnung über die Sicherstellung von Kriegsbedarf verweist auf die Verhältnisse des Einzelfalles, d. h. sie weist den Richter an, keine schablonenhafte Formel aufzustellen, nach der er die Entschädigung bestimmt, sondern in jedem Falle besonders, nach dem Grundsatz der Billigkeit zu entscheiden.[20])

In einzelnen Fällen ist schon in der grundlegenden Verordnung ein fester Anhalt für die Preisberechnung gegeben, vielleicht sogar der Übernahmepreis festbestimmt. So sagt beispielsweise § 45 der Reichsgetreideordnung: „Bei Gegenständen, für die Höchstpreise festgesetzt sind, wird der Übernahmepreis unter Berücksichtigung des zur Zeit der Enteignung geltenden Höchstpreises sowie der Güte und Verwertbarkeit der Vorräte nach Anhörung von Sachverständigen von der höheren Verwaltungsbehörde endgültig festgesetzt. Bei Gegenständen, für die keine Höchstpreise festgesetzt sind, tritt an Stelle des Höchstpreises ein Preis, der unter Berücksichtigung der tatsächlich gemachten Aufwendungen und, soweit dies nicht möglich ist, durch Schätzung zu ermitteln ist.“ Hier gilt also in erster Linie der von der zuständigen Behörde festgesetzte Höchstpreis. Die Entschädigung muß sich jedoch nicht nach dem Höchstpreis richten, d. h. mit dem Höchstpreis g e n a u übereinstimmen, vielmehr ist die Berücksichtigung der Güte und der Verwertbarkeit der Vorräte auf die g l e i c h e Stufe

[20]) Vgl. unten § 20.

gestellt mit der Berücksichtigung des Höchstpreises. Auch hier wieder Billigkeitserwägungen, die natürlich da um so mehr ausschlaggebend sind, wo Höchstpreise nicht bestehen. Die Reichsgetreideordnung geht etwas weiter wie die Verordnung über die Sicherstellung von Kriegsbedarf, wenn sie an Stelle der Gestehungskosten die tatsächlich gemachten Aufwendungen der Aufstellung zugrundelegt; es dürfen auch die Kosten, die nach der Erstehung entstanden sind, berechnet werden. Trotzdem erscheint der Unterschied, nachdem auch das Wort Gestehungskosten in der Praxis recht extensiv ausgelegt wird, von keiner großen Bedeutung.

Eine feste Grenzlinie für die Höhe des Übernahmepreises ist in der Futtermittelverordnung[21]) gezogen. Der Preis darf hier die vom Reichskanzler bestimmten Grenzen nicht übersteigen. Der Reichskanzler hat auf Grund dieser Ermächtigung eine genaue Preisliste veröffentlicht, die die Übernahmepreise im allgemeinen sehr niedrig bestimmte.[22]) Es sind von Futtermittelhändlern auf diese Weise Tausende von Mark verloren worden.

Auf der anderen Seite kommen auch Mindestpreise vor, die den Nebenzweck haben, den Anbau gewisser Erzeugnisse zu fördern. So heißt es beispielsweise in § 4 der Zuckerverordnung[23]) in Verbindung mit § 2 der Bekanntmachung vom 3. Februar 1916,[24]) daß der Preis nicht niedriger sein darf, als Mk. 0,45 über den im Betriebsjahr 1913/14 für 50 kg Rüben gezahlten Preis.

Sind die Übernahmepreise, mögen sie nun Mindestpreise oder Höchstpreise sein, verordnungsmäßig festgelegt, so ist ein Daruntergehen ebenso unmöglich wie ein Darübergehen. Selbst die zur Entscheidung von Streitigkeiten berufenen Stellen sind an die verordnungsmäßigen Preise gebunden. Es mutet einem sonderbar an, wenn beispielsweise die Futtermittelverordnung bestimmt: „Ist der Besitzer mit dem von der Bezugsvereinigung angebotenen Preise nicht einverstanden, so setzt ein Schiedsgericht unter Ausschluß des Rechtswegs den Preis endgültig fest.“ Nun bietet aber die Bezugsvereinigung in allen Fällen, wo es sich um normale Ware handelt, den vom Reichskanzler bestimmten Höchstpreis, der, wie schon angedeutet, niedrig genug ist. Wo bleibt da ein Raum für schiedsrichterliche Entscheidung? Mit Recht wundern sich die beteiligten Kreise über derartige Gesetzgebung.

Wie ein Märchen aus uralten Zeiten mutet uns der Satz des Friedensrechtes an:[25]) „Die Zwangsenteignung darf nur gegen vorgängige volle Geldentschädigung erfolgen.“ Die Entschädigung der kriegswirt-

---

[21]) Vgl. VO. über Futtermittel vom 5. Okt. 1916, RGBl. S. 1108 § 7.

[22]) Vgl. Preisliste zur BRVO. vom 5. Okt. 1916, erschienen im ZBl. für das Deutsche Reich Nr. 51 vom 24. Nov. 1916.

[23]) Vgl. VO. über den Verkehr mit Zucker im Betriebsjahr 1916/17 vom 14. Sept. 1916, RGBl. S. 1032.

[24]) Vgl. Bek. über die Preise für Rohzucker und Zuckerrüben im Betriebsjahr 1916/17, RGBl. S. 80.

[25]) Vgl. Fleiner, Institutionen des deutschen Verwaltungsrechts, 3. Aufl. S. 294.

schaftlichen Enteignung ist weder voll noch vorgängig. Sie ist nicht voll deshalb, weil sie in keinem Falle den wirklichen Wert der Ware ersetzt, sie ist nicht vorgängig, weil die Anlehnung der kriegswirtschaftlichen Enteignung an den Absatzzwang und die Anlehnung dieses an den Kaufvertrag des bürgerlichen Rechts eine Verpflichtung des Betroffenen zur Vorleistung verursachte. In der Praxis geht die Sache so vor sich, daß die kriegswirtschaftliche Organisation nach Empfang der Ware die ihr angemessen erscheinende Entschädigung zahlt und im übrigen die Entscheidung der zuständigen Stelle, meist der höheren Verwaltungsbehörde oder des Schiedsgerichts, abwartet.

c) Die Verfallerklärung.

Der Begriff Verfallerklärung ist in der kriegswirtschaftlichen Gesetzgebung kein einheitlicher. In dem einen Fall, ja man kann sagen, in der weitaus größten Zahl der Fälle, ist sie Nebenstrafe, in anderen selbständiger Übereignungsakt.

Um an erstere anzuknüpfen, sei an die Bekanntmachung über Vorratserhebungen vom 2. Februar 1915 erinnert,[26]) die durch die Bekanntmachung über Auskunftspflicht vom 12. Juli 1917 erneuert wurde. Darnach können Vorräte, die verschwiegen worden sind, im Urteil als dem Staate verfallen erklärt werden, ohne Unterschied, ob sie dem Auskunftspflichtigen gehören oder nicht.

Diese Art der Verfallerklärung ist nichts anderes wie die schon im Friedensrecht verschiedentlich zugelassene Einziehung. Sie ist eine richterliche Maßnahme, die den Täter als Strafe treffen soll, sie muß immer in die Form eines Urteils oder wenigstens eines Strafbefehls gekleidet sein. Aus dem Grundsatz ne bis in idem ergibt sich, daß die Verfallerklärung im Verfahren über die Hauptsache behandelt und ausgesprochen werden muß. Ein nachträgliches Verfahren ist nur aus sicherheitspolizeilichen Gründen möglich, die jedoch in kriegswirtschaftlichen Fällen nur selten zutreffen werden. Wie verbreitet die Verfallerklärung bzw. Einziehung in der kriegswirtschaftlichen Gesetzgebung ist, davon überzeugt ein Blick in das Kriegsbuch von Güthe-Schlegelberger.[27])

Weit interessanter und neuartiger ist die selbständige Verfallerklärung, die mit dem Begriff Strafe auch nicht das geringste zu tun hat. Die wohl bedeutsamste Stelle, an der von dieser Art der Verfallerklärung die Rede ist, ist § 70 der Reichsgetreideordnung für die Ernte 1917.[28]) Darnach kann der Kommunalverband Vorräte, die einer ordnungsmäßig ergangenen Aufforderung zuwider nicht angezeigt oder bei behördlicher Nachprüfung verheimlicht oder sonstwie der Aufnahme entzogen werden, oder die der Unternehmer eines landwirtschaftlichen Betriebs entgegen den zur Überwachung der Selbst-

[26]) Vgl. RGBl. S. 54.

[27]) Vgl. Register zu Güthe-Schlegelberger Bd. 4, Stichwort Enteignung.

[28]) Vgl. RGBl. S. 528.

versorger ergangenen Vorschriften zu verwenden sucht, sowie alle Vorräte, die unbefugt hergestellt oder in den Verkehr gebracht werden, ohne Zahlung einer Entschädigung zugunsten der Reichsgetreidestelle oder des von ihr bezeichneten Kommunalverbandes verfallen erklären.

Subjekt der Verfallerklärung ist sonach nicht eine richterliche Behörde, sondern sozusagen eine Partei. Die Voraussetzungen für die Verfallerklärung dieser Art decken sich zum Teil mit denen der richterlichen Einziehung. Nachdem es sich bei der Anordnung des Kommunalverbandes nicht um eine Strafe im Rechtssinne, sondern um eine Ordnungsmaßnahme handelt, ist eine nochmalige nachträgliche Einziehung der gleichen Vorräte durch richterliches Urteil nicht ausgeschlossen, so z. B. auf Grund der Bekanntmachung über Auskunftspflicht vom 12. Juli 1917. Wirksam ist dann die letzte der Anordnungen. Bei der Verfallerklärung auf Grund der Reichsgetreideordnung ist bemerkenswert, daß der Kommunalverband die Vorräte nicht ohne weiteres als für sich verfallen erklären kann, sondern die Verfallerklärung entweder zugunsten der Reichsgetreidestelle oder eines von der Reichsgetreidestelle bezeichneten Kommunalverbandes aussprechen muß. Die Verfallerklärung wirkt wie die Enteignung konstitutiv, d. h. mit dem Zugehen der Erklärung an den Betroffenen geht das Eigentum über.

Die Verfallerklärung erscheint demnach als eine unter gewissen Voraussetzungen zulässige Enteignung ohne Entschädigung.[29])

§ 18. Die Überwachung des Verkehrs.

Die zahlreichen durch die Not der Lage veranlaßten Vorschriften, die die Verkehrsfähigkeit beschränken, den Güterumlauf hemmen, ja unterbrechen, sind nur wirksam, wenn eine sorgsame Überwachung der Handelsbetriebe erfolgt. Je größer die Ansprüche des Staates an den Einzelnen sind, um so größere Machtmittel muß er der Polizei in die Hand geben, die berufen ist, die staatlichen Ansprüche durchzusetzen. Mit den Mitteln des Friedensrechtes hätte die Polizei die ihr durch die kriegswirtschaftliche Gesetzgebung übertragenen Aufgaben niemals erfüllen können, wenn es nicht zu einer unerträglichen Überspannung des friedensrechtlichen Begriffes der Polizeigewalt kommen sollte. Im allgemeinen darf die Polizei erst einschreiten, wenn der Verdacht einer strafbaren Handlung vorliegt. Wollte sich die Polizei streng an diesen Grundsatz halten, so wäre sie auf dem Gebiet des Kriegswirtschaftsrechts meist zur Tatlosigkeit verdammt. Die Vergehen gegen die Ver-

[29]) Eine besondere Art der Verfallerklärung findet sich in § 28 der VO. über Gerste aus dem Erntejahr 1916 vom 16. Juli 1916; darnach verfällt die Gerste, die jemand unbefugt erworben, verarbeitet hat oder hat verarbeiten lassen, oder die er über sein Kontingent hinaus erworben oder verarbeitet hat, ohne Entgelt der Reichsgerstengesellschaft. Die Verfallerklärung ist hier durch das Gesetz selbst ausgesprochen; sie ist bedingt durch das unbefugte Handeln und tritt von selbst mit Eintritt der Bedingung ein. Es bedarf keines weiteren behördlichen Aktes. Die Reichsgerstengesellschaft kann sofort die Ablieferung verlangen.

ordnungen der Kriegswirtschaft sind meist so verdeckt, daß es sowohl für die Polizei wie für außenstehende Anzeigewillige schwer ist, sichtbare Merkmale zu erlangen. Und dann mußte es bei der Fülle und oft schweren Verständlichkeit der kriegswirtschaftlichen Verordnungen nicht nur Aufgaben der Polizei erscheinen, aufspürend und rächend tätig zu sein, sondern auch aufklärend, ermahnend und verweisend. Der Polizei mußte daher die Möglichkeit gegeben werden, lediglich prüfend eingreifen und sich auch ohne Vorliegen des Verdachts einer strafbaren Handlung um die einzelnen Handelsbetriebe kümmern zu können.

a) Das polizeiliche Erkundigungsrecht.

Im Gegensatz zu der Auskunftspflicht, die als Erfolg der Beschlagnahme gegenüber den kriegswirtschaftlichen Organisationen besteht, gibt es eine Auskunftspflicht unabhängig von der Beschlagnahme gegenüber den Stellen, denen die Überwachung des Handels zur Aufgabe gemacht ist. Hierher gehören in erster Linie die Preisprüfungsstellen. Sie haben als Aufgaben, aus ihrer Kenntnis der Marktverhältnisse auf der Grundlage der Erzeugungs-, Verarbeitungs- und sonstigen Gestehungskosten die den örtlichen Verhältnissen angemessenen Preise zu ermitteln; wichtiger erscheint jedoch die Aufgabe, die zuständigen Stellen bei der Überwachung des Handels mit Gegenständen des notwendigen Lebensbedarfs sowie bei der Verfolgung von Zuwiderhandlungen gegen die Vorschriften über Höchstpreise und über die Regelung des Verkehrs mit Gegenständen des notwendigen Lebensbedarfs zu unterstützen. Sie haben die zuständigen Stellen bei der Aufklärung der Bevölkerung über die Preisentwicklung und deren Ursache zu unterstützen.[1]) Ihre Pflicht, Gutachten über die Angemessenheit von Preisen für Gerichte und Verwaltungsbehörden abzugeben, wäre jedoch besser nicht begründet worden.

Die Preisprüfungsstellen sind halb Verwaltungsorgane und halb Polizeibehörde, soweit diese Begriffe Gegensätze zulassen. Als Verwaltungsorgan haben sie in erster Linie eine fördernde Tätigkeit zu entfalten, indem sie Preise ermitteln, ihre Grundsätze bekannt geben und das Publikum aufklären. Als Polizeibehörde obliegt ihnen in erster Linie die Verfolgung von Vergehen gegen die Kriegsverordnungen. Diese Pflichten gestatten kein ruhiges objektives Abwägen. Sie versetzen die Preisprüfungsstelle notwendig in eine Kampfesstimmung, aus der heraus objektive Gutachten nicht entstehen können.

Die Preisprüfungsstellen haben das Recht, innerhalb ihres Bezirkes von jedermann über alle Tatsachen Auskunft zu verlangen, die für die Preisbildung von Wichtigkeit sind, insbesondere über den Bestand, die Zufuhr und die Preise von Gegenständen des notwendigen Lebensbedarfs Erhebungen anzustellen. Die Befugnisse der Preisprüfungsstellen sind zum Teil enger, zum Teil aber auch weiter wie die Be-

[1]) Vgl. Bek. über die Errichtung von Preisprüfungsstellen und die Versorgungsregelung vom 25. Sept. 1915 § 4, RGBl. S. 608.

fugnisse der nach der Verordnung über Auskunftspflicht vom 12. Juli 1917 bestimmten Stellen. Sie sind enger insofern, als sich die Preisprüfungsstelle nur an die Bewohner des eigenen Bezirks wenden kann und nur Auskunft verlangen kann über Tatsachen, die sich auf die Preisbildung beziehen oder auf den Bestand und die Zufuhr von notwendigen Lebensmitteln. Sie sind weiter insofern, als der Personenkreis sachlich nicht so beschränkt ist wie in der Auskunftsverordnung vom 12. Juli 1917, nach der nur solche Personen um Auskunft angegangen werden können, die bestimmte Gegenstände in Gewahrsam haben oder gehabt haben.

Die Preisprüfungsstellen haben, um ihren Erkundigungen feste Grundlage geben zu können, das besondere Recht, Zeugen und Sachverständige, die im Bezirk der Preisprüfungsstelle wohnen oder sich aufhalten, eidlich zu vernehmen.[2])

Die Preisprüfungsstellen sind auch befugt, miteinander in Verbindung zu treten, ihre Erkundigungen gegenseitig auszutauschen, Gerichte und Verwaltungsbehörden innerhalb ihrer Zuständigkeit um Unterstützung zu ersuchen und auch diese um Vernehmung von Zeugen und Sachverständigen anzugehen.[3])

Von allgemeinen Verordnungen ist natürlich auch die Verordnung über Auskunftspflicht vom 12. Juli 1917 in diesem Zusammenhang bedeutsam. Ihr hauptsächlicher Inhalt wurde bereits oben besprochen.[4])

Außerdem sind in zahlreichen Einzelverordnungen, die sich auf bestimmte Warengattungen beziehen, der Polizeibehörde und deren Beauftragte Erkundigungsrechte eingeräumt. So sind beispielsweise nach der Verordnung über untaugliches Schuhwerk vom 21. Juni 1916 Schuhhändler und Schuhfabriken verpflichtet, den Beamten der Polizei und den Sachverständigen Auskunft über das Verfahren bei Herstellung der Erzeugnisse und über die zur Verarbeitung gelangenden Stoffe, insbesondere über deren Menge und Herkunft zu erteilen.[5]) Ein ähnliches polizeiliches Erkundigungsrecht ist in der Bekanntmachung über den Verkehr mit Schuhsohlen, Sohlenschonern, Sohlenbewehrungen aus Lederersatzstoffen vom 4. Januar 1917 enthalten.[6]) Auch die Bäcker und Konditoren sind verpflichtet, den Beamten der Polizei Auskunft über das Verfahren bei Herstellung der Erzeugnisse, über den Umfang des Betriebes und über die zur Verarbeitung gelangenden Stoffe zu erteilen.

Die Zahl der Einzelverordnungen, die in ähnlicher Weise der Polizei ein besonderes Erkundigungsrecht geben, ist zu groß, als daß hier alle Erwähnung finden könnten.[7]) Der Inhalt des Erkundigungsrechtes ist im wesentlichen der gleiche.

---

[2]) Vgl. § 7 der VO. vom 25. Sept. 1915, RGBl. S. 609.
[3]) Vgl. ebenda §§ 6 u. 8.
[4]) Vgl. oben § 15 a.
[5]) Vgl. RGBl. S. 541 § 2 Abs. 3.
[6]) Vgl. Bek. vom 4. Jan. 1917, RGBl. S. 7 § 2 Abs. 2.
[7]) Vgl. Bek. über die Bereitung von Backwaren vom 26. Mai und 28. Sept. 1916 § 14; Bek. über Eier vom 12. August 1916 § 18; Bek. zur Einschränkung des Fleisches und Fettverbrauchs vom 28. Okt. 1915 § 4; Bek. über Rohtabak vom 10. Okt. 1916 § 14.

b) Das polizeiliche Besichtigungsrecht.

Das Erkundigungsrecht wird notwendigerweise durch das Besichtigungsrecht ergänzt. Denn, wie oben schon angedeutet, ist es bei der Festlegung der Wahrheit nicht mit der Befragung der Betriebsinhaber getan, sondern es ist auch eine wirksame persönliche Kontrolle notwendig. Die Möglichkeit hierzu wird der Polizei durch das Besichtigungsrecht gegeben.

Die Preisprüfungsstellen bzw. ihre Vertreter sind befugt, Räume, in denen Gegenstände des notwendigen Lebensbedarfs hergestellt, gelagert oder feilgehalten werden, zu betreten und daselbst Besichtigungen vorzunehmen; sie können sogar bei anderen Behörden Durchsuchungen vornehmen, so z. B. bei der Post und der Eisenbahn. Sie können sich Schlußscheine, Rechnungen, Frachtbriefe, Konnossemente, Lagerscheine, Ladescheine und sonstige im Handelsverkehr übliche Schriftstücke und Bücher, soweit sie sich auf den Ein- oder Verkauf von Gegenständen beziehen, vorlegen lassen und Einsicht nehmen.[8])

Das Recht der Preisprüfungsstellen ist naturgemäß durch den Wortlaut der Verordnung beschränkt. So sei darauf aufmerksam gemacht, daß die Verordnung über Errichtung von Preisprüfungsstellen von Gegenständen des notwendigen Lebensbedarfs spricht, im Gegensatz zu den Gegenständen des täglichen Lebensbedarfs, von denen in der Bekanntmachung gegen übermäßige Preissteigerung die Rede ist. Der Begriff täglicher Lebensbedarf ist weiter wie der des notwendigen Lebensbedarfs. Wenn nach einer Entscheidung des bayerischen Obersten Landesgerichtes Bier als Gegenstand des täglichen Lebensbedarfs zu betrachten ist, so möchten wir doch bezweifeln, ob es Gegenstand des notwendigen Lebensbedarfes ist. In solchem Falle stehen der Preisprüfungsstelle die Rechte aus § 6 der Verordnung vom 25. September 1915 nicht zu.

Es verdient auch bemerkt zu werden, daß das Recht der Einsichtnahme noch lange kein Recht der Beschlagnahme und Mitnahme in sich schließt. Eine Beschlagnahme ist immer nur möglich auf Grund von § 98 der StPO., d. h., wenn es sich um Gegenstände handelt, welche als Beweismittel in einer strafprozessualen Untersuchung von Bedeutung sein könnten. Aber auch dann steht die Beschlagnahme nur den Hilfsbeamten der Staatsanwaltschaft zu, als welche die Preisprüfungsstellen nicht anzusehen sind.

Wie das Erkundigungsrecht, so findet sich das Besichtigungsrecht der Polizei in unzähligen Kriegsverordnungen, die im einzelnen aufzuführen nicht Aufgabe dieser Arbeit sein kann.

Nun noch ein Wort über das Beschwerdeverfahren. Es ist durchaus ungenügend ausgebildet. In den Fällen, in denen Polizeibehörden eingreifen, kann der Bürger sich gegen den vermeintlich unberechtigten Eingriff an die dem Eingreifenden vorgesetzte Dienststelle mit der Verwaltungsbeschwerde wenden; wo es sich um ein mehr aufsichtliches Eingreifen handelt, gegebenenfalls an die höhere Verwaltungsbehörde.

---

[8]) Vgl. Bek. vom 25. Sept. 1915 § 6 Nr. 3.

Wo es sich dagegen mehr um Untersuchungshandlungen dreht, geht die Beschwerde an die Staatsanwaltschaft oder, wenn eine Voruntersuchung eingeleitet ist, an den Untersuchungsrichter.

Die Preisprüfungsstellen scheinen nach dem Wortlaut der Verordnung vom 25. September 1915 überhaupt Herr ihrer selbst. Nirgends steht da nur ein Wort von einer Beschwerdemöglichkeit. Trotzdem dürfte eine Beschwerde möglich sein und zwar an die höhere Verwaltungsbehörde oder an den Vorstand des Kommunalverbandes, die die betreffenden Vorsitzenden oder Mitglieder der Preisprüfungsstelle ernannt haben. Der höheren Verwaltungsbehörde bzw. dem Vorstand des Kommunalverbandes steht jedoch nur eine indirekte Einwirkung auf die Mitglieder der Preisprüfungsstelle zu, insofern erstere letzteren keine direkten Anordnungen erteilen können, vielmehr nur in der Lage sind, mit der Abberufung zu drohen, wenn die oder jene Maßnahme nicht unterlassen würde.

§ 19. Die Reinigung des Verkehrs.

Wir haben schon wiederholt betonen müssen, daß außerordentliche Verhältnisse außerordentliche Maßnahmen rechtfertigen. Der Bürger muß in der gegenwärtigen Zeit, wo es sich um Sein oder Nichtsein eines ganzen Volkes handelt, manches hinnehmen, was nach der Rechtsentwicklung der letzten Friedensjahre undenkbar gewesen wäre. Die schärfsten Eingriffe in das Eigentumsrecht und Persönlichkeitsrecht können auf Grund formlosen Verwaltungsaktes geschehen; sie bestehen dauernd zu Recht, ohne daß eine ruhige richterliche Nachprüfung möglich wäre. Auch die im folgenden zu besprechenden Maßnahmen gehören hierher. Es soll nicht verkannt werden, daß in gegenwärtiger Zeit der Verkehr gesäubert werden muß von Menschen und Gewohnheiten, die der Durchführung der kriegswirtschaftlichen Verordnungen im Wege stehen; aber auch nicht mehr. Das behördliche Einschreiten darf nicht nach Willkür geschehen können. Es muß seine Grenze in seinem Zweck finden.

a) Die Fernhaltung unzuverlässiger Personen vom Handel.[1])

Der Handel mit Gegenständen des täglichen Bedarfs, insbesondere Nahrungs- und Futtermitteln aller Art sowie rohen Naturerzeugnissen, Heiz- und Leuchtstoffen oder mit Gegenständen des Kriegsbedarfs kann, ja muß untersagt werden, wenn Tatsachen vorlegen, die die Unzuverlässigkeit der Handelstreibenden in bezug auf den Handelsbetrieb dartun.[2])

---

[1]) Vgl. hierzu Szczesny und Neumann, Die Bekämpfung des Wuchers mit Lebensmittel und Gegenständen des täglichen Bedarfs, 1915; Wassermann in JW. 1916 S. 1259.

[2]) Vgl. Bek. zur Fernhaltung unzuverlässiger Personen vom Handel vom 23. Sept. 1915, RGBl. S. 603.

Der Begriff Unzuverlässigkeit hat schon im Friedensrecht bei Auslegung einzelner Bestimmungen der Gewerbeordnung zu lebhaften Auseinandersetzungen Anlaß gegeben. Die Praxis ging und geht heute noch in den Anforderungen recht weit auseinander.

Soviel steht jedenfalls fest: Die Unzuverlässigkeit muß, wenn sie das Handelsverbot begründen soll, mit den Kriegsmaßnahmen in Verbindung stehen. Eine Unzuverlässigkeit mit Beziehung auf Kassenführung, Buchführung, Erfüllung der Verbindlichkeiten usw. kommt nicht in Betracht. Auf der anderen Seite genügt nicht ein einzelner Fall der Übertretung einer Kriegsverordnung, um die Unzuverlässigkeit des Handelsgewerbetreibenden darzutun, vielmehr geht aus § 1 Abs. 2 der Verordnung hervor, daß Tatsachen, also mindestens zwei Fälle vorliegen müssen. Es erscheint auch nicht angängig, Unzuverlässigkeit da anzunehmen, wo Fälle der gleichen Art kurz aufeinander vorkamen, ohne daß inzwischen der Gewerbetreibende auf das Fehlerhafte seines Verhaltens in dem einen oder anderen Fall aufmerksam gemacht worden wäre. Unzuverlässig ist nur der, der trotz Mahnung seine Zuwiderhandlungen fortsetzt. Sodann ist zu beachten, daß Unzuverlässigkeit im Handel mit einem bestimmten Artikel noch keine Unzuverlässigkeit im Handel mit anderen Artikeln bedeutet. Wenn z. B. ein Schuhhändler einer Militärbehörde fortgesetzt minderwertige Zeltbahnen geliefert hat, so ist das kein Grund, ihm seinen Schuhhandelsbetrieb zu untersagen. Wir möchten es auch beanstanden, wenn einem Altwarenhändler, der Schuhwaren unter Verletzung der Verordnung gegen übermäßigen Gewinn verkauft hat, sein Antiquitätengeschäft geschlossen würde.

Zuwiderhandlungen gegen die Vorschriften über Höchstpreise, Vorratserhebungen, Preisaushang und übermäßige Preissteigerung, die in § 1 Abs. 2 der Verordnung vom 23. September 1915 als Gründe für die Annahme der Unzuverlässigkeit angegeben sind, sind nur Beispiele. Es gibt natürlich noch unzählige Zuwiderhandlungen, insbesondere gegen die auf bestimmte Waren sich beziehenden Verordnungen, die bei der Prüfung der Frage der Zuverlässigkeit erörtert werden müssen.

Über den Kreis der betroffenen Personen führt Wassermann richtig aus, daß juristische Personen ebensogut ausgeschlossen werden können wie Privatpersonen.[3]) Auf Handlungsgehilfen, Prokuristen, Direktoren von Aktiengesellschaften bezieht sich die Verordnung nicht, weil sie kein Handelsgewerbe treiben, sondern in einem fremden Handelsgewerbe tätig sind. Jedoch darf ein Angestellter nicht weiter in einem geschlossenen Handelsbetrieb tätig sein, er würde, wenn er z. B. die Bücher führte, die Kundschaft weiterhin besuchte, sich der Beihilfe schuldig machen.

Über die Form der Untersagung bestimmt die Verordnung, daß zum mindesten das Handelsgewerbe, dessen Betrieb untersagt wird, genau zu bezeichnen ist. Die Untersagung eines Handelsbetriebs „mit

---

[3]) Vgl. Güthe-Schlegelberger, Kriegsbuch, Bd. 3 S. 193.

Kriegsbedarfsartikel" genügt den verordnungsmäßigen Erfordernissen nicht.

Die Untersagung des Handelsbetriebs ist im Amtsblatt der untersagenden Behörde und im Reichsanzeiger bekanntgegeben. Das Fehlen dieses Formerfordernisses bewirkt Ungültigkeit der Untersagung.

Trotzdem die Untersagungen auf Grund der Verordnung vom 22. November 1915 nicht zahlreich waren,[4]) verdient doch die Frage Beachtung, ob der Zweck eine derartige Maßnahme rechtfertigt. Man denke nur an folgendes: Die meisten Kriegsverordnungen kennen als Geldstrafe höchstens Mk. 1500. Besondere Verordnungen wie z. B. die Bekanntmachung gegen übermäßige Preissteigerung vom 23. Juli 1915 und die Verordnung zur Bekämpfung des Kettenhandels vom 24. Juni 1916 sehen Höchstgeldstrafen von Mk. 10 000 vor. Wie unverhältnismäßig schärfer werden diejenigen getroffen, denen der Handelsbetrieb untersagt wird. Es müssen schon große Wucherer sein, denen gegenüber die Höchststrafe durch ein Urteil ausgesprochen wird, das in drei Instanzen geprüft wird. Wie verhältnismäßig einfach ist dagegen das Verfahren wegen Untersagung des Handelsbetriebs, die den Betroffenen um Hunderttausende schädigen kann. Es herrscht in diesem Verfahren weder das wachende Auge der Öffentlichkeit noch die objektive Ruhe eines Richterkollegiums. Der Verwaltungsbeamte, der in der gegenwärtigen Zeit mit Arbeit überlastet ist, entscheidet mit wenigen Federstrichen hier über riesige Vermögen. Der Zweck der Maßnahme, die Säuberung des kriegswirtschaftlich wichtigen Handelsverkehrs von unlauteren Elementen, würde auch bei einem schonenderen Verfahren nicht vereitelt. Im Gegensatz: Die Furcht vor einer öffentlichen Gerichtsverhandlung dürfte viel abschreckender wirken, wie die Aussicht auf ein kurzes internes Verfahren vor der Verwaltungsbehörde. Das Urteil eines Richterkollegiums würde den Betroffenen vielmehr überzeugen, daß das, was ihm widerfährt, rechtens ist, als der Ausspruch eines Verwaltungsbeamten.

Deshalb die Forderung: Die Nachprüfung der Untersagungsanordnung wäre zu ermöglichen und einem Verwaltungsgericht oder einem ordentlichen Gericht zu übertragen.

b) Die polizeiliche Kontrolle des Anzeigewesens.

Denen, die die kriegswirtschaftlichen Verordnungen umgehen wollen, bietet der Anzeigeteil der Zeitungen eine willkommene Hilfe. Er ermöglicht, entfernt wohnende Liebhaber aufzufinden, die bekanntlich zum Abschluß verbotener Geschäfte lebhafter gesucht werden, wie die in der Nähe wohnenden. Der Kettenhandel wurde durch die Zeitungsannoncen direkt herausgefordert. Um diesem Unfug einigermaßen steuern zu können, bestimmte die Bekanntmachung über Zeitungsanzeigen vom 16. Dezember 1915,[5]) daß Anzeigen, in denen

[4]) In der Zeit vom 22. Sept. 1915 bis 1. August 1916 wurden 838 Personen im Deutschen Reiche vom Handel ausgeschlossen; s. Beiträge zur Kriegswirtschaft Heft 3 S. 37.

[5]) Vgl. RGBl. S. 827.

Gegenstände des täglichen Bedarfs, insbesondere Nahrungs- und Futtermittel aller Art sowie rohe Naturerzeugnisse, Heiz- und Leuchtstoffe, Düngermittel und Gegenstände des Kriegsbedarfs angeboten werden, oder in denen zur Abgabe von Angeboten über solche Gegenstände aufgefordert wird, in periodischen Druckschriften nur mit Angabe des Namens oder der Firma sowie der Wohnung oder der Geschäftsstelle des Anzeigenden zum Abdruck gebracht werden.

Diese Bestimmung soll der Polizei ermöglichen, den Firmen im einzelnen nachzugehen und so Zuwiderhandlungen gegen die Kriegsverordnungen leichter aufzufinden.

Zur wirksamen Bekämpfung der Übelstände reicht die Bekanntmachung über Zeitungsanzeigen nicht aus.[6]) Auf der einen Seite griffen die Händler zu Deckadressen, auf der anderen Seite war es der Polizeibehörde bei der Masse der Anzeigen unmöglich, einem einigermaßen nennenswerten Teil davon nachzugehen.

Die Bekanntmachung vom 24. Juni 1916 über den Handel mit Lebens- oder Futtermitteln und zur Bekämpfung des Kettenhandels ermöglicht statt der bisherigen nachträglichen Kontrolle eine vorgängige Kontrolle. Sie macht bestimmte Zeitungsanzeigen von der vorherigen staatlichen Genehmigung abhängig. Jeder, der sich zum Erwerb von Lebens- oder Futtermitteln erbieten will, bedarf der Genehmigung der Polizeibehörde des Orts seiner gewerblichen Niederlassung oder in Ermangelung einer solchen seines Wohnorts. Das Gleiche gilt für den Verkäufer, der zur Abgabe von Preisangeboten auffordert. Über die Gründe, die gerade zur Auswahl dieser bestimmten Arten von Anzeigen führten, schreibt Falck: „Es wurden die Kaufgesuche ausgewählt, weil sie regelmäßig die geringere Zahl von Anzeigen aufweisen, überdies derjenige, der Ware anbietet, sie in der Regel dem Verbraucher näherbringt, während derjenige, der in der jetzigen knappen Zeit Waren durch besonderes Inserat aufkaufen will, zunächst die Berechtigung dieses Bestrebens im Einzelfalle nachweisen muß. Der Verkäufer soll seine Preise nennen, entweder in der Anzeige, oder auf die Nachfrage des Zeitungslesers. Schreibt der Ankündigende ohne besonderen, der Behörde darzulegenden Grund „abzugeben zum Höchstpreise" oder „Preisangebote erbeten" u. dgl., so bedarf er der Genehmigung."

Genehmigungsbehörde ist die Ortspolizeibehörde. Die Landeszentralbehörden können jedoch die Erteilung der Genehmigung einer anderen Behörde übertragen. Von dieser Befugnis hat vor allem Preußen Gebrauch gemacht; es hat in allen Orten, in denen eine Preisprüfungsstelle errichtet ist, diese für zuständig erklärt und damit den polizeilichen Charakter der Preisprüfungsstellen verstärkt. Ob es gerade zweckmäßig war, den Preisprüfungsstellen, in denen häufig Konkurrenten und mißgünstige Verbraucher sitzen, das Recht zu geben, den Antrag der Anzeigewilligen zu verbescheiden, mag dahingestellt bleiben. Indem man es tat, hat man der Preisprüfungsstelle jeden-

[6]) Vgl. Falck, Die Bekämpfung des Kettenhandels, in Beiträge zur Kriegswirtschaft Heft 3 S. 47 ff.

falls keinen guten Dienst erwiesen. Das geringe Maß der richterähnlichen Stellung, das die Preisprüfungsstelle hatte und das sie zu erweitern trachtete, wurde damit völlig preisgegeben.

c) Die Ersatzmittelprüfung.

Die Knappheit an den wichtigsten Nahrungsmitteln und Bedarfsgegenständen hatte zur Folge, daß eine Menge der verschiedensten Ersatzmittel auf den Markt geworfen wurden. Sie waren immer schlechter und meist teurer wie die Ware, die sie ersetzen sollten. Trotzdem wurden sie bei der Knappheit aller Vorräte gekauft. Das Publikum wai nicht in der Lage, sich selbst gegen Übervorteilung zu schützen; denn niemand kann von vornherein, ohne wenigstens versucht zu haben, den Wert eines angepriesenen Produkts erkennen.

Aus dieser Erwägung heraus haben einzelne Preisprüfungsstellen, so die Preisprüfungsstelle der Stadt Frankfurt am Main [7]) und die bayerische Landespreisprüfungsstelle [8]) bzw. deren vorgesetzte Dienststellen den Versuch gemacht, den Verkehr mit Ersatzmitteln auf Grund des § 12 der Verordnung über die Errichtung von Preisprüfungsstellen und die Versorgungsregelung vom 25. September 1915 / 4. November 1915 [9]) zu regeln.

Dieser § 12 ermächtigt die Gemeinden, mit Zustimmung der Landeszentralbehörden zur Durchführung der Versorgung der Bevölkerung mit bestimmten Gegenständen des notwendigen Lebensbedarfs zu angemessenen Preisen, bestimmte Vorschriften zu erlassen. Vor allem können sie für die Erzeuger und Hersteller solcher Gegenstände sowie für die Handel- und Gewerbetreibenden ihres Bezirks Vorschriften hinsichtlich des Betriebs insbesondere des Absatzes, des Erwerbes, der Preise und der Buchführung erlassen.

Voraussetzung einer Ergänzungsbestimmung auf Grund des § 12 der Bekanntmachung über die Errichtung von Preisprüfungsstellen ist sonach

1. daß sie von einer Gemeinde erlassen wird bzw. von der nach § 15 zuständigen Vereinigung von Kommunalverbänden oder der Landeszentralbehörde,
2. daß sie sich auf Gegenstände des *notwendigen* Lebensbedarfs bezieht,
3. daß sie bestimmte Gegenstände betrifft.

Der Magistrat Frankfurt am Main und das kgl. bayerische Staatsministerium des Innern sind sonach zum Erlaß einer Ergänzungsbestimmung zu § 21 der hier in Betracht kommenden Bekanntmachung vom 25. September 1915 zuständig. Ihre Ergänzungsbestimmungen haben jedoch nur insoweit Gültigkeit, als sie sich inner-

[7]) Vgl. Bek. zur Regelung des Handels mit Ersatzmitteln vom 28. Dez. 1916, in VO. der städt. Behörde zu Frankfurt a. M. über die Lebensmittelversorgung, 3. Nachtrag S. 8 und 2. Nachtrag S. 7.

[8]) Vgl. Bek. vom 3. April 1917 über den Handel mit Ersatzmitteln, BayStaatsAnz. Nr. 80.

[9]) Vgl. RGBl. S. 607 u. 728 ff.

halb der Ermächtigung halten. Und in dieser Beziehung geben beide Verordnungen zu Bedenken Anlaß.

Zunächst die Frage, ob sie Gegenstände betreffen, die den notwendigen Lebensbedarf befriedigen. Nicht alle Ersatzmittel sind Gegenstände des notwendigen Lebensbedarfs. Wir haben oben schon angedeutet, daß der Begriff des notwendigen Lebensbedarfs wohl zu unterscheiden ist von dem des täglichen Lebensbedarfs. Notwendig ist nur der Lebensbedarf, der zur baren Lebenserhaltung benötigt wird, also zu einer einfachen, auskömmlichen Lebensweise. Täglicher Lebensbedarf sind vielmehr die Gegenstände, die täglich, also gewöhnlich zur Befriedigung der Lebensbedürfnisse gekauft werden. Es sind demnach auch solche Gegenstände, die gegen teures Geld von reichen Leuten gewöhnlich gekauft werden.

Die Verordnung des Magistrats Frankfurt drückt sich vorsichtig aus, wenn sie sagt, daß Ersatzmittel für Gegenstände des notwendigen Lebensbedarfs nur mit Erlaubnis der Preisprüfungsstellen in den Handel gebracht werden dürfen. Die bayerische Verordnung gebraucht diese Vorsicht nicht, vielleicht absichtlich nicht, um auch auf die Hersteller und Händler von anderen Ersatzmitteln als denen des notwendigen Lebensbedarfs abschreckend und warnend zu wirken. Jedenfalls ist die bayerische Verordnung, soweit sie sich über den Rahmen der Ermächtigung hinaus erstreckt, ungültig. Es dürften also Händler und Hersteller von Weinersatzmitteln und Honigersatzmitteln durch die Verordnung nicht getroffen werden.

Was die Frage der bestimmten Bezeichnung der Gegenstände angeht, so ist auch hier die Verordnung der Stadt Frankfurt mehr dem verordnungsmäßigen Erfordernis entsprechend wie die bayerische Verordnung; denn die Frankfurter Verordnung zählt die Ersatzmittel, die sie treffen will, der Mehrzahl nach einzeln auf. So sagt § 1, daß sich die Verordnung beziehen soll auf Ersatzmittel, insbesondere Ersatzmittel für Backpulver, Bindfaden, Chemikalien (Soda, Firnis, Leinöl, Rüböl, Benzin usw.), Eier, Fette, Fleisch und Fleischsuppen, Gemüse, Getränke (!), Gewürze, Honig (!), Kaffee, Kakao, Kraftkost, Leder, Leuchtmittel, Marmelade, Mehl und Brot, Milch, Puddingpulver, Salatöl, Seife, Stärke, Tee u. a. Das einleitende Wort dieses Verzeichnisses „insbesondere" und die Schlußworte „u. a." deuten aber darauf hin, daß der Frankfurter Magistrat auch noch andere als die aufgeführten Ersatzmittel treffen will. Dies erscheint mir aber nicht ganz dem § 12 der Bekanntmachung vom 25. September 1915 entsprechend. „Ersatzmittel" ist kein bestimmter Gegenstand. Wäre er es, so wäre auch auf Grund der Bekanntmachung vom 23. September 1915 es möglich, Händler allgemein vom Handel mit Ersatzmitteln auszuschließen. Daß dies aber nach der Bekanntmachung vom 23. September 1915 geschehen könnte, wird wohl keine deutsche Verwaltungsbehörde behaupten. Bestimmter Gegenstand ist soviel wie genau bezeichneter Gegenstand. Die Gattung muß so genau zum allermindesten angegeben sein, daß ersichtlich ist, daß es sich um einen Gegenstand des notwendigen Lebensbedarfs handelt. Die Frankfurter

Verordnung erfüllt diese Voraussetzung der Gültigkeit, die bayerische Verordnung nur zum Teil, denn sie will Ersatzmittel von Nahrungs-, Genuß- und Futtermitteln sowie von Gegenständen des täglichen Bedarfs treffen.

Der Zweck der Ersatzmittelprüfung ist, das Publikum davor zu schützen, daß es unbrauchbare Ware zu teuerem Preis erhalte. Daher erstreckt sich die Ersatzmittelprüfung, die Voraussetzung für die Zulassung des betreffenden Artikels zum Handel ist,

1. auf die Brauchbarkeit,
2. auf den Preis.

Aus diesem Grund verlangt die Frankfurter Verordnung, daß dem Antrag auf Zulassung das Gutachten eines vereidigten Chemikers über die genaue chemische Zusammenstellung und über die Gebrauchs- und Verkehrsfähigkeit des Ersatzmittels beigefügt werde. Sie sieht vor, daß das vorgelegte Gutachten durch das kgl. chemische Untersuchungsamt, das Städtische Nahrungsmittelamt oder durch eine sonst geeignet erscheinende Stelle oder Person nachgeprüft werde.

Die bayerische Verordnung verlangt als Beilage zu dem Antrag drei Stück des Ersatzmittels in handelsfertiger Packung, wobei die Packung oder das Behältnis Angaben über Maß, Gewicht, Zusammensetzung, Verwendungszweck und Kleinverkaufspreis in deutscher Währung und in deutscher Sprache enthalten muß. Außerdem soll ein vorhandenes Gutachten eines Sachverständigen über die Zusammensetzung, den Handelswert, die Gebrauchs- und Verkehrsfähigkeit der Ware beigelegt werden. Nach § 5 der Verordnung prüft die Landeskreisprüfungsstelle die Zusammensetzung des Ersatzmittels, nötigenfalls durch amtliche Anstalten, Einrichtungen oder sonstige Sachverständigen nach.

Ein besonderes Gewicht wird bei der Prüfung auf den Preis gelegt. Auch dieser wird durch Sachverständige einer Kontrolle unterzogen und von der Preisprüfungsstelle begutachtet.

Treffen die beiden Hauptvoraussetzungen: Brauchbarkeit und angemessener Preis zu, dann ist die Erlaubnis zu erteilen.[10]) Besonders bemerkenswert ist, daß nach der Frankfurter Verordnung bei Stellung des Antrags auf Zulassung die beabsichtigte Reklame mitgeteilt werden muß; es muß ein Muster der in Aussicht genommenen Ankündigungen in Zeitungen, Reklameschriften, Etiketten usw. zur Prüfung vorgelegt werden.

Während nach der Frankfurter Verordnung die Preisprüfungsstelle über den Antrag auf Zulassung endgültig entscheidet, läßt die bayerische Verordnung gegen die Versagung oder die bedingte Genehmigung binnen 14 Tagen, vom Tage der Zustellung an, die Beschwerde an das Kgl. Staatsministerium des Innern zu.

Die Frankfurter Verordnung hat eine auch in Bayern nachahmenswerte Bestimmung getroffen, daß alte Bestände, welche zur Zeit des Inkrafttretens der Verordnung bereits hergestellt, sich auf

---

[10]) Vgl. Frankfurter VO. § 3; bayer. VO. § 5 Abs. 1.

Lager befinden oder in Verkehr gebracht sind, auch ohne Erlaubnis gehandelt werden dürfen. Der Magistrat Frankfurt hat dadurch wenigstens die Besitzer von größeren Vorräten vor Schaden bewahrt.

Vierter Abschnitt:

Die Preisgestaltung.

§ 20. Die unmittelbare Preisbestimmung.

Über die Preisbildung im Kriege ist schon viel geschrieben worden. Den zahlreichen volkswirtschaftlichen und politischen Darstellungen über die tatsächliche oder mögliche Preisgestaltung eine weitere hinzuzufügen, kann nicht Aufgabe dieser Zeilen sein. Wir beschränken uns auf die Darstellung der Rechtsätze, welche sich auf die Preisgestaltung beziehen. Da jedoch die Tragweite der einzelnen Rechtssätze nur aus ihrem Grund und Zweck richtig erkannt werden kann, müssen wir auch auf ihre wirtschaftliche Bedeutung kurz zu sprechen kommen.

a) Der Höchstpreis.

In der Erkenntnis, daß der enorme Heeresbedarf, die Verringerung der Arbeitskräfte und der Abschluß vom Welthandel eine erhebliche Preissteigerung aller Erzeugnisse zur Folge haben würde, und aus der Erfahrung anderer Kriege, hatte man schon im Frieden der juristischen Rüstkammer des Krieges auch den Höchstpreis einverleibt. Das Gesetz vom 4. August 1914[1]) bestimmt, daß für die Dauer des gegenwärtigen Krieges für Gegenstände des täglichen Bedarfs, insbesondere für Nahrungs- und Futtermittel aller Art und für rohe Naturerzeugnisse, Heiz- und Leuchtstoffe Höchstpreise festgesetzt werden können. Das Höchstpreisgesetz wurde im Verlauf des Krieges verschiedentlich geändert, zuletzt durch Bekanntmachung vom 22. März 1917.[2])

Höchstpreis im Sinne des geltenden Rechts ist eine gesetzlich oder behördlich festgelegte obere Preisgrenze, die im Verkehr mit bestimmten Gegenständen einzuhalten ist.[3]) Diese mit der Definition Alsbergs fast übereinstimmende Begriffsbestimmung berücksichtigt nicht, daß auch der Bundesrat ermächtigt ist, Höchstpreise festzusetzen und von dieser Ermächtigung auch wiederholt Gebrauch gemacht hat. Trotzdem kann man auf die besondere Hervorhebung des Bundesrats verzichten, da er tatsächlich auf Grund des Ermächtigungsgesetzes gegenwärtig als Gesetzgeber zu erachten ist. Behörde ist der Bundesrat auf jeden Fall

---

[1]) Vgl. RGBl. S. 516.

[2]) Vgl. die Änderungen durch Bek. vom 17. Dez. 1914, Bek. vom 23. Sept. 1915 (RGBl. S. 603), Bek. vom 23. März 1916 (RGBl. S. 183) und schließlich Bek. vom 22. März 1917 (RGBl. S. 253).

[3]) Vgl. Alsberg, Kriegswucherstrafrecht, 3. Aufl. S. 20.

nicht. Wenn Alsberg sagt, daß dem Begriff Höchstpreis ein gewisser Zusammenhang mit dem Handelsverkehr innewohnt, so dürfte dies nicht ganz richtig sein, denn der Höchstpreis gilt nicht nur beim handelsgewerblichen Vertrieb einer Ware, sondern auch bei einem privaten und gelegentlichen.

Von dem Höchstpreis zu unterscheiden ist der Richtpreis, d. i. der Preis, der von einer Behörde als Richtschnur für die Preisbemessung angegeben ist. Es wäre verkehrt, mit Alsberg eine nicht wucherische Überschreitung der Richtpreise als statthaft zu erklären, wenn sie in einer Form von einer Skala aufgestellt sind.[4]) Wir lesen häufig in den Zeitungen: „Richtpreise für Äpfel 40—50 Pfg." Diese Bekanntmachung will doch nichts anderes sagen, als daß für die verschiedenen Qualitäten der Äpfel abgestufte Preise von 40—50 Pfg. eingehalten werden sollen, daß aber der Höchstpreis auf jeden Fall 50 Pfg. ist. Trotz der fehlerhaften Bezeichnung als Richtpreise erscheint uns die Bekanntmachung als eine echte Höchstpreisfestsetzung.

Subjekt der Höchstpreisbestimmung sind die Landeszentralbehörden oder die von ihnen bestimmten Behörden. Die preußischen Ausführungsbestimmungen haben die Festsetzung der Höchstpreise für den Kleinverkauf in Städten mit über 10000 Einwohnern den Gemeindevorständen (Magistrat), im übrigen den Landräten übertragen.[5]) In Bayern wurde die Festsetzung von Höchstpreisen für kreisunmittelbare Städte den Regierungen, Kammern des Innern, für die übrigen Gemeinden den Bezirksämtern übertragen.[6]) Inwieweit der Militärbefehlshaber ermächtigt ist, Höchstpreise festzusetzen, wurde bereits oben gestreift.[7]) Alsberg bestreitet, daß Höchstpreisfestsetzungen als Akte der den Militärbefehlshabern eingeräumten vollziehenden Gewalt anzusehen sind. Nach dem preußischen Belagerungszustandsgesetz vom 4. Juni 1851, § 4, ist die gesamte vollziehende Gewalt, also auch die der Landeszentralbehörde, auf den Militärbefehlshaber übergegangen. Es ist allgemein anerkannt, daß unter vollziehender Gewalt auch die rechtsgestaltende Tätigkeit der Verwaltungsbehörden zu verstehen ist.[8]) Der Militärbefehlshaber hat, nachdem er in seinem Korpsbezirk die nämlichen Rechte wie die Landeszentralbehörde auszuüben hat, auch die Befugnis, auf Grund des § 4 des Belagerungszustandsgesetzes Höchstpreise zu bestimmen.[9])

Objekt der Höchstpreisfestsetzung sind Gegenstände des täglichen Bedarfs. Das Gesetz zählt die Beispiele auf: Nahrungs- und Futtermittel aller Art, rohe Naturerzeugnisse, Heiz- und Leuchtstoffe. Der Bundesrat kann für alle Arten von Gegenständen Höchstpreise festsetzen.

---

[4]) Vgl. Alsberg, Kriegswucherstrafrecht, S. 21.
[5]) Vgl. preuß. Handelsministerialblatt 1914 S. 441.
[6]) Vgl. Kriegsbeilage zum MABl. des Innern 1914 S. 84.
[7]) Vgl. oben § 2 b.
[8]) Vgl. Fleiner, Institutionen des deutschen Verwaltungsrechts, 3. Aufl. S. 92 u. 177 ff.
[9]) Vgl. RGE. Bd. 49 S. 1 u. 3 ff., S. 280 u. 82 ff.; ferner JW. 1916 S. 335.

Der Begriff Gegenstand des täglichen Bedarfs wurde schon verschiedentlich in dieser Arbeit gestreift.[10]) Als Ergebnis hatten wir bereits festgestellt, daß täglicher Lebensbedarf und notwendiger Lebensbedarf zwei verschiedene Dinge sind. Gegenstände des notwendigen Lebensbedarfs sind nur die Gegenstände, die zur Führung einer bescheidenen Lebenshaltung erforderlich sind. Hierher gehören daher Genußmittel wie Wein und Tabak nicht. Gegenstände des täglichen Lebensbedarfs scheinen diejenigen zu sein, die zur gewöhnlichen Lebenshaltung, jedoch nicht zu einer spezifisch luxuriösen Lebenshaltung benötigt sind. Bier wäre z. B. als Gegenstand des täglichen Bedarfs, nicht aber als Gegenstand des notwendigen Lebensbedarfs zu erachten.[11])

Mit Recht sagt Alsberg, daß dem Begriff der Gegenstände des täglichen Bedarfs eine gewisse Relativität innewohne.[12]) Aber weniger kommt es darauf an, für wen die Gegenstände gebraucht sind, als vielmehr, wie groß der Vorrat an den dem gleichen Zwecke dienenden ähnlichen Mitteln ist.

Mit Recht unterscheidet Alsberg scharf von den Gegenständen des täglichen Bedarfs die Gegenstände des Kriegsbedarfs. Es gibt doch Gegenstände, die zugleich als tägliche Bedarfsgegenstände und als Kriegsbedarfsartikel anzusprechen sind.

Gegenstände des täglichen Bedarfs sind auf keinen Fall Grundstücke. Für Wohnungen kann daher kein Höchstmietpreis festgesetzt werden. Ebensowenig sind Leistungen Gegenstände.

Seit der Bekanntmachung vom 28. Oktober 1914 unterscheiden wir zwischen Höchstpreisen, die für den Großhandel, und Höchstpreisen, die für den Kleinhandel festgesetzt sind. Die Begriffe Großhandel und Kleinhandel bedürfen daher genauerer Betrachtung. Der Begriff des Kleinhandels ist nicht, wie Hachenburg es für richtig hält, aus dem Handelsgesetzbuch zu entnehmen. Er hat mit dem Begriffe des Kleingewerbes nichts zu tun. Vielmehr ist das charakteristische Merkmal des Kleinhandels, daß er seinen Absatz beim letzten Verbraucher sucht. Der Kleinhandel vermittelt im Gegensatz zum Großhandel den regelmäßigen Absatz der Waren an den Verbraucher.[13]) Großhandel ist im Gegensatz hierzu der gesamte Handel mit Ausnahme des Detailhandels, also vor allem der Handel zwischen Fabrikant und Händler, zwischen Händler und Kleinhändler oder auch der Handel zwischen zwei Großhändlern.

Zur näheren Erläuterung dessen, was unter Kleinhandel bzw. Großhandel zu verstehen ist, haben einzelne Bekanntmachungen Quantitätsgrenzen bestimmt. So läßt § 9 der Bundesratsverordnung vom

---

[10]) Vgl. oben § 17b.

[11]) Anders BayObLG., Urteil vom 13. April 1916, Beibl. zum JMBl. 1916 S. 200; vgl. hierzu auch Alsberg, Kriegswucherstrafrecht, 2. Kap. 1. Abschn. § 1, II.

[12]) Vgl. Alsberg, Kriegswucherstrafrecht, S. 24.

[13]) Vgl. Dove in JW. 1915 S. 186; Hachenburg in Frankf. Zeitung 1915 Nr. 367.

28. Oktober 1915[14]) über die Regelung der Kartoffelpreise die Abgabe von Kartoffeln nur insoweit als Kleinhandel gelten, als Mengen bis zu 500 kg in Frage stehen. Die Bundesratsverordnung vom 2. Oktober 1915 über die Butterpreise läßt die Abgabe von Mengen über 5 kg nicht mehr als Kleinhandel gelten. Kleinhändler im Sinne des Höchstpreisgesetzes sind auch die, welche die Ware lediglich nicht handeln, sondern auch verarbeiten, so beispielsweise die Wirte, Schuhmacher usw.

Hat ein Händler einen gemischten Betrieb in der Weise, daß er einerseits direkt an Verbraucher liefert, andererseits an andere Händler oder Produzenten, so kommen für das einzelne Geschäft je nachdem die für den Großhandel oder die für den Kleinhandel geltenden Preise in Betracht.[15])

Der Höchstpreis wirkt dadurch auf die Preisgestaltung ein, daß sein Überschreiten mit Strafe bedroht ist. Über die örtliche Geltung des Verbots ist folgendes zu sagen: Gewiß kann es nur für den Bezirk in Kraft sein, für den die Behörde, die den Höchstpreis festsetzt, zuständig ist. Aber daß das Verbot dingliche Wirksamkeit äußert, daß es gerade an der Ware haftet, die sich in dem betreffenden Bezirk befindet, kann nicht anerkannt werden. Das Verbot ergreift vielmehr auch Waren, die sich außerhalb des Höchstpreisbezirkes befinden. Maßgebend ist nur, daß der Höchstpreis im Bezirk überschritten wurde. Ein Käufer, der in Mannheim wohnt und in einer brieflichen Bestellung an einen Heidelberger Kleinhändler die für den Bezirk Mannheim geltenden Höchstpreise überschreitet, handelt dem Gesetz zuwider.[16])

Was Alsberg über den Strafausschließungsgrund des Notstandes sagt,[17]) bedarf einer kleinen Einschränkung, nicht im Ergebnis, aber in der Begründung. Alsberg sagt nämlich, daß die strafrechtliche Verantwortlichkeit des Käufers bei besonderer Notlage ausgeschlossen sein müsse, weil dies dem Gesetzeszweck, Hintanhaltung eines die Versorgung der Allgemeinheit gefährdenden Überbietens der Mitbewerber, nicht entspreche. Auch eine durch Notlage hervorgerufene Überbietung kann Anlaß zu weiteren Überbietungen sein. Durchschlagend ist hier vielmehr der Grund, daß überhaupt Notstandshandlungen, d. h. Handlungen, die erforderlich sind, um eine drohende Gefahr (z. B. tödliche Erkrankung) von einem abzuwenden, die Widerrechtlichkeit ausschließen.

Der Begriff Höchstpreis erfordert eine gewisse Bestimmtheit des Preises. Es darf nicht dem Handel überlassen bleiben, auf Grund ihm gegebener Verhältniszahlen den Höchstpreis seinerseits zu bestimmen. Das Beispiel, das Alsberg anführt und das die gegenteilige Behauptung stützen soll: die Bekanntmachung betreffend Höchstpreise und Beschlagnahme von Leder vom 15. März 1916, ist deshalb nicht zu-

[14]) Vgl. RGBl. S. 713.
[15]) Vgl. Alsberg, Kriegswucherstrafrecht, 3. Aufl. S. 34.
[16]) Anders Alsberg, Kriegswucherstrafrecht, 3. Aufl. S. 29.
[17]) Vgl. Alsberg, Kriegswucherstrafrecht, S. 31.

treffend, weil die Höchstpreise dort gar nicht auf Grund des Höchstpreisgesetzes bestimmt sind. Es bleibt natürlich dem Militärbefehlshaber unbenommen, auf Grund seiner allgemeinen Gebotsgewalt über die Berechnung von Preisen Bestimmungen zu treffen, wie er es für gut befindet, und auch das Ergebnis dieser Berechnung Höchstpreise zu nennen; aber damit sind die militärischen Höchstpreise noch keine Höchstpreise im Sinne des Gesetzes vom 4. August 1914.

Den Ausführungen Alsbergs über den objektiven Tatbestand der Höchstpreisüberschreitung können wir rückhaltlos zustimmen. Vor allem ist festzuhalten, daß die Überschreitung nicht erst dadurch eintritt, daß der geforderte Preis tatsächlich bewilligt und bezahlt wird; sondern schon, wer höhere Preise fordert oder sich zu höheren Preisen erbietet, macht sich einer Überschreitung des Gesetzes schuldig. Die Überschreitung des Höchstpreises braucht, um strafbar zu sein, nicht ausdrücklich in einer Preisforderung zu liegen, vielmehr genügt auch eine Umgehung durch Versprechen besonderer Nebenvorteile. Der ungerechtfertigte Nebenvorteil kann auch dadurch geschaffen werden, daß eine künstliche Extraqualität gebildet und diese zu teueren Preisen verkauft wird. In ähnlicher Weise fällt auch der Fall unter das Gesetz, daß ein unter die Höchstpreisfestsetzung fallendes Material unter einem anderen Namen verkauft wird.[18]) Besondere, im Friedensgeschäftsverkehr nicht übliche Nebenkosten dürfen nicht berechnet werden. Selbst das Inrechnungstellen des Warenumsatzstempels kann unter Umständen eine Überschreitung des Höchstpreises bedeuten.

Über die zivilrechtliche Wirkung des Höchstpreises wurde auch schon so viel geschrieben, daß es schwierig sein dürfte, neue Gesichtspunkte hervorzuheben. Es soll daher nur das im Rahmen dieser Arbeit Erforderliche besprochen werden.

Zu Beginn des Krieges war man geneigt, Geschäfte, die gegen ein Höchstpreisgebot verstießen, für nichtig zu erachten. Auch ein kürzlich ergangenes Urteil des Obersten Landesgerichts Dresden erklärt einen unter Überschreitung des Höchstpreises abgeschlossenen Vertrag auf Grund von § 134 BGB. für nichtig: „Die gegenteilige Auffassung des Reichsgerichts würde einen dem Gesetz fremden Zwang zum Vertragsschluß anerkennen und verkennt, daß ein Vertrag ohne Einigung der Parteien über Waren und Preis nicht möglich ist.“[19]) Demgegenüber ist die Mehrzahl der juristischen Schriftsteller, wie auch die maßgebende Praxis in Übereinstimmung, daß auch ein unter Überschreitung des Höchstpreises geschlossenes Kaufgeschäft an sich gültig sei.[20]) Hierbei werden Verträge, die vor, und solche, die nach dem Inkrafttreten des Höchstpreises geschlossen werden, gleichgestellt.[21])

---

[18]) Vgl. Alsberg, Kriegswucherstrafrecht, 3. Aufl. S. 37.

[19]) Vgl. Güthe-Schlegelberger, Kriegsbuch, Bd. 4 S. 760.

[20]) Vgl. Hachenburg in LZ. 1915 S. 14; Schneider in Recht und Wirtschaft 1915 S. 8; ferner RG. in LZ. 1916 S. 1004, 1291; in JW. 1916 S. 1021; DJZ. 1916 S. 814; u. a. vgl. Güthe-Schlegelberger, Kriegsbuch, Bd. 3 S. 158.

[21]) Vgl. Mayer, Privatrecht des Krieges, S. 30.

Bei ersteren jedoch gesteht man teilweise den Vertragsgegnern ein Rücktrittsrecht wegen veränderter Verhältnisse zu.[22]) Bei letzteren wird die strikte Erfüllung des Vertrags zum Höchstpreis verlangt.

Bedenklich erscheint, um zur strafrechtlichen Seite der Höchstpreisüberschreitung zurückzukehren, wenn Alsberg die Widerrechtlichkeit der Höchstpreisüberschreitung da für ausgeschlossen erklärt, wo mangels Eingriffs in zivilrechtliche Vorschriften der vereinbarte Preis gefordert werden kann. Bei der Unsicherheit der Zivilrechtsprechung auf diesem Gebiet würde die Anerkennung dieses Satzes der Straflosigkeit zahlreicher Zuwiderhandlungen die Wege ebnen.

In der Zwangsversteigerung darf nur bis zum Höchstpreis geboten werden. Wenn daher eine Mehrheit von Geboten zum Höchstpreis vorliegt, kann der Zuschlag nur in der Weise erfolgen, daß sämtliche Meistbieter nach Kopfteilen berücksichtigt werden. Ist die Sache nicht teilbar, so dürfte den verschiedenen Höchstpreisbietern an der noch unbeteiligten Sache Mit-Eigentum nach gleichen Bruchteilen zu übertragen sein.[23])

b) Der Mindestpreis.

Beim Mindestpreis finden in großem Umfang die gleichen Rechtssätze Anwendung, die beim Höchstpreis maßgebend sind. Der wirtschaftliche Zweck der Mindestpreise verlangt in noch weit höherem Maße wie der der Höchstpreise, daß bestehende Lieferungsverträge aufrechterhalten bleiben und Verträge, die unter Umgehung des Mindestpreises abgeschlossen wurden, zum Mindestpreis erfüllt werden müssen. Die Mindestpreise bezwecken eine Förderung der Produktion, insbesondere eine Förderung der landwirtschaftlichen Erzeugung. Der Gedanke eines Mindestpreises entstammt nach der Mitteilung Wygodzinskis [24]) England. In Deutschland wurden Mindestpreise, abgesehen davon, daß in vielen Fällen der Höchstpreis zugleich als Mindestpreis wirkt, soviel bekannt, nur in der Zuckerverordnung festgesetzt. § 2 der Bekanntmachung, betreffend die Preise für Rohzucker und Zuckerrüben im Betriebsjahr 1916/17, sagt: „..... und zwar dürfen Rüben verarbeitende Fabriken in Verträgen über Lieferung von Zuckerrüben für das Betriebsjahr 1916/17 keinen niedrigeren Preis für 50 kg vereinbaren als Mk. 0.45 über den im Betriebsjahr 1913/14 von ihnen für Kaufrüben gezahlten Preise. Verträge, die vor Inkrafttreten dieser Verordnung zu einem niedrigeren Preise abgeschlossen sind, gelten, soweit im Betriebsjahr 1916/17 zu liefern ist, als zu diesem Mindestpreis abgeschlossen.“[25])

Die Bundesratsverordnung spricht hier bereits aus, was auch bei einer event. richterlichen Überprüfung aus dem Zweck des Mindestpreises zu folgern wäre.

---

[22]) Vgl. Goldmann in JW. 1916 S. 828.

[23]) Vgl. Schundner in BayZ. 1915 S. 129.

[24]) Vgl. Wygodzinski, Produktionszwang und Produktionsförderung in der Landwirtschaft, in Beiträge zur Kriegswirtschaft Heft 3 S. 35.

[25]) Vgl. Güthe-Schlegelberger, Kriegsbuch, Bd. 4 S. 263 ff.

Über den volkswirtschaftlichen Zweck der Festsetzung des Mindestpreises läßt sich die Begründung zu der Bekanntmachung vom 3. Februar 1916 folgendermaßen aus: „Der Grund liegt darin, daß die Kultur der Zuckerrüben eine intensive Bewirtschaftung des Ackers, insbesondere ein tiefes Pflügen und eine sorgfältige Bearbeitung erfordert und daß beides durch den Mangel an Arbeitskräften und Gespannen außergewöhnlich erschwert ist. Dazu kommt, daß die Landwirtschaft sehr viel eher geneigt sein wird, Futterrüben und Kartoffeln zu bauen, weil diese Feldfrüchte auch ohne eine sorgfältige Vorbereitung des Bodens gedeihen und einen großen, wenn wenn auch nicht so gehaltvollen Ertrag wie die Zuckerrüben abgeben. Volkswirtschaftlich wäre ein Übergang vom Zuckerrübenbau zum Futterrübenbau sehr zu bedauern, da der Zuckerrübenbau erheblich höhere Nährwerte als der Bau anderer Feldfrüchte bringt."

c) Der Übernahmepreis.

Unter Übernahmepreis verstehen wir den Preis, der von einer mit einem Absatzmonopol ausgestatteten kriegswirtschaftlichen Organisation den Besitzern von Gegenständen des Monopols bei der Übernahme geboten wird. Die Preisfestsetzung erfolgt hier, soweit man überhaupt von einem Vertrag reden kann, einseitig durch eine der beiden Vertragsparteien. Es sind bei dem Übernahmepreis wieder zwei Fälle zu unterscheiden. Entweder die Monopolgesellschaft setzt den Preis willkürlich fest, oder es ist ihr die Verpflichtung auferlegt, zum mindesten einen angemessenen Preis zu leisten. So heißt es in den Ausführungsbestimmungen zur Bekanntmachung über den Verkehr mit Knochen: „Kommt eine Vereinbarung über den Preis zwischen dem Lieferpflichtigen und der Knochenstelle nicht zustande, so setzt die Knochenstelle ihn endgültig fest."[26]) Hingegen bestimmt beispielsweise § 3 der Verordnung über Bucheckern: „Der Kriegsausschuß oder die von ihm bezeichneten Stellen haben die nach § 1 zu liefernden Bucheckern abzunehmen und einen angemessenen Preis für sie zu zahlen."[27]) Ähnlich bestimmt § 12 der Verordnung über Säcke: „Die Reichssackstelle hat vorläufig den von ihr für angemessen erachteten Preis zu zahlen."[28]) Über das, was unter angemessenem Preis zu verstehen ist, wurde schon gesprochen.[29]) Häufig wird der Übernahmepreis von einer dritten Stelle bestimmt. Dies ist vor allem dann der Fall, wenn, wie nach der Verordnung über Futtermittel, der Reichskanzler die Grenzen bestimmt, bis zu denen die kriegswirtschaftlichen Organisationen bei Festsetzung des Übernahmepreises gehen. Für Durchschnittsware ist dann der Grenzpreis zugleich der Übernahmepreis.

---

[26]) Vgl. AusfBest. vom 2. Mai 1916, RGBl. S. 103 § 2.
[27]) Vgl. RGBl. S. 1027.
[28]) Vgl. RGBl. S. 835 u. 836.
[29]) Vgl. oben § 17 c.

d) Der Enteignungs- und Schiedspreis.

Unter Enteignungs- oder Schiedspreis verstehen wir den Preis, der beim Enteignungsverfahren von dem Enteignenden oder, wenn beim Übernahmeverfahren Streitigkeiten entstehen, von einer dritten Stelle festgesetzt wird.[30]) In den meisten Fällen ist die dritte Stelle die höhere Verwaltungsbehörde, so vor allem nach der Reichsgetreideordnung. Die höhere Verwaltungsbehörde ist in der Bestimmung des Preises nicht ganz frei, sie hat zum mindesten dem Betroffenen einen angemessenen Preis zu verschaffen. Bei Gegenständen, für die Höchstpreise festgesetzt sind, soll der Enteignungspreis unter Berücksichtigung des zur Zeit der Enteignung geltenden Höchstpreises sowie der Güte und Verwertbarkeit der Vorräte nach Anhörung von Sachverständigen festgesetzt werden.[31]) Die höhere Verwaltungsbehörde kann also in ihrer Entscheidung auch über die Höchstpreise hinausgehen, wenn sie die Überzeugung gewinnt, daß die Güte der Ware oder auch außerordentliche Gestehungskosten dies rechtfertigen.

In einer großen Anzahl von Fällen wird der Preis durch ein Schiedsgericht bestimmt. Das Schiedsgericht entscheidet ebenfalls in erster Linie nach den Grundsätzen der Billigkeit; es ist jedoch häufig strenger gebunden wie die höhere Verwaltungsbehörde, insofern ihm ein Hinausgehen über Höchstpreise in keinem Fall gestattet ist.

Der schiedsrichterlichen bzw. verwaltungsbehördlichen Festsetzung unterliegt auch die Vergütung für die Verwahrung und pflegliche Behandlung der beschlagnahmten oder enteigneten Vorräte. Auch hier wieder der Verweis auf die Grundsätze der Billigkeit.[32])

§ 21. Die mittelbare Preisbestimmung.

a) Die Gewinnbeschränkung.

Es ist dem Gesetzgeber nicht möglich und ebensowenig der Verwaltungsbehörde, für alle Gegenstände Höchstpreise festzusetzen. Dafür ist der Weg der Höchstpreisfestsetzung zu schwerfällig und zu wenig dem Wechsel der Verhältnisse anpaßbar.

Um einigermaßen allgemein der Teuerung entgegentreten zu können, mußte der Gesetzgeber sich entschließen, die allgemeinen Umstände verordnungsmäßig zu erfassen, die bekanntermaßen die Verteuerung bewirken. Ein solcher Umstand ist der Gewinnaufschlag.

Gegen ihn wendet sich die Bekanntmachung vom 23. Juli 1915,[1]) die mit Strafe bedroht, wer für Gegenstände des täglichen Bedarfs,

---

[30]) Häufig wird auch der Enteignungspreis Übernahmepreis genannt; vgl. z. B. die VO. über die Sicherstellung von Kriegsbedarf vom 26. April 1917, RGBl. S. 376.

[31]) Vgl. hierzu § 45 der Reichsgetreideordnung für die Ernte 1917, RGBl. S. 572.

[32]) Vgl. VO. über die Sicherstellung von Kriegsbedarf in der Fassung vom 26. April 1917, RGBl. S. 377.

[1]) Vgl. Bek. gegen übermäßige Preissteigerung vom 23. Juli 1915 mit den Änderungen vom 22. August und 23. Sept. 1915 und 23. März 1916.

insbesondere für Nahrungs- und Futtermittel aller Art, für rohe Naturerzeugnisse, Heiz- und Leuchtstoffe sowie für Gegenstände des Kriegsbedarfs Preise fordert, die unter Berücksichtigung der gesamten Verhältnisse, insbesondere der Marktlage, einen übermäßigen Gewinn enthalten, oder wer solche Preise sich oder einem anderen gewähren oder versprechen läßt.

Neben den Gegenständen des täglichen Bedarfs, über die bereits oben gesprochen wurde, trifft die Bekanntmachung die Gegenstände des Kriegsbedarfs. Als Gegenstände des Kriegsbedarfs sind nach der allgemeinen Meinung auch die Gegenstände anzusehen, die direkt oder mittelbar zur Herstellung von Kriegsbedarfsartikeln dienen, so beispielsweise Werkzeugmaschinen, Drahtstifte, Schrauben.

Strafrechtlich verantwortlich ist derjenige, der den übermäßigen Preis fordert und derjenige, der ihn sich, ohne daß er ihn direkt fordert, stillschweigend gewähren läßt. Das Gesetz wendet sich auch an den Vermittler, der für einen anderen einen übermäßigen Preis fordert.[2]) Dagegen ist straffrei der übervorteilte Abnehmer.

Um erkennen zu können, was übermäßiger Gewinn ist, bedarf es einer Darlegung aller der Umstände, die normalerweise der Gewinnberechnung zugrunde liegen.

Die Grundlage der Kalkulation sind die Gestehungskosten. Wer nur die Gestehungskosten verlangt, kann keinen Gewinn und daher auch keinen übermäßigen Gesamtgewinn machen; trotzdem kann ein solcher die Marktlage ungünstig beeinflussen, wenn er selbst schon zu übermäßigem Preise gekauft hat.

Zu den Gestehungskosten werden nun die Betriebskosten gerechnet, d. s. alle Ausgaben, welche die kaufmännische Unternehmung als Ganzes treffen. Hierher gehören die Kosten für die Verwaltung des Unternehmens, die Kosten der Aufbewahrung, die Geldverluste durch Verderben von Vorräten oder Nichteingang von Forderungen, die Unkosten für Reklamen, Reisekosten usw., besonders Verkaufskosten, wie Rabatte, Provision und Inkassospesen. Wer zu den Gestehungskosten solche Betriebskosten rechnet, handelt dem Gesetz nicht zuwider. Nur darf er das in gegenwärtiger Zeit gebotene Maß der Unkostenbeschränkung nicht überschreiten. Er darf keine teueren Verpackungsmittel bei geringwertigen Waren verwenden, keine kostspieligen Illustrations- und Reklamemittel anwenden, um ein an sich billiges Produkt verhältnismäßig hoch zu verkaufen. Die Gerichte haben hinsichtlich der Zugrundelegung der Betriebskosten im allgemeinen jedoch einen milderen Standpunkt als den hier vertretenen eingenommen.[3])

Die Berechnung der Betriebskosten geschieht in der kaufmännischen Praxis durch einen prozentualen Durchschnittsaufschlag auf den Einkaufspreis der Ware. Die einzelnen Prozentsätze der verschiedenen Warengattungen gibt dem Durchschnitt nach Alsberg auf Seite 55 seiner Schrift an.

---

[2]) Vgl. Alsberg, Kriegswucherstrafrecht, S. 51.
[3]) Vgl. ebenda S. 53.

Der im Frieden übliche Durchschnittsaufschlag wird auch im Kriege eingehalten werden müssen. Trotzdem gibt es besondere Umstände, die eine Erhöhung des Friedensdurchschnittssatzes im Kriege rechtfertigen. So ist vor allem zu berücksichtigen, daß infolge Knappheit an vielen Waren der Umsatz mancher Geschäfte erheblich gesunken ist, die Kosten aber sich für den Gesamtbetrieb nicht gemindert haben. Will nun der Kaufmann nicht mit Verlust arbeiten, so ist erforderlich, daß er den Durchschnittsaufschlag der Friedenszeit erhöht. Dies ist natürlich um so mehr notwendig, wo die Unkosten infolge der allgemeinen Wirtschaftsverhältnisse eine nicht unerhebliche Steigerung erfahren haben.

Zu den Gestehungskosten und den Betriebskosten darf der Unternehmer einen mäßigen Reingewinn aufschlagen. Über die Aufgaben des Reingewinnes, aus denen sich sein Umfang rechtfertigt, lassen wir am besten das Reichsgericht sprechen: „Der Reingewinn hat, bevor er zur Kapitalbildung verwendet werden kann, was seine vornehmste Aufgabe ist, noch andere Aufgaben zu erfüllen, nämlich den Unternehmerlohn, den Kapitalzins und die Risikoprämie zu decken.“[4]) Ein Reingewinn, der also nicht höher ist als daß er Unternehmerlohn, Kapitalzins und Risikoprämie deckt, ist niemals übermäßig. Gerade die drei Begriffe Unternehmerlohn, Kapitalzins und Risikoprämie verdienen im Kriege bedeutend höher angesetzt zu werden wie im Frieden. Das Risiko des kaufmännischen Geschäfts ist größer denn je. Mit Recht weist Alsberg darauf hin, daß über manchen Artikel dauernd die Gefahr der Beschlagnahme schwebt, ohne daß für einen solchen Fall Garantie gegeben ist, daß der Besitzer der Ware seinen Einstandspreis voll vergütet erhält. Der Kapitalzins darf im kaufmännischen Geschäft immerhin etwas höher genommen werden, wie der Zins festverzinslicher Werte. Meist ist das tatsächlich verwendete Kapital infolge der allgemeinen Preiserhöhung größer geworden wie im Frieden, was bei der Schwierigkeit der Beschaffung erhöhten Zinsaufwand erfordert und daher auch eine erhöhte Ansetzung dieses Postens bei der Gewinnberechnung gestattet. Der Unternehmerlohn muß zum mindesten die Tätigkeit des Unternehmers in seinem Geschäft voll vergüten. Er muß zu einem standesgemäßen Lebensunterhalt gerade ausreichen. Daß dieser Lebensunterhalt durch den Krieg eine erhebliche Verteuerung erfahren hat, darf natürlich bei der Gewinnberechnung berücksichtigt werden. Der Gewinn hat aber auch die Aufgabe, kapitalbildend zu wirken. Diese Aufgabe kann er nur erfüllen, wenn bei der Gewinnberechnung eine bestimmte Quote für Sparrücklagen angesetzt werden darf. Auf diese Quote dürfte der Krieg aber eher vermindernd wie erhöhend wirken; denn in einer Zeit, wo die öffentlichen Interessen derart im Vordergrund stehen, daß Millionen von Mitbürgern zugunsten des Staates auf jeden Verdienst verzichten müssen, ja im Gegenteil Gut und Blut opfern, erscheint es als nicht gerecht-

---

[4]) Vgl. RGUrt. vom 12. Mai 1916 in Kriegswucher, herausgegeben von den Ältesten der Kaufmannschaft von Berlin, 1917, S. 21.

fertigt, daß andere Gewinne machen, die ihnen die Ansammlung von Vermögen gestatten.

Der Maßstab für die Mäßigkeit des Gewinnes ist sonach die im einzelnen gerechtfertigte Aufschlagsberechnung. Das Gesetz verweist aber noch auf einen anderen Maßstab: es fordert, daß vergleichsweise die Marktlage berücksichtigt werde. Das Reichsgericht unterscheidet zwischen der gewöhnlichen Marktlage und der Notmarktlage. Erstere ist nur da zu finden, wo eine gewisse Regelmäßigkeit des Handels herrscht und die Ware sich nicht in verhältnismäßig wenigen Händen befindet, die, unbeeinflußt von jeder Konkurrenz, die Preise festsetzen. Letztere ist nicht nur die durch unlautere Machenschaften oder durch ein Handeln wider die guten Sitten zustandegekommene Marktlage, sondern auch eine solche, die durch die besonderen Verhältnisse des Krieges, z. B. durch die Warenknappheit, verursacht ist.[5])

Ein Preis, der einerseits den anerkannten Grundsätzen der Preisberechnung und andererseits dem reellen Marktpreis Rechnung trägt, ist kein übermäßiger im Sinne der Bekanntmachung vom 23. Juli 1915. Indem das Gesetz dem Kaufmann die Pflicht auferlegt, bei seiner Preisberechnung die im vorstehenden erörterten Gesichtspunkte zu wahren, wirkt es mittelbar einer Verteuerung entgegen.[6])

b) Das Verbot des Kettenhandels.

Die Verordnung des Reichskanzlers über den Handel mit Lebens- und Futtermitteln und zur Bekämpfung des Kettenhandels vom 24. Juni 1916 bedroht denjenigen mit Strafe, der den Preis für Lebens- oder Futtermittel durch unlautere Machenschaften, insbesondere durch Kettenhandel, steigert.

Von dem Verbot des übermäßigen Gewinnes unterscheidet sich das Kettenhandelverbot zunächst durch die Objekte, die es betrifft. Während ersteres sich auf alle Gegenstände des täglichen Bedarfs bezieht, nennt letzteres nur die Lebens- und Futtermittel. Zutreffend definiert Alsberg als Lebensmittel solche Gegenstände, die in den menschlichen Körper gelangen.[7])

---

[5]) Vgl. Kriegswucher, herausgegeben von den Ältesten der Kaufmannschaft von Berlin, 1917, S. 29.

[6]) Unter Verwendung der gleichen Begriffe wie die hier besprochenen verfügt auch die Bek. über Preisbeschränkung bei Verkäufen von Web-, Wirk- und Strickwaren vom 30. März 1916 Gewinnbeschränkungen. Es heißt dort in § 1: „Web-, Wirk- und Strickwaren dürfen zu keinem höheren Preise verkauft werden, als dem, den der Verkäufer bei Gegenständen und Verkäufen gleicher oder ähnlicher Art innerhalb der Kriegszeit vor dem 1. Febr. 1916 zuletzt nachweisbar erzielt oder als Verkaufspreis festgesetzt hat. Fehlt es an einem solchen Preise oder sind die Gestehungskosten zuzüglich Unkosten und angemessenen Gewinns höher als dieser Preis, so sind die Gestehungskosten zuzüglich Unkosten und angemessenen Gewinns maßgebend." Über die Anwendung dieser Vorschrift geben die Richtlinien für die auf Grund der Bek. über Preisbeschränkungen bei Verkäufen von Web-, Wirk- und Strickwaren vom 30. März 1916 errichtenden Schiedsgerichte die erforderliche Auskunft; vgl. Güthe-Schlegelberger, Kriegsbuch, Bd. 3 S. 230 ff.

[7]) Vgl. Alsberg, Kriegswucherstrafrecht, S. 87.

Nach dem Kettenhandelverbot ist es gleichgültig, ob die Steigerung einen übermäßigen Gewinn vermittelt hat oder nicht. Es kommt lediglich auf die Tatsachen der Preiserhöhung an.

Der Begriff unlautere Machenschaften findet sich bereits in Nr. 3 des § 5 der Bek. vom 23. Juli 1915. Auch hier ist die Preissteigerung, wenn auch unter einem etwas veränderten Tatbestand verboten. Der Begriff des Unlauteren findet bei Alsberg nicht die Würdigung, die er verdient. Er kommt in der Friedensgesetzgebung an maßgebender Stelle im Gesetz zur Bekämpfung des unlauteren Wettbewerbs vom 27. Mai 1896 vor. Unlauter sind nach diesem Gesetz alle Handlungen, die unter dem Gesichtspunkt des Konkurrenzkampfes gegen die guten Sitten verstoßen. Unlauter im Sinne der Kriegsverordnungen sind hingegen die Handlungen, die die notwendige Rücksichtnahme auf die gegenwärtigen schweren Zeiten, die Rücksichtnahme auf den Zweck der gesamten Kriegswirtschaft, nämlich die Versorgung der Bevölkerung und des Heeres mit den wichtigsten Bedarfsgegenständen vermissen lassen. Unlauter sind daher die Machenschaften, die die Ware in ihrer Marschrichtung zum Verbraucher aufhalten und so die Versorgung verzögern. Eine unlautere Machenschaft ist nicht allein der Kettenhandel, sondern auch andere geschäftliche Vorgänge, die die nach den Anschauungen des ehrbaren Handels notwendige Rücksichtnahme auf die gegenwärtigen Verhältnisse vermissen lassen, so z. B. übermäßige Provisionsgewährung, Zwang zum Mitkauf minderwertiger Produkte, auch wenn der Verkäufer sie selbst zu teueren Preisen eingekauft hat und nichts daran verdient.

Zweifellos ist der Kettenhandel die am meisten vorkommende der unlauteren Machenschaften. Eigentlich ist die Bezeichnung ungenau; denn nicht jeder Kettenhandel ist strafbar, sondern nur der allzu ausgedehnte. Immer führt eine Kette vom Erzeuger zum Verbraucher. Glieder der Kette sind die verschiedenen Mittelspersonen: Großhändler, Kommissionäre, Kleinhändler und Agenten. Wo der Handel ein Herabsinken der Ware von einem oberen Glied zu einem unteren Glied der Kette darstellt, ist nichts dagegen einzuwenden. Nur wo er die Ware bei einem Glied aufhält, wo beispielsweise der Großhändler vom Großhändler, oder der Kleinhändler vom Kleinhändler kauft, ist er überflüssig, übermäßig und daher strafbar. Um so schärfer trifft das Gesetz den, der gar die Ware ein Glied in der Kette zurückbringt, also der beispielsweise vom Kleinhändler Ware in den Großhandel zurückkauft. Einschränkend ist zu bemerken, daß es auch besondere Gründe geben kann, die einen Rücklauf vom Kleinhandel in den Großhandel rechtfertigen können; dies ist vor allem dann der Fall, wenn aus den zurückgekauften Gegenständen neue, der Volks- oder Heeresversorgung unmittelbar besser dienende Gegenstände gewonnen werden sollen, so z. B. wenn chemische Fabriken bestimmte Lederarten aufkaufen, um diesen Fett zu entziehen und das gewonnene Fett dem Heere zuzuführen.[8])

---

[8]) Vgl. zu diesen Ausführungen den Aufsatz von Falck, „Die Strafbestimmung gegen den Kettenhandel", in Beiträge zur Kriegswirtschaft, Heft 3 S. 54 ff.

c) Das Gebot der richtigen Warenbezeichnung.

Beim Kampf gegen den Preiswucherer konnte die Hilfe des Publikums nicht entbehrt werden. Man mußte ihm die Möglichkeit geben, zu erkennen, ob eine Ware preiswert ist oder nicht, ob der für eine bestimmte Ware geforderte Preis angemessen erscheint. Der Gesetzgeber gab dem Publikum diese Möglichkeit, indem er in einzelnen Verordnungen Gebote erließ, sich im Handelsverkehr voller Aufrichtigkeit zu befleißigen und insbesondere bestimmte Gegenstände, die in geschlossenen Verpackungen feilgehalten werden, nach jeder Richtung hin genau zu bezeichnen. Im einzelnen sind folgende Tatbestände zu erwähnen.

§ 12 der Verordnung des Reichskanzlers über den Handel mit Lebens- und Futtermitteln und zur Bekämpfung des Kettenhandels vom 24. Juli 1916 / 29. Juli 1916 verbietet in periodischen Druckschriften oder in sonstigen Mitteilungen, die für einen größeren Kreis von Personen bestimmt sind, bei Ankündigungen über Erwerb oder Veräußerung von Lebens- oder Futtermitteln oder über die Vermittlung solcher Geschäfte Angaben zu machen, die geeignet sind, einen Irrtum über die geschäftlichen Verhältnisse des Anzeigenden oder die Menge der ihm zur Verfügung stehenden Vorräte und über den Anlaß oder den Zweck des Ankaufs, Verkaufs oder der Vermittlung zu erwecken. Diese Bestimmung entspricht im wesentlichen dem § 4 des Gesetzes gegen den unlauteren Wettbewerb. Sie unterscheidet sich jedoch von dieser letzteren Bestimmung außer durch einige nicht sehr bedeutende Abweichungen der Tatbestandsmerkmale dadurch, daß die Strafverfolgung nicht, wie nach dem Gesetz gegen den unlauteren Wettbewerb, von einem Strafantrag abhängig ist.[9]) Mit Rücksicht auf die häufigen Erläuterungen des § 4 des Gesetzes gegen den unlauteren Wettbewerb unterbleibt in diesem Zusammenhang eine nähere Erörterung des § 12 der Bekanntmachung vom 24. Juli 1916.

§ 12 trifft bloß falsche Angaben über die geschäftlichen Verhältnisse des Ankündigers, über die Menge der Vorräte, über den Anlaß und Zweck des Verkaufs, nicht aber falsche Angaben über Qualität, Zusammensetzung und Eignung. Hier greift nun ergänzend die Bekanntmachung gegen irreführende Bezeichnung von Nahrungs- und Genußmitteln vom 26. Juli 1916 ein. Sie bedroht jede zur Täuschung geeignete Bezeichnung oder Angabe über Nahrungs- oder Genußmittel mit Strafe. Die Zusammenstellung des Wortes geeignet mit dem Begriff Täuschung erscheint als nicht recht glücklich. Jedenfalls kann eine unrichtige Angabe, die nicht zur Täuschung geeignet ist, nicht recht gedacht werden. Man hätte also direkt besser gesagt „unrichtige Bezeichnung". Etwas anderes wäre es gewesen, wenn der Täuschungs**zweck** allein Voraussetzung der Strafbarkeit gewesen wäre. Dies ist aber nicht der Fall. Die Bekanntmachung vom 26. Juli 1916 unterscheidet sich ferner von dem § 12 der Verordnung vom 24. Juli 1916

---

[9]) Vgl. Kahn-Weiß, Wettbewerbsgesetz, 2. Aufl. S. 331 ff.

dadurch, daß sie sich auf alle Angaben bezieht, mögen sich diese nun in öffentlichen Druckschriften, in privaten Rundschreiben, auf Umhüllungen oder auf einfachen Mitteilungen befinden.

Nachdem falsche Angaben öffentlicher und privater Natur verboten waren, war es natürlich, daß zahlreiche minderwertige Waren, insbesondere Ersatzmittel, ohne jede Angaben dem Publikum angeboten wurden. Die Verpackung sollte häufig die wörtliche Anpreisung ersetzen. Damit war jedoch dem Bedürfnis des Verkehrs nicht gedient. Nach wie vor war es möglich, dem Publikum minderwertige Ware gegen teuren Preis aufzuhängen. Die Bekanntmachung über die äußere Kennzeichnung von Waren vom 1. Mai 1916 ermächtigte den Reichskanzler, anzuordnen, daß bei Gegenständen des täglichen Bedarfs Packungen oder Behältnisse, in denen sie an den Verbraucher abgegeben werden, mit bestimmten Angaben zu versehen sind. Vor allem kann der Reichskanzler nach dieser Bekanntmachung Angaben über die Person dessen, der die Waren in den Verkehr bringt, die Zeit der Herstellung, den Inhalt nach Art und nach Zahl, Maß oder Gewicht, sowie über die Kleinverkaufspreise vorschreiben.[10]) Auf Grund dieser Ermächtigung hat der Reichskanzler für eine Reihe von Lebensmitteln sowie andere Bedarfsgegenstände angeordnet, daß die Packungen mit bestimmten Angaben zu versehen sind.[11]) So muß Name und Ort der herstellenden Firma, Zeit der Herstellung und Füllung, der Inhalt nach handelsüblicher Bezeichnung und Gewicht, der Kleinverkaufspreis nach deutscher Währung auf dem Behältnis oder der Umhüllung, in denen die in der Anmerkung verzeichneten Bedarfsgegenstände in den Verkehr gebracht werden, angegeben werden.

Auf einen Mangel dieser Art der Preisfestsetzung darf hier hingewiesen werden. Der Hersteller hat für viele Warenarten jetzt den Preis von sich aus festzusetzen und da, wie Falck richtig bemerkt,[12]) der Kleinhändler offenbar diejenigen Waren am liebsten und meisten verkauft, bei denen ihm ein möglichst großer Gewinn bleibt, so entsteht beim Fabrikanten das Bestreben, den Gewinn des Kleinhandels hoch und immer höher in den von ihm aufgedruckten Verkaufspreis hineinzunehmen. Diesem Bestreben kann — jedoch nur ungenügend — auf Grund der Bekanntmachung gegen übermäßige Preissteigerung entgegengetreten werden.

---

[10]) Vgl. Bek. über die äußere Kennzeichnung von Waren vom 18. Mai 1916 § 1, RGBl. S. 380.

[11]) So für Fleischkonserven, Gemüsekonserven, Obstkonserven, Fischkonserven, Milch- und Sahnekonserven, diätetische Nährmittel, Fleischextrakt, Fleischbrühwürfel und sonstige Suppenwürfel, Kaffee-, Tee- und Kakaoersatzmittel, Kaffeemischungen, Marmeladen, Obstmus, Kunsthonig und sonstige Fettersatzstoffe zum Brotaufstrich, Käse, Schokoladen, Schokolade- und Kakaopulver, Zwieback, Keks, Puddingpulver, Backpulver, Soda, Seife und sonstige Waschmittel, vgl. Bek. vom 26. Mai, 11. Juni, 25. August, 11. Okt. 1916, RGBl. S. 422, 505, 962, 1156.

[12]) Vgl. Falck, Der Kettenhandel als Kriegserscheinung, in Beiträge zur Kriegswirtschaft 1916 Heft 3 S. 34.

d) Das Verbot der Warenzurückhaltung.

Das Zurückhalten von Waren in einer Zeit allgemeiner Knappheit verteuert ohne weiteres den Marktpreis und verschiebt damit zu Ungunsten des Publikums die die Preisgestaltung bewirkenden Kräfte. Es mußte also auch Vorkehrung getroffen werden, daß dieses Zurückhalten nicht straflos bleibt. Schon die Bekanntmachung über die Errichtung von Preisprüfungsstellen und die Versorgungsregelung vom 25. September 1915[13]) bestimmt in § 5 Abs. 2, daß die Abgabe notwendiger Lebensbedarfsgegenstände in der im Kleinverkauf üblichen Menge an den Verbraucher zu dem auf Verlangen der Preisprüfungsstelle angekündigten Preise gegen Barzahlung nicht verweigert werden darf. Diese Bestimmung hat aber nicht den Zweck, einer ungerechtfertigten Preissteigerung entgegenzutreten, als vielmehr den, die Versorgung der Bevölkerung mit den vorhandenen Beständen zu sichern.

Anders Nr. 2 des § 5 der Preissteigerungsverordnung. Diese Bestimmung bedroht den mit Strafe, der Gegenstände des täglichen Bedarfs oder Kriegsbedarfs, die von ihm zur Veräußerung erzeugt oder erworben sind, zurückhält, um durch ihre Veräußerung einen übermäßigen Gewinn zu erzielen. Die beiden hier einschlägigen Begriffe „Zurückhaltung" und „Absicht einen übermäßigen Gewinn zu erzielen" sind in der Hauptsache subjektiver Natur. Die Merkmale der Zurückhaltung sind in den meisten Fällen ebenso schwer nachweisbar, wie die Absicht, einen übermäßigen Gewinn zu erzielen. Hachenburg führt beispielsweise aus, daß es noch kein Beweis für strafbare Zurückhaltung sei, wenn einer ein Gebot zu angemessenem Preise ablehnt. Er kann vielleicht aus persönlicher Abneigung das Geschäft nicht gemacht haben.[14]) Selbst die Tatsache, daß jemand seine Ware überhaupt nicht zur Kenntnis der Interessenten bringt, überführt noch nicht eines Vergehens gegen Nr. 2 des § 5 der Preissteigerungsverordnung. Es kann der Betreffende seine Ware auch für den eigenen Bedarf zurückgehalten haben. Der gangbarste Weg zur Feststellung einer strafbaren Zurückhaltung erscheint der Vergleich mit dem, was sonst kaufmännische Übung ist und was im gegebenen Fall der Verkäufer getan hat. Schon im Frieden ist es vorgekommen, daß besondere Qualitätswaren den festen und ständigen Kunden reserviert wurden. Wenn jetzt also der Händler seltene Waren an die sogenannten Laufkunden nicht abläßt, so ist er hierfür nicht verantwortlich zu machen.[15]) Mit Recht sagt aber Alsberg, daß man schon darin ein Zurückhalten wird finden müssen, daß die Abgabe der Ware an die Bedingung der Abnahme auch anderer als der begehrten Gegenstände geknüpft wird.[16]) Der Verkäufer will in diesem Fall dem Käufer das

---

[13]) Vgl. RGBl. S. 607 ff.

[14]) Vgl. Hachenburg in DJZ. 1915 S. 852.

[15]) Vorausgesetzt natürlich, daß die Weigerung nicht gegen § 5 der Bek. vom 25. Sept. 1915 verstößt.

[16]) Vgl. Alsberg, Kriegswucherstrafrecht, 3. Aufl. S. 80.

Geschäft erschweren, den Abgang der Ware hemmen, um sich einen größeren Gewinn zu sichern.

Nachdem die Tatbestandsmerkmale des Zurückhaltungsverbots zu sehr interner Natur sind und daher sich der Nachprüfung Außenstehender entziehen, ist das Verbot nicht von großer praktischer Bedeutung geworden.[17])

Zusammenfassung.

Dem Verfasser sind die Mängel der vorstehenden Darstellung sehr wohl bekannt. Die Arbeit will daher auch als nichts anderes gewertet sein, als was sie ist: ein Versuch, eine Skizze.

Der Versuch genügt aber immerhin, um über das Wesen der Rechtsentwicklung während des Krieges folgendes bemerken zu können:

Das öffentliche Recht erweiterte auf Kosten des Privatrechts seinen Bereich.

Die durch die Kriegsverhältnisse hervorgerufene Notlage zwang die verantwortlichen Stellen, insbesondere die Militärbehörden den Weg der freien Vereinbarung mit und zwischen Gleichberechtigten zu verlassen, um den rascher zum Ziele führenden Weg des obrigkeitlichen Auftrags zu gehen. Im Kriege gilt der Erfolg mehr wie das Mittel. Zu einer Zeit, wo Tausende deutscher Männer für den Bestand und die künftige Entwicklung des Vaterlandes bluten, wo der Satz „alle für einen, einer für alle" täglich ernste Bedeutung gewinnt, wundern wir uns nicht, wenn das öffentliche Recht, d. i. das Recht, welches den Einzelwillen dem der Gesamtheit unterwirft, auf allen Gebieten das Privatrecht verdrängt.

Die kriegswirtschaftlichen Rechtssätze geben dem gesamten Wirtschaftsleben einen öffentlichrechtlichen Einschlag. Ihr Ziel ist eben nicht die Einzelwirtschaft zu schützen, vielmehr die Versorgung des Gesamtvolkes zu sichern. Was wir bei dieser Rechtsentwicklung als drückend empfinden, die Einschränkung des freien Betätigungsrechtes und die Begründung zahlreicher Abhängigkeiten, ist heute ein Lebensbedürfnis des Gesamtvolkes. Es ist vorauszusehen, daß die Rechtsentwicklung der nächsten Zeit weitere und stärkere Eingriffe wie bisher in die Privatrechtssphäre des Einzelnen bringen wird, so vor allem auf steuerlichem Gebiete.

Der Gesetzgeber der Kriegszeit wurde häufig plötzlich und unvermittelt vor neue Anforderungen gestellt. Hieraus erklärt sich, daß einzelne Kriegsverordnungen den Eindruck des Hastigen machen, daß in ihnen die Interessen aller Beteiligten zu wenig gegeneinander abgewogen sind. Was nicht geschah, sollte doch so bald wie möglich nachgeholt werden, insbesondere bei den Verordnungen, die längere und allgemeinere Bedeutung haben.

Was wir aber vor allem anderen im Kriegswirtschaftsrecht ver-

---

[17]) Vgl. auch RG. in DIZ. 1916 S. 1169; IW. 1916 S. 1538, LZ. 1916 S. 1469.

missen, ist der durchgreifende Rechtsschutz. Die Rechtsentwicklung der Kriegswirtschaft ist den Gerichten nicht gerade günstig. Die halb privatrechtlichen, halb öffentlichrechtlichen Beziehungen zwischen Untertan und Obrigkeit werden für den Streitfall im allgemeinen den ordentlichen Gerichten entzogen. Entweder entscheiden Sondergerichte oder Verwaltungsbehörden. Es fehlt auch in den Kriegsverordnungen jeder Hinweis auf eine Betätigung der Anwaltschaft.

Ein besserer Schutz der beteiligten Interessenten würde auch erzielt, wenn die häufig in der Eile recht wahllos herangezogenen Berater der obersten Wirtschaftsstellen durch Personen abgelöst würden, die das Vertrauen der in Betracht kommenden Kreise genießen. Wo Einzelne für die gesamte wirtschaftliche Struktur des Volkes wichtige Erwerbszweige keine gewählten Vertreter haben, sollten von Amts wegen entsprechende Vereinigungen geschaffen werden, damit diese ihre Vertrauenspersonen bestimmen können. Wir haben ein lebhaftes Interesse an dem Gedeihen des Mittelstandes, des Kleinhandwerks und des Kleinhandels.

Möge die Erkenntnis der bestehenden Mängel deren alsbaldige Abstellung herbeiführen.

Welchen Weg die Rechtsentwicklung nach dem Kriege wird gehen müssen, ist klar vorgezeichnet. Die Losung wird im wesentlichen heißen: „Abbau und Rückkehr".

Zurückkehren müssen wir zum freien Handel und Verkehr. Abbauen müssen wir die kriegswirtschaftlichen Organisationen, soweit sie nicht der Staatsfinanz dienen.

Die Verwaltungen der Wirtschaftsstellen sollten schon alsbald auf breitere Grundlagen gestellt werden. Über die Art, wie dies geschehen soll, wird man an den maßgebenden Stellen verschiedener Meinung sein; auf jeden Fall sollte aber die Forderung, Ausgestaltung des Rechtsschutzes, dadurch keine Verzögerung erleiden. Zum Rechtsstaat, der vor dem Kriege unser aller Ideal war, müssen wir trotz und wegen der Kriegsgesetzgebung kommen. Der Einzelne soll die Gewißheit haben, daß er vor jeder persönlichen Willkür geschützt ist. Die ordentlichen Gerichte waren berufen und sollen in Zukunft wieder berufen sein, Streitigkeiten privatrechtlicher Natur zu schlichten. Auch die halb öffentlichrechtlichen Beziehungen zwischen dem Bürger und den kriegswirtschaftlichen Organisationen sind den ordentlichen Gerichten zur Beurteilung zu übertragen. Die Voraussetzungen für die Teilnahme am Erwerbsleben sollen nicht von dem Ermessen der Behörde abhängig sein. Sie sind genau zu fassen; dem Einzelnen ist gegen Ablehnung seines Antrags die Beschwerde an das ordentliche Gericht zu eröffnen.

Die Rechtsentwicklung in dem angedeuteten Sinne wird nicht ganz von allein kommen. Es bedarf zunächst des überzeugten Willens der obersten Regierungsbehörde, insbesondere auch der höchsten militärischen Stellen, die ja gesehen haben, mit welcher Hingebungsfreude die breiteren Schichten des Volkes Gut und Blut geopfert haben und die gewiß gesonnen sein werden, diesen Schichten einen starken Anteil an der Rechtsbildung einzuräumen. Es bedarf aber auch des taktvollen Einwirkens derjenigen Organe, die verfassungsmäßig berufen sind an der Rechtsbildung mitzuwirken. Hierher gehört vor allem die Volksvertretung. Die Art, wie die Volksvertretung zusammengesetzt ist, wird in maßgebender Weise die Herbeiführung des künftigen Rechtszustandes beeinflussen. Das Verfassungsrecht erscheint als eine wichtige Grundlage alles übrigen Rechts. Indem wir daran denken, das letztere zu verbessern, müssen wir notwendig nach Vervollkommnung des ersteren streben.

Die vorliegende Arbeit wird sonach dazu beitragen von der Wichtigkeit der innerpolitischen Bestrebungen zu überzeugen, die gegenwärtig alle bewegen.

Anhang.

1.

Die unterzeichneten Mehlhändlerfirmen der Stadt L.

1. A,
2. B,
3. C,
4. D,
5. E

gründen zwecks Übernahme der nach der Bundesratsverordnung vom 25. Febr. den Kommunen obliegenden Verpflichtung, die Stadt L. mit Mehl zu versorgen, einen Verein mit folgender Satzung:

§ 1.

Der Verein hat den Namen:

Mehlversorgung L.

Sein Sitz ist L.

Mitglieder können nur solche Firmen werden, die in L. ihren gewerblichen Wohnsitz haben und hier mit Gewerbesteuern veranlagt sind.

Die staatliche Verleihung der Rechtsfähigkeit soll angestrebt werden.

§ 2.

Der Verein bezweckt, die auf Verarbeitung von Mehl oder auf den Handel mit Mehl gehenden Geschäfte die Stadt L. mit Vorräten zu versorgen und zwar mit den Quantitäten, die von der Stadt L. oder von der Kriegsgetreidegenossenschaft zur Verfügung gestellt werden oder die vom Ausland beziehbar sind, mit der Maßgabe, daß der Verein kollektiv einkauft und kollektiv verkauft.

§ 3.

Zur Führung des Geschäftes gründet und unterhält der Verein ein Zentralbüro, von dem aus der Verkauf des Mehles, sowie dessen Weiterveräußerung besorgt wird.

§ 4.

Das Mehl darf nur mit einem Aufschlag von 1,50 Mk. für den Doppelzentner auf den Ankaufspreis verkauft werden.

In diesem Aufschlag sind alle Spesen und Geschäftsrisiken (Fuhrlohn, Lagerkosten, Zinsen, Gewichtsverlust usw.) enthalten. Verkauf unter Preis in jeder Form (Rückvergütung, Skonto, Gewährung sonstiger Vorteile) sind verboten.

§ 5.

Preisnachlässe sind lediglich bei der Abgabe an Großkonsumenten erlaubt. Die Höhe der Preisnachlässe bestimmt der Vorstand.

§ 6.

Die Geschäfte des Vereins und seine Vertretung werden von einem Vorstande wahrgenommen.

Der Vorstand besteht aus vier Personen. Drei Vorstandsmitglieder werden von der Generalversammlung aus ihrer Mitte gewählt, während das vierte die Stadt L. ernennt.

Der Vorsitzende des Vorstandes muß Mitglied des Vereines sein.

Die Vorstandsmitglieder arbeiten im Ehrenamte; ihre Auslagen werden vergütet.

§ 7.

Die Beschlußfassung des Vorstandes erfolgt nach § 28 BGB.; der Vorstand kann aber einzelne seiner Mitglieder für besondere Fälle oder im allgemeinen zur Alleinvertretung bevollmächtigen.

§ 8.

Die Vorstandsmitglieder verpflichten sich die über den Mehlabsatz ergangene und ergehenden staatlichen und städt. Verordnungen bei Vermeidung einer Konventionalstrafe von je 1000 Mk. im einzelnen Falle der Zuwiderhandlung und bei Vermeidung des gleichzeitigen Ausschlusses aus dem Vereine genau einzuhalten und insbesondere darüber sorgsam zu wachen, daß dem direkten Verbraucher nur die kontingentierten Mengen ausgeliefert werden und daß die Großabnehmer in gleicher Weise verfahren.

§ 9.

Dem Vorstande liegt es ob, die Mitgliederversammlung zu berufen und zwar mindestens einmal im Monat, aus wichtigen Gründen aber in jedem Bedarfsfalle

Die Mitglieder sind unter Angabe der Tagesordnung drei Tage vorher schriftlich einzuladen; in Fällen dringender Art genügt mündliche Einladung, die auch telephonisch erfolgen kann unter Angabe der Beratungspunkte.

§ 10.

Den im § 2 bezeichneten Konsumenten steht das Recht zu, wenn ihnen der Vorstand gegen Kredit oder selbst gegen bar innerhalb des zulässigen Quantums kein Mehl abgibt, die Mitgliederversammlung um Abhilfe anzugehen.

In diesem Falle ist der Vorstand verpflichtet, die Mitgliederversammlung binnen 24 Stunden einzuberufen.

§ 11.

Die Beschlüsse werden, wenn nicht anders bestimmt, mit einfacher Mehrheit gefaßt. Bei Stimmengleichheit gibt die Stimme des städt. Vertreters den Ausschlag. Berechnet werden nur die Stimmen der Anwesenden und stimmenden Mitglieder.

Jede Firma hat nur eine Stimme. Dagegen darf jedes Firmenmitglied der Versammlung anwohnen.

§ 12.

Die Aufnahme eines neuen Mitgliedes kann durch die Mitgliederversammlung mit 2 Drittel Mehrheit beschlossen werden; außerdem — vorbehaltlich der Bestimmungen in § 1 — durch Beschluß des Vorstandes, wenn es die zuständigen Organe der Stadt L. verlangen.

§ 13.

Die Satzungsänderungen bedürfen eines Beschlusses der Mitgliederversammlung mit 2 Drittel Mehrheit.

§ 14.

Der Verein kann jederzeit durch einen Beschluß der Mitgliederversammlung mit 2 Drittel Mehrheit aufgelöst werden, jedoch nicht, solange dem Vereine die Mehlversorgung der Stadt L. im ursprünglichen Umfange übertragen bleibt.

Außerdem kann der Verein aufgelöst werden, wenn die Erfüllung seines Zweckes unmöglich wird.

§ 15.

Jedes Mitglied kann mit einer Kündigungsfrist von einem Monat seinen Austritt erklären. Die Erklärung erfolgt durch eingeschriebenen Brief an den Vorstand

Durch seinen Austritt verliert das Mitglied seine Ansprüche an das Vereinsvermögen, nicht aber den Anspruch auf das eingeschlossene Betriebskapital, dessen Bestand nach kaufmännischen Grundsätzen auf das den Austritt folgende Quartalende berechnet und innerhalb 6 Monate zurückgeliefert wird.

Seiner bereits vor seinem Austritt entstandenen sonstigen Verpflichtungen gegenüber dem Verein wird das Mitglied durch seinen Austritt nicht ledig.

§ 16.

Der Ankauf des Mehles durch den Verein kann bei jeder von der Stadt L. oder von der Kriegsgetreidegesellschaft bestimmten Stelle oder im Auslande erfolgen.

§ 17.

Die Beiträge zu der Vereinskasse werden im Umlageverfahren erhoben. Der Vorstand berechnet die ungefähren Kosten und Aufwendungen unter Berücksichtigung eines angemessenen Reservefonds und erhebt allmonatlich die im Verhältnis der Anteile an Gewinn und Verlust auf die einzelnen Mitglieder entfallenden Beträge.

Außerdem hat jede Firma ein ihrer prozentualen Beteiligung am Geschäftsergebnis entsprechenden Betriebskapital zu bezahlen und zwar

A	Mk.
B	„
C	„
D	„
E	„
zus.	50 000 Mk.

Etwaige von der Mitgliederversammlung beschlossene Nachschüsse sind im gleichen Verhältnis zu leisten.

Im Falle des Verzugs hat der säumige Teil 6% Zinsen zu vergüten.

§ 18.

Der Vorstand entscheidet auch als Schiedsgericht über Streitigkeiten der einzelnen Mitglieder, die auf ihre Zugehörigkeit zum Verein oder auf die Mehlversorgung der Stadt L. zurückgehen.

§ 19.

Die Entscheidung des Vorstandes als Schiedsgericht ist endgültig. Wer sich ihr nicht fügt, kann auf Vorschlag des Vorstandes von der Generalversammlung unter Verlust seiner Ansprüche an das Vereinsvermögen (nicht an das eingeschlossene Kapital) ausgeschlossen werden. Diese Maßregel ist auch aus sonstigen Gründen zulässig.

§ 20.

Das bei Auflösung des Vereins verbleibende Vermögen wird, wenn die Generalversammlung nicht anders darüber verfügt, unter die Mitglieder nach Maßgabe ihres eingelegten Kapitals verteilt.

§ 21.

Durch den Beitritt zu dem Verein versichert jedes Mitglied noch einmal ausdrücklich die Satzung treu und gewissenhaft nicht nur dem Buchstaben, sondern auch dem Sinne nach einzuhalten, Streitigkeiten und Mißhelligkeiten zu unterdrücken und bei Erfüllung der Vereinspflichten den Blick in erster Linie auf das Wohl des Vaterlandes und der Stadt L. zu richten.

L., den 6. März 1915.

2.

Verhandelt
zu Berlin, ...
vor dem unterzeichneten
zu Berlin . . . . . wohnhafte Notar im Bezirke des königlichen Kammergerichts zu Berlin
Justizrat . . . .
erschienen heute:

1. A,
2. B,
3. C,
4. D.

Die Erschienenen sind dem Notar persönlich bekannt.

Die Erschienenen zu 1 und 2 erklärten und zwar der Erschienene zu 1, daß er der 1. Vorsitzende, der Erschienene 2, daß er der 2. Vorsitzende des Vorstandes des Verbandes X., daß sie zur gemeinschaftlichen Vertretung dieses Verbandes befugt seien und namens des letzteren handeln.

Der Erschienene zu 3 erklärte, daß er Mitglied des Vorstandes des Bundes Y. sei und, daß ihm der Vorstand in Gemäßheit des § 6 der Satzung die Mitwirkung bei dem Abschluß des Gesellschaftsvertrages übertragen habe, indem er einen entsprechenden Beschluß des Vorstandes vorlegt.

Der Erschienene zu 4 erklärte, daß er namens der Stadt Z. handle, indem er eine noch ungestempelte Vollmacht des Magistrats der Stadt Z. überreicht.

Die Erschienenen schlossen und zwar für die von ihnen vertretenen Verbände bzw. der Erschienene zu 4 für die Stadt Z. den nachstehenden

Gesellschaftsvertrag

Firma und Sitz.

§ 1.

Die Firma der Gesellschaft ist:

„Kriegsgesellschaft für . . . .".

Ihr Sitz ist in Z.

Gegenstand der Gesellschaft.

§ 2.

Gegenstand des Unternehmens ist:

1. Der Einkauf und Verkauf von X. . . . . . Waren.
2. Alle damit zusammenhängende Geschäfte.

Die Gesellschaft ist befugt, Zweigniederlassungen zu errichten.

Stammkapital.

§ 3.

Das Stammkapital der Gesellschaft beträgt 20000 Mk. (in Buchstaben: Zwanzigtausend Mark).

Auf das Stammkapital haben die Gesellschafter, und zwar

1. der Verband X. 7500 Mk.,
2. der Verband Y. 7500 Mk.,
3. die Stadt Z. 5000 Mk.

zu leisten.

Die Gesellschafter leisten ihre Stammeinlagen in bar.

Geschäftsjahr.

§ 4.

Das Geschäftsjahr läuft vom 1. August bis 31. Juli.

Das erste Geschäftsjahr beginnt mit der Eintragung der Gesellschaft und endet am 31. Juli 1917.

Geschäftsanteile.

§ 5.

Die Abtretung von Geschäftsanteilen und Teilen davon unterliegt der Genehmigung der Gesellschaft und des Aufsichtsrats.

Organe der Gesellschaft.

§ 6.

Organe der Gesellschaft sind:

1. die Geschäftsführer,
2. der Aufsichtsrat,
3. die Gesellschafterversammlung.

A. Geschäftsführung.

§ 7.

Der Aufsichtsrat bestellt die Geschäftsführer und widerruft ihre Bestellung.

Sind mehrere Geschäftsführer bestellt, so wird die Gesellschaft durch mindestens zwei Geschäftsführer oder durch einen Geschäftsführer und einen Prokuristen vertreten.

Die Bezeichnung der Firma geschieht in der Weise, daß die Zeichnenden zu der geschriebenen oder auf mechanischem Wege hergestellten Firma der Gesellschaft ihre Namensunterschrift beifügen.

§ 8.

Die Bestellung, sowie die Kündigung und Entlassung von Prokuristen erfolgen durch den Aufsichtsrat.

§ 9.

Der Aufsichtsrat kann für einen bestimmten Zeitraum auch einzelne seiner Mitglieder zu Stellvertretern von behinderten Geschäftsführern bestellen oder zur Unterstützung von Geschäftsführern beauftragen. Auch steht dem Aufsichtsrat die Ernennung sonstiger Stellvertreter für behinderte Geschäftsführer zu.

B. Aufsichtsrat.

§ 10.

Der Aufsichtsrat wird aus mindestens 7 Mitglieder gebildet, die von der Gesellschafterversammlung aus den Gesellschaften jedesmal für die Dauer eines Geschäftsjahres und zwar zum erstenmal für die Zeit vom 31. Juli 1917 gewählt werden. Wiederwahl ist zulässig. Alle Mitglieder des Aufsichtsrats haben gleiches Stimmrecht.

Ferner hat der Reichskanzler das Recht, einen Vertreter in den Aufsichtsrat zu entsenden.

§ 11.

Der Aufsichtsrat wählt bei Beginn der Amtsdauer aus seiner Mitte einen Vorsitzenden und zwei Stellvertreter.

Der Aufsichtsrat ist bei Anwesenheit von drei Mitgliedern beschlußfähig. Die Beschlüsse werden mit Stimmenmehrheit gefaßt. Sie können auch auf schriftlichem oder telegraphischem Wege zustande kommen, wenn kein Mitglied Widerspruch erhebt. In jedem Falle sind die Mitglieder vom Vorsitzenden durch Telegramm mit dringender telegraphischer Empfangsanzeige und mit einer mindestens 48stündigen Frist zu einer Sitzung einzuladen oder zur Abgabe ihrer Stimme aufzufordern, falls eine schriftliche oder telegraphische Abstimmung erfolgen soll.

Die Beschlüsse des Aufsichtsrats sind in ein besonderes Buch einzutragen und von dem Vorsitzenden oder einem Stellvertreter zu unterschreiben.

Die Mitglieder des Aufsichtsrats werden in das Handelsregister nicht eingetragen und ihre Wahl in den Gesellschaftsblättern nicht bekannt gemacht.

§ 12.

Der Aufsichtsrat hat die Befugnisse, die ihm durch den Gesellschaftsvertrag oder durch Beschlüsse der Gesellschafterversammlung eingeräumt werden.

Insbesondere hat er folgende Rechte und Pflichten:

1. Er hat für die Durchführung des Gesellschaftsvertrages und die Wahrung der Interessenten der Gesellschaft Sorge zu tragen, die Geschäftsführung zu überwachen und kann ihr allgemein oder für den Einzelfall Anweisungen geben.
2. Er beschließt neben der Gesellschafterversammlung über die Genehmigung zur Abtretung von Geschäftsanteilen. und von Teilen davon.
3. Er setzt die Preise für alle einzukaufenden Waren und die Verkaufspreise fest.
4. Er erläßt Bestimmungen über die Verwertung von Fabrikaten über die mit den Käufern und Zwischenhändlern auszuschließenden Verträge sowie über den Zukauf von Fabrikaten. Er kann insbesondere bestimmen, daß die Gesellschaft die Lieferung von Rohstoffen von der Zahlung der Beiträge durch die Fabriken abhängig macht, deren Höhe den Mengen des ihnen gelieferten Rohstoffes anzupassen ist.
5. Er beschließt über alle Maßnahmen und Aufwendungen, die zur Förderung und Hebung des Verbrauches und der Verwertung der Fabrikate und allgemein zur Förderung der Industrie erforderlich sind.
6. Er setzt die in die Jahresschlußrechnung einzustellenden Werte für alle Vermögensstücke der Gesellschaft und die darauf vorzunehmenden Abschreibungen fest.

§ 13.

Der Genehmigung und Beschlußfassung des Aufsichtsrats unterliegen ferner:

1. Der Abschluß von Verträgen mit Angestellten, deren Einkommen mehr als 500 Mk. monatlich beträgt,
2. der Abschluß von Mietsverträgen, deren Jahresbetrag 1500 Mk. übersteigt,
3. die Bezeichnung des Bankhauses der Gesellschaft, die Genehmigung der Richtschnur für den Geldverkehr und die Anlegung der Geldmittel der Gesellschaft,
4. die Vertretung der Gesellschaft in Rechtsstreiten gegen die Geschäftsführung,
5. die Feststellung sämtlicher der Versammlung der Gesellschafter zur Beschlußfassung zu unterbreitenden Gegenstände,
6. die Beschlußfassung über Erwerb eigener Geschäftsanteile ohne Einziehung von Geschäftsteilen.

§ 14.

Die Mitglieder des Aufsichtsrats beziehen, auch wenn sie Geschäftsführer vertreten oder unterstützen, kein Gehalt, haben aber Anspruch auf Ersatz ihrer baren Auslagen. Bei Reisen sind angemessene Tagegelder und die Reisekosten zu vergüten. Die Höhe der Tagegelder bestimmt der Aufsichtsrat.

C. Gesellschafterversammlung.

§ 15.

Die ordentliche Gesellschafterversammlung findet in den ersten sechs Monaten nach Ablauf des Geschäftsjahres statt. Sie hat über die Jahresrechnung, Gewinn- und Verlustrechnung sowie über die Entlastung der Mitglieder der Geschäftsführung und des Aufsichtsrats Beschluß zu fassen und die erforderlichen Waren der Mitglieder des Aufsichtsrat vorzunehmen.

Außerordentliche Gesellschafterversammlungen finden statt, so oft der Aufsichtsrat die Abhaltung für erforderlich hält.

Den jeweiligen Ort der Versammlungen bestimmt der Aufsichtsrat.

§ 16.

Die Gesellschafterversammlung wird von den Vorsitzenden des Aufsichtsrats berufen. Die Einladung erfolgt mittels eingeschriebenen Briefes mit einer Frist von fünf Werktagen, wobei der Tag der Absendung und der Tag der Gesellschafterversammlung selbst nicht mitgerechnet werden. Außerordentliche Gesellschafterversammlungen können mit einer Frist von drei Tagen, die in gleicher Weise zu berechnen ist, mittels eingeschriebenen Briefes oder Telegraphisches einberufen werden. Die Einladungen müssen die Tagesordnung der Versammlung enthalten.

Die Versammlung wird geleitet durch den Vorsitzenden des Aufsichtsrates oder seine Stellvertretung, im Behinderungsfalle des Vorsitzenden und seiner Stellvertreter durch ein von der Versammlung gewähltes Mitglied des Aufsichtsrats.

Die Beschlüsse werden mit einfacher Mehrheit des in der Versammlung vertretenen Stammkapitals gefaßt.

Je 500 Mk. eines Geschäftsanteils gewähren eine Stimme..

Die Stellvertretung kann nur durch einen mit schriftlicher Vollmacht versehenen Gesellschafter erfolgen.

Bei Stimmengleichheit gibt der Vorsitzende den Ausschlag.

Jede ordnungsmäßige berufene Versammlung ist beschlußfähig. Betrifft jedoch die Tagesordnung die Änderung des Gesellschaftsvertrages, die Vereinigung der Gesellschaft mit einer anderen, die Auflösung der Gesellschaft, die Herabsetzung oder teilweise Zurückzahlung des Stammvermögens, den Erwerb oder die Veräußerung von Grundstücken, so ist nur dann beschlußfähig, wenn die erschienenen Gesellschafter mindestens die Hälfte des Stammkapitals vertreten. Bleibt diese Versammlung ergebnislos, so ist innerhalb 14 Tagen eine Versammlung einzuberufen, die ohne Rücksicht auf die Höhe des vertretenen Stammkapitals beschlußfähig ist.

Über den Hergang der Versammlung wird ein Protokoll aufgenommen, daß nach Verlesung und Genehmigung durch die Versammlung von den Vorsitzenden unterzeichnet wird.

Dauer der Gesellschaft.

§ 17.

Die Gesellschaft wird auf unbestimmte Zeit geschlossen. Vor dem 31. Juli 1919 darf eine Auflösung nur erfolgen, wenn die Gesellschafter sie einstimmig beschließen.

Mit dem 31. Juli 1918 oder mit Ablauf eines jeden folgenden Geschäftsjahres endet die Gesellschaft, wenn eine Anzahl von Gesellschaftern, deren Geschäftsanteile zum mindesten fünfzig Prozent des Stammkapitals betragen, den Gesellschaftsvertrag spätestens 6 Monate vor Ablauf des Geschäftsjahres mittels eingeschriebenen Briefes aufgekündigt haben.

Verwendung der Beiträge.

§ 18.

Soweit die Beiträge bis zum Schlusse des Geschäftsjahres für die Unkosten der Gesellschaft nicht aufgebraucht sind, ist der Überschuß in der nachstehenden Reihenfolge zu verwenden:

1. zunächst erhalten die Gesellschafter auf ihre Stammeinlagen fünf vom Hundert,
2. der alsdann verbleibende Überschuß wird in einen Reservefonds eingestellt, der zur Deckung eines aus der Bilanz sich ergebenden Verlustes, sowie unvorhergesehener Ausgaben dient.

Auseinandersetzung.

§ 19.

Im Falle der Auflösung der Gesellschaft bestellt der Aufsichtsrat einen oder mehrere Liquidatoren.

Der bei der Auflösung der Gesellschaft vorhandene Reservefonds ist, soweit er nicht für die in vorstehendem § 18 vorgesehenen Zwecke oder für sonstige Verpflichtungen der Gesellschaft erforderlich ist, dem Herrn Reichskanzler für die Zwecke der Reichskasse zur Verfügung zu stellen.

Veröffentlichungen.

§ 20.

Die Veröffentlichungen geschehen durch den deutschen Reichsanzeiger und die vom Aufsichtsrat sonst noch festgesetzten Blätter.

Bevollmächtigter des Reichskanzlers.

§ 21.

Die Organe der Gesellschaft sind an die Weisungen eines vom Reichskanzler zu ernennenden Bevollmächtigten gebunden.

§ 22.

Herr Dr. D. in Z. wird ermächtigt, alle vom Registerrichter geforderten Änderungen des Vertrages allein zu beschließen und zu erklären.

Das Protokoll ist in Gegenwart des Notars vorgelesen, von den Beteiligten genehmigt und von ihnen eigenhändig, wie folgt, unterschrieben:

gez. A,
gez. B,
gez. C,
gez. D,
gez. Justizrat . . . . . .

3.

Bezugsvereinigung der deutschen Landwirte
G. m. b. H.

Abteilung: Kraftfuttermittel.

Telegramm-Adresse: Kraftfutter-Berlin.

Firma

L. F.

in

L.

Einschreiben.

Unterm 30. X. 16
Hier eingegangen am 31. X. 16 } wurden uns von Ihnen gemeldet.

Als in Ihrem Eigentum befindlich	Lagernd bei Ihnen	Menge
Spelzspreumehl		400 Ztr.
Als Ihre voraussichtliche Erzeugung im laufenden Vierteljahr		— „
		Sa. — Ztr.
Auf Grund der uns eingesandten Belege sind Sie von der Überlassungspflicht befreit für		— „
	Mithin bleiben zu unserer Verfügung	400 Ztr.

bezüglich deren wir hiermit auf Grund der Bundesratsverordnung vom 5. Okt. 1916 das Überlassungsverlangen aussprechen.

Falls diese Zahlen nicht zutreffen, bitten wir dringend um umgehende Richtigstellung, um Fehldispositionen zu vermeiden. Aus solchen entstehende Kosten und Weiterungen gehen zu Ihren Lasten.

Die jeweilig versandfertigen Mengen Ihrer etwaigen voraussichtlichen Vierteljahrserzeugung bitten wir auf beifolgenden Karten anzugeben.

Für den Fall, daß außer diesen genannten Mengen noch weitere Ihnen gehörende Futtermittel vorhanden sind oder im Laufe dieses Kalendervierteljahres vorhanden sein werden, erstreckt sich dieses Überlassungsverlangen auch auf diese.

Das Absatzverbot, welchem Ihre Bestände an Futtermittel unterliegen, ist hiermit ein unbedingtes und endgültiges geworden.

Sie sind verpflichtet, die Waren bis zu unserem Abruf zu verladen.

Ablieferung auf alte, unerledigte Schlüsse sind gemäß bestehender Verordnung nicht zulässig.

Der gesetzlich festgelegte Übernahmepreis ist aus der beifolgenden Liste zu ersehen.

Bezugsvereinigung der deutschen Landwirte
G. m. b. H.
Abteilung: Kraftfuttermittel.

4.

Reichs-Sackstelle.
Verwaltungsabteilung.

Gesch.-Nr. Zulassung.

Berlin W 35, den 12. Januar 1917.
Lützowstr. 89/90.

Fernsprecher: Amt Lützow, 732.
Telegramm-Adresse: Reichssackstelle.

Firma
L. F.
in
L.

Anbei erhalten Sie neun Ausweiskarten. Auf sämtlichen Karten ist unter die Photographie gemäß unserem Schreiben vom 14. Dezember 1916 noch die eigenhändige Unterschrift des Karteninhabers deutlich lesbar zu setzen.

Sie wollen daher die Karten an Ihre Aufkäufer nur gleichzeitig gegen Leistung der Unterschrift des betr. Inhabers aushändigen und übernehmen Sie die Verantwortung dafür, daß die Unterschrift von dem als Inhaber der Karte ausgewiesenen geleistet wird.

Früher erteilte Ausweiskarten, die sich noch in Ihrem oder Ihrer Auskäufer Besitze befinden, sind uns umgehend zurückzusenden.

Weitere Gesuche um Zulassung von Aufkäufern sind zurzeit unstatthaft und bleiben unberücksichtigt.

Den Empfang dieses Schreibens wollen Sie uns bestätigen.

Reichs-Sackstelle.
gez. Dr. S.

FSC
www.fsc.org
MIX
Papier | Fördert gute Waldnutzung
FSC® C083411

Kolibri 360 GmbH
Ferdinand-Jühlke-Straße 7
99095 Erfurt, Deutschland
produktsicherheit@kolibri360.de